本书为宜宾学院院级科研项目教育学专项课题"幼儿归属感结构及发展特点研究"（课题号:2016JYZ04）和四川省农村幼儿教育研究中心项目"农村幼儿归属感发展特点研究"（课题号:NYJ20160608）研究成果。

幼儿归属感发展研究

梁运佳　著

吉林大学出版社

·长春·

图书在版编目（CIP）数据

幼儿归属感发展研究 / 梁运佳著.—长春 ： 吉林
大学出版社， 2021.7
ISBN 978-7-5692-8474-4

Ⅰ．①幼… Ⅱ．①梁… Ⅲ．①幼儿教育－研究 Ⅳ.
① G61

中国版本图书馆 CIP 数据核字（2021）第 130492 号

书　　名：幼儿归属感发展研究
YOU'ER GUISHUGAN FAZHAN YANJIU

作　　者：梁运佳　著
策划编辑：邵宇彤
责任编辑：宋睿文
责任校对：高珊珊
装帧设计：优盛文化
出版发行：吉林大学出版社
社　　址：长春市人民大街 4059 号
邮政编码：130021
发行电话：0431-89580028/29/21
网　　址：http://www.jlup.com.cn
电子邮箱：jdcbs@jlu.edu.cn
印　　刷：定州启航印刷有限公司
成品尺寸：170mm×240mm　　16 开
印　　张：13.75
字　　数：252 千字
版　　次：2021 年 7 月第 1 版
印　　次：2021 年 7 月第 1 次
书　　号：ISBN 978-7-5692-8474-4
定　　价：69.00 元

前　言

　　归属感是个体认同所在的群体、感觉自己被群体认可和接纳而产生的隶属于群体、与其休戚相关的感觉，包括认知、情感、行为三个维度。本书中幼儿归属感是指对幼儿园的归属感。归属感源自幼儿生命，既是幼儿自然生命之所需，也是幼儿精神生命之所求，指向更完满的生命存在。但是教育中存在归属感缺位现象，幼儿归属感的研究也尚不多见，因此亟待较为系统、深入地研究。本书以幼儿真实的生活情景为背景，采取量的研究与质的研究相结合的方式，遵循发展与教育心理学的基本范式，对幼儿归属感的结构、发展特点、影响因素、教育促进进行较为系统的研究。

　　《幼儿归属感发展研究》首先将质的研究和量的研究相结合，探索符合我国文化的幼儿归属感基本结构，编制适合我国国情的幼儿归属感评定量表；其次，依据幼儿归属感的结构，对幼儿归属感的年龄特点和性别特点进行探讨；再次，通过对幼儿、幼儿家长和幼儿园教师的访谈，揭示幼儿归属感的影响因素；然后，以幼儿归属感的结构、发展特点、影响因素为基础，在幼儿园真实教育情景中对幼儿归属感的教育促进工作进行探索；最后，根据幼儿归属感培育实践活动的开展情况，对促进幼儿归属感发展进行思考。

　　研究主要得出以下结论：

　　（1）幼儿归属感包括投入、依恋、认同三个因素，各因素之间并未清楚分界，是相互联系、相互影响的整体。

　　（2）"幼儿归属感教师评定问卷"符合心理测量学的要求，可以作为幼儿教师和研究人员了解幼儿归属感发展水平的工具。

　　（3）幼儿归属感的发展存在性别差异和年龄差异，前者表现为女孩的发展水平在总体和各因子上都略高于男孩；后者表现为幼儿归属感发展水平与年龄呈正相关，在归属感的整体发展和投入、依恋两因子上均存在显著差异。

　　（4）幼儿归属感受教师、幼儿园教育活动、同伴、家长、幼儿个体特点等因素的影响。

　　（5）幼儿归属感培育活动对幼儿归属感的发展具有一定促进作用。

本书分为七个部分：

绪论旨在提出问题，阐明幼儿园归属感研究的背景、目的、意义、基本思路与方法。第一章为幼儿归属感的理论探讨。本章从人的本能需要和精神需要两个视角出发论述归属感是幼儿的生命所需，回答幼儿归属感来源的重要性。

第二章为幼儿归属感结构的研究。本章通过质的研究和量的研究两条途径探索中国文化背景下的幼儿归属感结构。

第三章为幼儿归属感发展特点的研究。本章依据幼儿归属感的基本结构，从投入、依恋、认同三个维度探索幼儿归属感的发展特点，为促进幼儿归属感发展提供理论依据。

第四章为幼儿归属感发展影响因素的研究。为使研究更具生态性，本章采用质性研究的方法，自下而上揭示幼儿归属感的影响因素，进一步为促进幼儿归属感发展提供依据。

第五章为促进幼儿归属感发展的实践研究。本章以幼儿归属感的三维结构、发展特点、影响因素为依据，在幼儿园真实场域开展幼儿归属感培育实践，为促进幼儿归属感的发展提供借鉴。

第六章为促进幼儿归属感发展的思考。本章在前期研究的基础上，对促进幼儿归属感发展的相关问题进行了反省和思索。

综上所述，本书的写作在以下三个方面有所创新和突破：第一，将质的研究与量的研究相结合，揭示幼儿归属感的基本结构；第二，编制了符合心理测量学规范的"幼儿归属感教师评定问卷"，初步解决了幼儿归属感评定工具的问题；第三，揭示了幼儿归属感的发展特点。

本书是指导教师进行幼儿归属感评价的实用性操作手册，可丰富幼儿园管理经验，同时对从事幼儿园相关工作者有较高的借鉴价值。

限于笔者水平，不足之处在所难免，恳请读者批评指正。

梁运佳

目　录

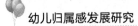

绪　论

一、研究缘起

20世纪中叶以来，科学技术以空前的速度发展，人类生活被科学技术及其所形成的科学世界观逐渐主导。在这种科学世界观和技术理性的支配下，自然被人们按科学原理改造，人与人间关系的建构则遵循工具理性的原则。整个时代都笼罩在科技理性和工具理性的意识形态之下，人们不再思考生命的意义和价值，造成人类生命的异化。由此，人自身的生命存在状况备受关注。人们亟须调整目光，关注自身生命，而"在人生的秩序中，童年有它的地位"[①]，并且"童年之于成年，童心之于精神世界，便同根之于大树"[②]，关注幼儿的生命便显得至关重要。然而，如何关照呢？结合当前我国幼儿教育的现实状况，本章将目光投向幼儿归属感，并将问题聚焦于幼儿园层面。

（一）幼儿生命存在失落

1. 唯理性教育撕裂幼儿完整生命

人是一个双重生命的存在，既具有自然生命，又具有超自然的价值生命，舍弃其中任何一个，生命都不完整。同时，人的价值生命还需达到真善美、理性与非理性、认知与情感的统一。认知是人智能的认识活动，情感是对客观事物是否满足自己需要的心理体验。认知指向事物的本质和规律，达到对"真"的把握；情感指向人的内心世界，是人主观意愿的反映。认知与情感虽是不同的心理活动，但二者紧密相连，相互影响、相互制约、协调发展。但在近代科学主义的侵袭下，由于人们对理性的坚信和追求，情意被作为非理性排除在

---

① ［法］卢梭·爱弥尔（上卷）[M].李平沤，译.北京：人民教育出版社，2001：71.
② 刘晓东.儿童文化与儿童教育[M].北京：教育科学出版社，2006：54.

外。教育成为唯理性的教育，人们在有意无意中把教育目的异化为知识和技能的掌握，教育失落了另一半——情感，人的生命发展被扭曲。

可怕的是，这种情形在学前教育阶段就随处可见：放学的时候，家长见到孩子的第一句话不是"宝贝，今天开心吗？"而是"今天老师教了什么？"。受此影响，作为专业人员的幼儿园教师也不得不为迎合家长要求而卖力地教孩子识字、算数、学才艺，"小学化教育"充斥在学前教育领域。诸多深受工具主义影响的家长和教师，他们瞄准外语、识字、阅读、算数等各门学科技艺，以儿童会背多少首诗、识多少字、说多少英语单词、进行多少算数运算等作为衡量儿童成长的标准。有学者[1]曾就家长对孩子每日幼儿园生活最关心的问题做过调查，结果见表0-1。

表0-1　家长对孩子每日幼儿园生活最关心的问题分布比例表

项　目	人　数	百分比（％）
生活处理能力及其锻炼	2	4
良好行为习惯及个性品质的养成	6	12
知识、技能的学习情况	16	32
自由快乐地游戏	4	8
与小朋友、教师相处的情况	2	4
幼儿园特长教育开展的质量	9	18
孩子的智力开发情况	10	20
孩子的安全问题	1	2
合　计	50	100

由表0-1可以看到，在现代工具性、唯理性教育的影响下，教育缺失了对幼儿生命完整性的关照，成人眼里只有知识、技能、本领及孩子的智力发展，无视儿童生命中所包含的情感、意志、态度、价值观，致使人的完整生命被撕裂。

归属感是被接纳、被喜欢或被尊重的感觉；[2]是亲切、自豪的情绪体验；[3]

---

① 张更立.异化与回归——走向"生活批判"的中国儿童教育 [D].南京：南京师范大学，2011.

② BROWN J D.自我 [M].陈浩莺，译.北京：人民邮电出版社，2004.

③ 时蓉华.社会心理学词典 [M].成都：四川人民出版社，1988：3.

对于学生而言，归属感使学生感到自己是受人尊重的；[①]是学校和课堂活动中重要的一部分。[②]不论是归属于家庭、群体、地区，还是更大范围的社会，作为个体在与外界关系中的积极体验，归属感使个体体验到自身的存在、感受到自身的意义，是个体生命的重要组成部分。对归属感的关注，是对幼儿生命体验的关注，是对幼儿生命完整性的关照。

2. 功利主义教育漠视儿童当下生命体验

苏霍姆林斯基认为，儿童期是人生最重要的时期，它不是对未来生活的准备时期，而是真正的、灿烂的、独特的、不可重现的一种生活。[③]重视与未来紧密相关的"当下儿童的生活"，也是 OECD（经济合作与发展组织）报告书中明确表达的保教观，因为"幼儿时代，作为人生的一个阶段，是一个其本身就拥有极高价值的时代。对幼儿来说，自由的时间、独自的文化和游戏都是有决定性意义的重要东西"[④]。然而，现实的功利主义教育将学前教育定位于对国家和个人未来的投资，漠视其对儿童当下生活的意义。

2010 年 9 月，在莫斯科举办的首届世界幼儿早期保育与教育大会上，美国经济学家杰弗里·萨克斯（Jeffery Sachs）在发言中指出，早期教育投入对社会具有极高的回报价值，尤其在提高国家人口素质，减少贫困、犯罪等社会问题等方面，能起到对社会发展问题早期预防的效果，并为国家未来人力资源的开发奠定基础。本次会议达成和重申的共识首先强调：幼儿保育和教育具有极为重要的社会价值，是为国家积累财富。因为早期干预能够降低社会不平等，投资幼儿保育和教育比投资任何其他阶段的教育都拥有更大的回报。虽然这一观点并非本会的最关键内容，但它开宗明义地将此提出，可能导致学前教育对个体生命的忽视；家长和教师重视学前教育则更有可能是出于对儿童未来"功成名就"的看重，或是出于对教育可能给孩子带来的经济效益及个人社会地位的看重。

不论出于何种目的，我们看到的是：幼儿园内，教师严密安排儿童的一日生活和学习；幼儿园外，家长给孩子安排各种培训班，孩子从周一到周日

---

① ANDERMAN L H.Classroom goal orientation, school belonging and social goals as predictors of students' positive and negative affect following the transition to middle school[J].Journal of Research and Development in Education, 1999, 32(2).

② GOODENOW C.The psychological sense of school membership among adolescents:scale development and educational correlates[J].Psychology in the Schools,1993(30):79-90.

③ 苏霍姆林斯基.把整个心灵献给孩子[M].唐其慈,等译.天津:天津人民出版社,1981.

④ ［日］大宫勇雄.提高幼儿教育质量[M].李季湄,译.上海:华东师范大学出版社,2010:6.

连轴转。很少人会顾及孩子的感受,偶尔有人顾及,也会经由"不经一番寒彻骨,哪得梅花扑鼻香"的引导而坦然。为了将来,孩子当下的生命被忽视。然而,"儿童,在这个社会中,他们是当下共同生活的公民的一员。对儿童的生活、学习、发展的投资,不是指望未来他们会给我们什么回报,而是认为今天在这里的儿童本身是非常宝贵的。一个儿童的早期保教经历就是他的人生经历,同时也是面向未来人生的准备。……让儿童始终能够在安心的状态下生活"①,这才是幼儿教育之所求,才是我们应该随时返回的原点。学前教育在关注未来的时候,也必须重视儿童当下的生活。

作为普遍存在的一种驱动力,归属感驱使人们去构建并维持最低限度持久的、积极的和有意义的人际关系,②这种关系不仅使幼儿在当下享有安全、和谐、满足的生命体验,也为其未来的生命发展奠定了良好的基础。同时,"归属是儿童个体存在和成长过程中的核心,因为它使儿童构建形成'我是谁'和'我能成为谁'"③,这种认识在人的整个生命发展中都具重要意义。可见,归属感的获得和发展,不仅影响个体当下的生命感受和体验,还会影响个体将来的生活。正因如此,关注幼儿归属感,是对儿童当下和未来生命的关照。

(二)教育中幼儿归属感缺位

教育源于生命发展的需要,其本质在于满足生命成长之所需,目的在于提升个体生命质量,保证个体幸福生活。美国心理学家马斯洛认为,结群、加入集体、有所归属是人们的动物本能,提出"需要层次理论"。根据这一理论,归属需要是人类动机的主要来源,是人类几大基本需要之一。人人都需要和邻居、伙伴、同事等建立关系,并希望成为集体中的一员,与其他集体成员相互关心、相互照顾。马斯洛认为,归属需要在生理需要和安全需要得到满足之后突显。对于个体来讲,进入幼儿园,正是生理需要和安全需要得到满足,归属与爱的需要突显的关键时期。因此,在这一时期获得归属感,感觉自己是集体的一分子,感受到老师和同伴的关心和帮助,喜欢群体生活,愿意遵守各种行为规范,是幼儿健康成长的内在需求;另外,儿童是社会的一员,社会适应能力在一定意义上可以说是儿童的基本生存能力。

迅速变化的信息化时代对人的社会适应能力提出了越来越高的要求,"在

---

① [日]大宫勇雄.提高幼儿教育质量[M].李季湄,译.上海:华东师范大学出版社,2010:6.
② BAUMEISTER R F, LEARY M R . The need to belong: Desire for interpersonal attachments as a fundamental human motivation[J]. Psychological Bulletin,1995(117):497-529.
③ 李召存.追寻课程政策背后的教育意义[M].上海:华东师范大学出版社, 2012:106.

社会适应过程中形成归属感是儿童的精神需要"①。归属感使人产生隶属于群体，与群体休戚相关的感觉。许多证据表明，拥有归属感，人会更健康、更快乐；归属感缺失会产生羞耻、愤怒、抑郁、悲伤、消极的情绪体验，导致孤独感、心理疾病，甚至出现自杀行为。②③由此可见，归属感对于幼儿适应社会、身心健康成长具有重要意义。然而，目前我国学前教育中缺乏对归属感的正确认识，忽视了归属感对幼儿生命的意义，故而漠视幼儿归属需要、破坏幼儿归属感的情况时有发生。例如，在幼儿园里时常可以听到"把你送到小班去"这句话。当幼儿违反规则或顽皮时，不少教师会用这句话来警告幼儿，并会不管孩子"我不要去小班，不要去小班……"的哭喊，将幼儿送到小班以示惩罚。这种惩罚之所以奏效，是因为"送去小班"不仅直接否定了幼儿原有的自我概念，还否定了他对原有群体的归属。幼儿归属感的缺位，不仅会使幼儿产生强烈的孤独感和恐惧感，同时使幼儿原有自我概念和群体归属受到否定。不合理的教育行为是对幼儿生命发展内在需求的忽视乃至无视，会对幼儿的身心健康产生极大的危害。对幼儿归属感进行系统研究有助于帮助教师正确认识归属感、改变观念和行为，促进幼儿生命的健康成长。

（三）幼儿归属感研究不足

心理学视角一直是学前教育领域理解儿童的主流视角。世界各国儿童发展指南等文件充分体现了这一视角，但每个儿童都降生于先他而存在的社会中，社会的政治、经济、文化等影响着他作为人类一员的行为方式和内容。如果仅仅立足于心理学视角而不考虑其他因素，可能会遮蔽儿童作为一个有着意义体验的人的其他面相。正因如此，世界学前教育领域开始从社会、文化等视角来构建对儿童的理解，将儿童视作一个生活主体，积极追求意义感受，而不仅仅是一个认知主体，以完成发展任务为唯一目标。

随着对幼儿发展视角的转变，越来越多的国家和地区开始在制定学前课程纲要时强调归属。在新西兰1996年颁布的《编席子：学前课程》中，"归

---

① 李季湄，冯晓霞.《3—6岁儿童学习与发展指南》解读[M].北京：人民教育出版社，2013：92.

② NEWMAN B M,LOHMAN B J,NEWMAN P R.Peer group membership and a sense of belonging:Their relationship to adolescent behavior problems[J].Adolescence,2007,42(166):241－263.

③ BAUMEISTER R F，LEARY M R.The need to belong: Desire for interpersonal attachments as a fundamental human motivation [J]. Psychological Bulletin, 1995（117）：497－529.

属"是五大学习发展领域之一，其主要目标为：（1）儿童和家庭以及更大范围的外部世界的联系得以确认并不断拓展；（2）儿童知道有属于自己的一个地方，对日常生活和常规事情感到舒适；（3）知道哪些是被许可的行为。① 此后，在加拿大《早期学习框架》（不列颠哥伦比亚省）（2008）、澳大利亚《归属、生活、成长：澳大利亚学前学习框架》（2009）、爱尔兰《学习之旅：学前课程框架》（2009）中，都将"归属"明确列入目标之中，体现了世界学前教育发展的"社会教育"课程政策的取向。2012 年，我国颁布《3—6 岁儿童学习与发展指南》，在社会领域首次明确提出幼儿要"具备初步的归属感"这一学习与发展目标，并提出帮助幼儿获得归属感的教育建议。归属感的发展和教育已经引起世界学前教育界的重视。

然而，归属感研究虽涉及不同的集体，如居民社区、工作场所、学校、在线虚拟社区、移民团体等；但从研究对象上看，针对幼儿归属感及其培育的研究尚比较少。而个体生命处于不断的发展中，每一阶段都有其特殊性；作为人类基本需要之一，爱与归属的需要在生命的不同阶段也各具特点。幼儿归属感的特殊性至少表现在两个方面：第一，它源自幼儿对群体生活的直接感受和体验。幼儿最早是对家庭产生归属感，对家庭的归属感源于幼儿和母亲所建立的依恋关系。进入幼儿园后，如果老师和幼儿园这一新群体能让孩子感受到家庭一样的温暖、关爱、尊重、支持和鼓励，孩子才会对这个新群体产生归属感。第二，幼儿归属感受成人的影响较大。由于幼儿的年龄小，知识经验不足，他们最初对事物的看法和感受主要来自父母和其他亲近的成人。倘若成人能够用积极的态度看待自身所处的群体，为自己是其中一员感到满意，受其影响，幼儿也容易形成同样的态度，由此产生对幼儿园、对家乡、对祖国的归属感。除此以外，与其他年龄段相比，幼儿归属感在结构、发展特点、影响因素等方面，是否也存在特殊性；具体表现在哪些地方；教师和家长是如何影响幼儿归属感的发展的；促进幼儿归属感的发展，什么样的方式最适合。这些都是需要深入探讨的问题。

目前关于幼儿归属感的研究，还停留在对归属感研究必要性和经验性的探索上，急需更为系统性、深入性和指向性的全面研究。基于此，本书尝试从心理学、教育学等视角对幼儿归属感进行较为系统的研究，探寻幼儿归属感的结构、发展特点，影响幼儿归属感发展的因素，以及如何促进幼儿归属感的

---

① 李召存.追寻课程政策背后的教育意义：基于学前课程纲要的国际比较研究 [M].上海：华东师范大学出版社，2012:53-54.

发展。一方面，拓展归属感的研究领域，丰富归属感研究的成果，为儿童心理学、社会心理学积累资料；另一方面，为早期教育、幼儿归属感培养的理论与实践提供教育学、心理学依据。

二、幼儿归属感的研究概况

自 20 世纪五六十年代以来，西方学者从心理学角度对归属感的内涵、结构、影响因素、测量等进行了一系列研究。这些成果对本研究具有重要的参考价值。

国内外已有研究表明：第一，归属感和学校归属感的研究势态呈上升趋势；国外关于归属感和学校归属感的研究都较国内研究早，且研究较丰富；第二，在国外，学校归属感研究占归属感研究总数的 40.5%，是研究的重心所在。国内学校归属感研究所占百分比为 14.6%，不是研究重心。进一步研究发现，国内归属感的研究多集中于工作场所和生活场所，组织归属感和社区归属感较受关注。以下从归属感的内涵、影响因素、影响效应、结构与测量、归属感的培养等几方面对已有研究进行梳理。

（一）归属感的内涵

1. 归属

归属，在《现代汉语词典（汉英双语）》中解释为划定从属关系。[①]《教育心理学》中认为归属是指个体与所属群体间的一种内在联系，是某一个体对特定群体及其从属关系的划定、认同与维系。[②]《朗文中阶英汉双解词典》中对归属的解释为：（1）to be in the right place or situation（处于适当的位置）；（2）to feel happy and comfortable in a place, or with a group of people（感到自在）。[③]

根据以上定义，个体归属于某个集体是指个体属于、归于这个集体，与这个集体具有从属关系。生活中每个人都有所归属，并且可能同时归属于多个不同集体，可以是现实生活中的家庭、社区、班级、学校、工作单位、兴趣小组、党派、宗教团体、城市、国家，也可以是虚拟空间里的虚拟社区或某个QQ群等。同时，归属感强调个体在所属群体中的感受。

① 中国社会科学院语言研究所词典编辑室 . 现代汉语词典（汉英双语）[M]. 北京：外语教学与研究出版社，2002:728.

② 张大均 . 教育心理学 [M]. 北京：人民教育出版社，1999:242.

③ 英国培生教育出版集团 . 朗文中阶英汉双解词典 [M]. 北京：外语教学与研究出版社，2004:93.

2. 归属感

（1）归属感

《张氏心理学辞典》中对归属感（sense of belonging）的解释为：隶属感、归属感、隶属。具体来讲：（1）指个人自觉被别人或团体认可与接纳时的一种感受；（2）指个人的态度或意见与团体规范一致时的一种感受；（3）按桑代克(E.L. Thorndike) 的理论，某一个体（人或物）在性质上与其他个体属于一类，经集合之后可成为一整体时，称为隶属；（4）是弗洛姆 (E. Fromm) 理论中的术语，意指心理上的安全感与落实感。[①]《心理学词典》将归属感(belongingness) 定义为相属性，主要包括 E.L. 桑代克的学习定律；在社会心理学和社会学中，指对被某一群体包容或接纳的感觉。[②]《社会心理学词典》对归属感 (sense of belonging) 的解释为个体将自己归属于某一团体，并对其产生亲切、自豪的情绪体验。[③] 以上界定视归属感为个体的感受、感觉或情绪体验。

有些学者对归属感也进行了研究。Hirschi 在《犯罪原因》一书中探讨了个体与家庭、朋友以及学校等集体之间不同类型的联结关系。他认为，对联结关系的认识包含四个基本元素，即依恋、承诺或贡献、投入和信念。依恋是对集体的认知以及个体关心集体的程度，包括归属感、自豪感、安全和舒适感；承诺是个体在集体活动中的投资和集体的优先权；投入是个体的参与行为。[④] 可见，Hirschi 认为归属感是一种情感，是由个体对归属于集体的认知而产生的一种归属于集体的情感，它与自豪感、安全感等是并列、对等的关系。

1974 年，Sarason 在其《心理社区感》一书中提出了心理社区感一词，其定义为："察觉与他人的相似性，认同与他人之间互相依赖的关系，向他人提供他人期待的帮助，愿意保持这种互相依赖的关系，一个人从属于大型的、可依靠的和稳定结构的情感"[⑤]。同时，他将社区界定为容易获得的、互相支持的、人们能依赖的关系网络，这一界定几乎涵盖了各个类型的集体，因此，他关于社区感的概念可以等同于社区归属感。

---

① 张春兴 . 张氏心理学辞典 [M]. 上海：上海辞书出版社，1992：83-84.

② ［美］阿瑟·S. 雷柏 . 心理学词典 [M]. 李伯黍，等译 . 上海：上海译文出版社，1996.

③ 时蓉华 . 社会心理学词典 [M]. 成都：四川人民出版社,1988.

④ MADDOX S J, PRINZ R J. School bonding in children and adolescents: Conceptualization,assessment and associated variables[J]. Clinical Child and Family Psychology Review,2003,6(1): 31-49

⑤ ［美］詹姆士·H. 道尔顿，等 . 社区心理学——联结个体和社区 [M].2 版 . 王广新，等译 . 北京：中国人民大学出版社，2010.

McMillan 和 Chavis 于 1986 年提出了与 Sarason 相似的定义，认为社区感是指成员的归属感、成员彼此间及所在团体的情感以及成员通过共同承担工作满足自己需求的一种共享信念。[①] 他们还提出了构成社区感的四种主要元素：成员资格、影响、整合和满足需求，以及共享的情感联结。这一理论模型使社区感具有了可以观察和测量的指标。因此，社区感除了理论研究，还增加了相应的实证研究。此后，研究者们对归属感进行了不同界定（表 0-2）。

表0-2 归属感的界定

研究者	归属感界定
Hagerty ,Lynchr-Ssuer, Patusky，Bouwsema, Collier (1992)	人们参与到某一系统或环境当中；并感受到自己是该系统或环境中不可或缺的一分子
Bauneister, Leary M. R.(1995)	普遍存在的一种驱动力，它驱使人们去构建并维持最低限度、持久的、积极的和有意义的人际关系
Hagerty, Williams,Come, Early (1996)	包括与归属行为、心理和社会功能相关的认知和情感成分的心理体验
张大均 (1999)	一个人对某种事物、某个组织的一种从属感觉，是个人的一种主观感受，感觉自己是这个团体的一分子，从而会对这个团体产生一种亲切感、自豪感和依恋感，这是个人团体的需要
Hidalgo，Hemandez(2001)	保持与所属"物体"的亲密感的渴望
Broum J. D. (2004)	被接纳、被喜欢或被尊重的感觉
侯玉波 (2005)	成员所具有的一种属于自己团体的感觉
俞国良 (2007)	个体自觉地归属于所参加群体的一种情感
朱之侃 (2012)	个人自觉被别人或被团体认可与接纳时的一种感受
李季湄，冯晓霞 (2013)	个体认同所在的群体并感觉自己也被群体认可和接纳而产生的一种隶属于这个群体，与这个群体休戚相关的感觉

由表 0-2 可以看出，自 Hirschi 将归属感界定为情感后，学者们也大多从

---

① ［美］詹姆士·H.道尔顿，等.社区心理学——联结个体和社区 [M].2 版.王广新，等译.北京：中国人民大学出版社，2010.

情感和感受角度进行界定，侧重于个体的内在体验。但学者们也逐渐看到情感之外的因素，例如，信念、参与、行为、认知。Hagerty 等人则将归属感界定为心理体验。此外，Baumeister、Leary M.R. 从功能角度对归属感进行界定，将其界定为一种驱动力。归属感界定从情感、感受到驱动力到心理体验的变化，反映了研究者研究视角的不断变化和扩大，对归属感的考察更为全面。

在归属感的研究中，学校归属感是较受重视领域。心理学家古德诺（Goodenow）最先正式提出学校归属感的概念，并对此展开研究。此后，"学校归属感"研究逐渐受到西方学者的关注，积累了较为丰硕的成果。根据对已有研究的梳理，关于学校归属感的研究，我国开始于 2003 年，起步较晚，但已引起国内学者的注意，相关研究陆续展开。

关于什么是学校归属感，学者们至今没有达成一致。国外学者们根据自己的需要，使用不同表达方式表达学校归属感的内涵，最常见的包括 school belonging（学校归属感）、school connecteness（学校联结）、school engagement（学校投入）、学校成员资格、学校承诺或贡献等。关于学校归属感内涵的分析，国内学者在近几年刚刚兴起。表 0-3 是国内外研究者对学校归属感的不同界定。

表0-3　对学校归属感的界定

界定分类	研究者	概念表述
感知说	Wehlage（1990）	学校成员资格的心理感知不是简单的在学校的注册登记，更确切地说，它是学生对学校中的其他人，特别是成年人是否认同自己的成员资格，并将自己纳入学校范畴的感知[1]
	Finn（1989）	学生感到自己是学校中的一分子，并相信自己是受学校中其他人欢迎和尊重的，对他人是有价值的[2]
	Hagborg（1994）	别人如何看待自己做贡献能力的感知[3]

---

[1]　WEHLAGE G,RUTTER R,SMITH G,et al.Reducing the risk: Schools as communities of support [M]. Philadelphia: Falmer Press, 1990.

[2]　FINN J.Withdrawing from school[J].Review of Educational Research,1989(59):117–142.

[3]　HAGBORG W J.An exploration of school membership among middle- and high-school students[J].Journal of Psychoeducational Assessment,1994(12): 312–323.

界定分类	研究者	概念表述
感受说	Goodenow（1992）	学校环境中形成的，是学生在学校环境中是否受到尊重、关怀、支持的个人感受[1]
	Goodenow（1993）	学生在学校环境中得到老师和同学的接受、尊重和支持的感觉，并在学校生活和课堂活动中感觉自己是重要的一部分[2]
	Anderman(1999)	学生在一个特定的学校内感到自己是受人尊重的，是舒服的[3]
	Anderman（2003）	学生观察到的教学的社会背景以及他们认为自己在学校结构中的位置是怎样的一种感受[4]
	包克冰(2006)	学生将自己与学校联结起来，感觉自己被学校接受和认可，是学校的一员，是其中的一部分，是学生与学校之间关系密切的反映[5]
要素说	徐坤英（2008）	学生把自己归入所就读的学校，以及由学生和教师所组成的集体的心理状态，既有对自己学校成员身份的确认，也带有个体的感情色彩，包括对学校的认同、投入、喜爱和依恋等[6]
	郭光胜（2009）	学生对自己所就读的学校在认知上、情感上和心理上的认同和投入，愿意承担作为学校一员的各项责任和义务及乐于参与学校活动[7]

[1] GOODENOW C. School motivation, engagement, and sense of belonging among urban adolescent student[J]. ERIC Document Reproduction Service,1992,1(1): 349-364.
[2] GOODENOW C.The psychological sense of school membership among adolescents:scale development and educational correlates[J].Psychology in the Schools,1993(30):79-90.
[3] ANDERMAN L H.Classroom goal orientation, school belonging and social goals as predictors of students' positive and negative affect following the transition to middle school[J].Journal of Research and Development in Education, 1999,32(2).
[4] ANDERMAN L H.Academic and social perceptions as predictors of change in middle school students' sense of school belonging[J].Journal of Experimental Education,2003.
[5] 包克冰，徐琴美.学校归属感与学生发展的探究研究[J].心理学探新,2006（2）.
[6] 徐坤英.中学生学校归属感及其与心理健康的关系研究[D].重庆：西南大学,2008.
[7] 郭光胜.小学生家庭人际关系与学校归属感关系的研究[D].成都：四川师范大学,2009.

续　表

界定分类	研究者	概念表述
要素说	杜好强（2010）	学生对自己属于学员身份的认同，以及对自身与学校生态系统相互作用结果的情感体验和态度知觉①
过程说	曹光法（2009）	学生认同并将自己归属于所就读的学校，且对其产生依恋和荣誉感，愿意承担作为学校一员的各项责任的情绪体验②
	阳泽（2009）	学生将自己与学校联结起来，感觉自己被学校接受和认可，是学校的一员，是其中的一部分③
	陈红（2011）	学生在学校环境中形成的，在感情和心理上对学校的认同和投入，且在学校生活时能得到老师和同学的关心和帮助，在班级里和老师相处时关系融洽，感觉自己是集体的一分子④
	金庆英（2012）	学生在学校生活和学习的过程中，由于与周围环境的互动而与学校成员（包括同学、老师等）以及学校发生归属关系，学校归属感是学生对这种归属关系的认知，以及相应的情感和行为表现⑤

　　从表0-3可以看出，学校归属感的界定主要有感知说、感受说、要素说、过程说四种，具有很大的包容性和可操作性。不同研究者在概念界定时出于自身研究目的和研究重点，更倾向于强调自己感兴趣的一个侧面。综合各种观点，关于学校归属感的内涵可得到以下认识：第一，学校归属感重视个体在学校的感受，侧重于受尊重、被认可、被关怀、被支持、感到舒服、受欢迎的情感体验，是一种正向、积极的情感体验。第二，学校归属感的界定逐渐从感知发展为心理状态，内涵扩大，以情感体验为重，包含认同、投入、喜爱、依恋、贡献等要素。第三，学校归属感的产生和获得受环境影响，与学校、教

① 杜好强. 大学生学校归属感及其影响因素研究 [D]. 重庆：西南大学，2010.

② 曹光法，姚本先. 大学生学校归属感的问卷编制及研究 [C]. 第十二届全国心理学学术大会论文摘要集，2009.

③ 阳泽. 论学校归属感的教育意蕴 [J]. 中国教育学刊，2009（7）.

④ 陈红. 高职院校学生学校归属感、社会支持与主观幸福感的关系研究 [D]. 重庆：重庆师范大学，2011.

⑤ 金庆英. 大学生学校归属感的理论与实证研究 [D]. 长春：吉林大学，2012.

师、同伴等密切相关，并有相应行为表现。

（二）归属感的结构与测量

归属感是复杂的心理情感，其结构如何、怎样测量，国内外众多学者进行了研究，并提出不同看法。

1. 归属感结构研究的取向

在心理学研究中，冯特是结构思想的发端，铁钦纳、皮亚杰学派是主要的代表者。心理学的结构研究大致有三重取向，即内容取向、特性取向、功能取向。内容取向从结构的组成出发开展研究，包括平面结构研究、层次结构研究、立体结构研究三种层面；特性取向从结构的发展变化出发开展研究，主要采用发展研究和跨文化研究；功能取向从结构功能出发开展研究，较多集中于对不同结构成分功能的分析。

归属感结构研究以内容取向为主，从结构的组成出发开展研究，并且以平面结构的内容因素结构研究为主，结构成分直接指代特定内容。例如，在组织归属感研究中，Meyer 和 Allen（1990）通过三因素量表得到组织归属感的三因素，即感情承诺、规范承诺、持续承诺；Murry（2001）等的学校归属感与老师的归属关系、对老师的不满意、与学校的联结、学校的危险四因素结构；Glanville J.L.，Wildhagen T.（2007）的学校归属感包括努力程度、学校认同、出勤率、遵守纪律四因素；金庆英（2012）的研究认为大学生学校归属感由认知、情感、行为三维结构构成。

特性取向的归属感结构研究多采取发展研究，如 Mowday（1979）、Therese（2006）对组织归属感的研究；Filkins、Allen、Cordes 等（2000）对社区归属感的研究；Battistich V.（1995）、包克冰（2006）、庞海波（2009）、杜好强（2010）等人对学校归属感的研究。

就研究取向而言，归属感结构的研究以内容取向为主，从结构的组成出发开展研究，又以平面结构的内容因素结构研究为主，结构成分直接指代特定内容。部分研究持特性取向，采取发展研究。幼儿归属感结构研究基于内容取向的层次结构，认为幼儿归属感的组成成分处于两个不同的层次，各组成成分间既存在层次内部的横向联系，也存在各层次间的纵向联系。

2. 归属感结构研究的方法

心理学研究采用不同方法揭示心理现象的结构，主要方法包括三种：第一，理论建构法。这一方法较多用于形成较为宏观的结构，往往出现在结构研究的初期阶段。第二，资料编码法。这一方法较适合用于对初级心理资料结构分析，形成初级心理结构。第三，数理分析法。随着相关统计软件的开发应用，这一方法在心理学中的运用日益普遍。

归属感结构研究大多采用理论建构和数理分析的方法，以问卷搜集数据，再对结果进行统计分析。社区归属感的测量上如 Brown 等（2000）、苗艳梅（2001）、安娟（2007）等。组织归属感结构的测量有两个代表性量表：Mowday 和 Porter 的 OCQ 量表（组织承诺量表）和 Meyer 和 Allen 的三因素量表。学校归属感的量表如 Goodenow（1993）、Finn（1993）、Hagborg（1995）、Voelkl（1996）、Eccles（1997）、Murry（2000）等。由于尚未对归属感形成较为统一的概念界定，研究者根据自己对归属感的定义设计了不同的测量工具。

数理分析法是研究归属感结构的重要方法，其中，因素分析法较为常用。因素分析能够简化庞杂的测量，找出存在于观测变量背后的归属感因素结构，还可利用数据对结构进行验证。本书将遵循结构研究这一路线，利用调查数据对幼儿归属感的结构进行探索和验证性分析，揭示其组成因素；心理学的结构研究在方法上过于依靠因素分析，缺乏多种手段的配合使用。基于此，幼儿归属感结构研究拟将理论建构、资料编码、数理分析法相结合，以取长补短，获得更为科学的结果。

3.幼儿归属感结构的维度

归属感结构维度的研究较为丰富，但由于学者研究视角和对归属感的界定各不相同，使得归属感的维度并未达成一致。社区归属感的维度主要包括：依恋、态度、情感、人际交往、关心、认同、喜爱、团结、满意、主人翁意识、自豪、自我实现，其中依恋、关心、认同、喜爱、满意、主人翁意识是主要成分。不同形式组织的归属感，其构成因素有所不同，主要包括认同、承诺、意愿是组织归属感的核心成分，以及情感、责任感、信念、忠诚等重要成分。

（1）学校归属感的结构

关于学校归属感的结构，学界有不同的理解。总体上看，早期研究倾向于将学校归属感视为单一维度的结构，近期研究则对学校归属感进行多维度的解释。

学校归属感的一维结构。早期的学校归属感研究大多认为学校归属感具有单一维度的结构。根据研究者的侧重点，一维结构的学说可以分为三种类型：行为维度的一维结构说、认知维度的一维结构说和情感维度的一维结构说[1]，具体情况见表0-4。

表0-4　学校归属感的一维结构

维度	主要内容
行为维度	侧重对学校归属感做行为层面上的理解，认为学校归属感就是学生在学校表现出的积极行为，这些行为可以直接观察到，如认真完成作业、积极参与学校的课外活动、遵守学校的规定等
认知维度	学校归属感的核心是学生对自己与学校关系的认识和评价，是学生在学习和自我管理方面的心理投入、知识和技能等，是学生对自我、学校、教师和同学的认知和信念。自我效能感、学习动机、自我调整的元认知策略、对教师及同学的关心、爱戴和期望的感知等都属于学校归属感的认知成分
情感维度	学校归属感是学生在学校的情感体验，包括喜爱、联结、享受、依恋、高兴、悲伤、厌恶、焦虑等，还包括学生对自己是学校一分子并归属于学校的归属情感和成员感

学校归属感的多维结构。近十几年来的研究倾向于对学校归属感进行多维结构的理解，即认为学校归属感是包括认知、情感和行为中两个以上维度的结构。[2]

Hirschi 在论述归属关系的时候，涉及了家庭、同伴和学校等社会集体，因此其归属感包括不同类型；他指出依恋、承诺、投入、信念是构成归属感的四个基本元素。[3]Finn 的学校归属感模型包含认知、情感、行为三个维度，并且这三个维度经过了验证性因素分析的检验。[4]其中，认知维度指学生对学校

---

[1] FREDERICKS J A, BLUMENFELD P, PARIS A H. School engagement: Potential of the concept, state of the evidence[J]. Review of Educational Research,2004, 74(1):59-109.

[2] YONEZAWA S, JONES M, JOSELOWSKY F . Youth engagement in high schools: Developing a multidimensional, critical approach to improving engagement for all students[J].Journal of Education Change, 2009(10):191-209.

[3] MADDOX S J,PRINZ R J. School bonding in children and adolescents: Conceptualization, assessment, and associated variables[J]. Clinical Child and Family Psychology Review, 2003,6(1):31-49.

[4] GLANVILLE J L,WILDHAGEN T.The measurement of school engagement: Assessing dimensionality and measurement invariance across race and ethnicity[J].Educational and Psychological Measurement, 2007(67):1019-1041.

的认同，情感维度指学生感受到的来自教师的接受、重视和尊重，行为维度指学生在学校的各种课内及课外参与活动。[1]Goodenow（1993）的学校归属感包含了情感和认知两个维度。情感维度包括学生归属于学校所产生的情感、自豪感等，认知维度重在学生对其学校成员身份及资格的认知。Connell 所定义的学校归属感包括行为维度和情感维度，行为维度指学生付出努力、做作业等，情感维度指学生的幸福、无聊等情感。[2]Osterman 定义的学校归属感包含认知和行为两个维度。其中，认知维度是指学生对自己与学校归属关系的认知，行为维度指学校对学生需要的满足，以及学校为学生所提供的支持。[3]阳泽（2009）提出，学校归属感有三种形式：身份归属感、情感归属感、精神归属感。[4]金庆英（2012）认为学校归属感包括认知、情感、行为（动机）三个维度。

由上述可以看出，早期研究倾向于将学校归属感视为一维结构，这种一维视角将学校归属感的某一维度分离出来进行静态的考察，干扰了对学校归属感整体面貌的把握，忽视了生活环境对归属感的影响。近期研究对学校归属感结构的认识发生了由一维到多维的转变，认为学校归属感包含多维度、多方面，逐渐从整体上把握学校归属感的面貌，并开始对其进行较为全面的考察。这种转变不仅仅增加了学校归属感的维度，还考虑到了不同维度之间的相互联系。[5]

（4）学校归属感的测量

对学校归属感的研究大多采用问卷调查的方法，通过对所搜集数据进行统计分析，进而获得学校归属感的结构。问卷通过设定反映学校归属感的项目，例如："在学校里我通常感到很开心""在学校里我能做真正的自己"等(L.H. Anderman，1999b；Kaplan 和 Maehr，1999)来测量学生的学校归属感水

[1] FINN J D, VOELKL K E. School characteristics related to student engagement [J]. Journal of Negro Education, 1993(62):249-268.

[2] CONNELL J P,Spencer M B,Aber J L. Educational risk and resilience in African-American youth: Context, selfaction, and outcomes in school[J]. Child Development,1994（65）:493-506.

[3] OSTERMAN K F. Students' need for belonging in the school community[J]. Review of Educational Research, 2000（70）:323-367.

[4] 阳泽.论学校归属感的教育意蕴 [J]. 中国教育学刊，2009（7）.

[5] GREEN G,RHODES J,HIRSCH A H,et al. Supportive adult relationships and the academic engagement of Latin American immigrant youth[J].Journal of School Psychology, 2008(46):393-412.

平[①][②]。在测量中，由于对学校归属感的概念界定尚未达成一致，研究者根据自己的理解和需要，使用不同的术语来界定学校归属感，再根据自己对学校归属感的定义，设计不同的测量工具。

1993 年，Goodenow 编制了第一个学校归属感量表（the psychological sense of school membership scale，PSSM）。量表的使用对象为早期和中期的青少年。这一量表主要考察在学校社会环境中，学生感觉自己被他人接受、包容、尊敬、支持、鼓励的程度，涉及学生在班级、学校两个层面上的归属感状况。该量表为自陈量表，包含 18 道题目，采用五点等级评定法，请学生根据自身情况对题目逐一进行等级评定：完全符合计 5 分，完全不符合计 1 分，最后计算总分，总分越高表明学校归属感水平越高。Goodenow 认为学校归属感是一维的结构，是学生在学校的主观归属感。Hagborg（1995）对 PSSM 进行了修订，形成包含 11 个项目的学校归属感量表。对新量表进行的因素分析表明，学校归属感包含三个因子：归属、拒绝和接受。[③]Cheung（2003）将 PSSM 翻译成中文并进行了修订，修订后的量表包含归属感和拒绝感两个维度。其中，拒绝感的 5 个题目为反向计分题，若将其正向计分，则整个量表的题目同属一个维度，即与 Goodenow 一致的学校归属感维度。Anderman (2003) 同样以 Goodenow(1993) 的 PSSM 为基础编制学校归属感问卷，条目内容包括如"我在学校是快乐的"等。[④]潘发达（2011）等对 PSSM 量表进行了中文版的修订，经因素分析获得学校归属感的三个维度：归属感、认同及学校依恋。[⑤]

Finn 编制学校归属感的初表是从行为和认知两个维度测量学校归属感，包括学生对班级和学校学业活动的参与、学生对学校的认同两方面内容。后来，有研究者对 Finn 的量表进行了验证性因素分析，结果发现，该量表包含

① KAPLAN A, MAEHR M L.Achievement goals and student well-being[J].Contemporary Educational Psychology, 1999(24): 330-358.

② ANDERMAN L H.Classroom goal orientation, school belonging and social goals as predictors of students' positive and negative affect following the transition to middle school[J].Journal of Research and Development in Education, 1999(b):32(2).

③ HAGHORG W J.An investigation of a brief measure of school membership[J]. Adolescence, 1995, 99(130): 461-468.

④ LYNLEY H,ANDERMAN. Academic and social perceptions as predictors of change in middle school students' sense of school belonging[J]. The Journal of Experimental Education,2003,72(1):5-22.

⑤ 潘发达,王琴,宋丽丽,等.中文版学校归属感量表的信效度检验[J].中国临床心理学杂志, 2011，19(2).

认知、情感和行为三个维度。[①]该量表采用学生自评和家长、教师他评的方式，包含学习努力程度、出勤率、学校认同、是否遵守学校纪律等指标，注重对学生学校行为的量化评价。[②]

Voelkl 的量表主要从认知维度测量学生的学校归属感，反映学生对学校的认同情况，包含两个方面的测量内容：学生的学校归属感和对学校价值的评估。[③]前者包括学生是否喜欢学校、参与活动、被尊重等项目；后者包含学校对人生的重要性、学校以及学习对求职是否有用等的评价。

Eccles 等编制的量表包含 18 道题目，分别测量学生与学校的联结、学校管理和主动性的实现。[④]Jenkins 在 Hirschi 社会控制理论的基础上，编制了学校归属感量表，该量表包含依恋、投入、承诺和信念四个维度。[⑤]Murry 等在修订已有量表（people in my life scale）的基础上，编制了五六年级学生的学校归属感量表；[⑥]量表包括四个因素：与教师的归属关系、对教师的不满意、与学校的联结、学校的危险。[⑦]

国内研究者也根据学校归属感的定义和理论编制了相应的问卷，从不同的角度测量了学生对归属关系的认知、情感和行为。表 0-5 对学校归属感量表维度进行了总结，表 0-6 对学校归属感的主要维度进行了统计。

---

① JEREMY D, FINN J D,VOELKL K E.School characteristics related to student engagement [J].Journal of Negro Education, 1993(62):249-268.

② GLANVILLE J L,WILDHAGEN T.The measurement of school engagement: Assessing dimensionality and measurement invariance across race and ethnicity[J].Educational and Psychological Measurement,2007(67):1019-1041.

③ VOELKL K E.Measuring students' identification with school[J].Educational and Psychological Measurement, 1996,56(5): 760-770.

④ ECCLES J S,EARLY D,FRASIER K,et al. The relation of connection, regulation, and support for autonomy to adolescents' functioning[J].Journal of Adolescent Res,1997,12(2):263-286.

⑤ JENKINS P A.School delinquency and the school social bond[J].J Res Crime Delinquency,1997, 34(3): 337-367.

⑥ MURRAY C,GREENBERG M.Children's relationship with teachers and bonds with school: An investigation of patterns and correlates in middle childhood[J].Journal of School Psychology, 2000(38):423-445.

⑦ MURRAY C,GREENBERG M.Relationships with teachers and bonds with school: Social emotional adjustment correlates for children with and without disabilities[J].Psychology in the Schools, 2001(38):25-41.

表0-5　学校归属感量表维度

研究者	量表维度
Goodenov（1993）	中主观归属感
Jereny D.,FinnJ.D.（1993）	认知、情感、行为
Hagbarg（1995）	归属、拒绝、接受
Cheung（2003）	归属感、拒绝感
潘发达（2011）	归属感、认同、学校依恋
Glanville J.L,Wildhgen T.（2007）	努力程度、学校认同、出勤率、遵守纪律
Yoelkl（1996）	学校归属感、对学校价值的评估
Eccles（1997）	与学校的联结、学校管理、主动性的实现
Jenkins（1997）	依恋、承诺、投入、信念
Nurry（2001）	与老师的归属关系、对老师的不满意、与学校的联结、学校的危险
徐坤英（2008）	学校环境、教师行为、学校投入、同伴关系、学校融入
郝佳（2008）	学校认可、自我角色认可、校园同伴关系认可、个人地位认可、安全感、责任感
郭光胜（2009）	学业专注、人文环境、同伴关系、学校卷入
曹光法（2009）	感知教师支持、学校依恋、感知同学支持、学校责任感、学校荣誉感和校园安全感
杜好强（2010）	身份归属感、情感－精神归属感
周碧薇（2011）	同伴关系 、教师支持、规章制度、硬件设施
陈红（2011）	学校环境、教师支持、同学支持、班级氛围
金庆英（2012）	认知、情感、行为

表0-6　学校归属感的主要维度

研究者＼维度	属于	依恋	师生关系	学业专注	认同	投入	接受	拒绝	环境	责任感
Goodenov（1993）	*		*				*			
Jereny D.,Finn J.D.（1993）	*	*			*					
Hagbarg（1995）	*						*	*		
Cheung（2003）	*							*		
Glanville J.L.,Wildhgen T.（2007）				*	*	*				
Jenkins（1997）		*				*				
徐坤英（2008）			*			*			*	
郝佳（2008）			*		*					*
郭光胜（2009）			*	*		*			*	
曹光法（2009）		*	*							*
阳泽(2009)		*			*	*				
周碧薇（2011）			*						*	
陈红（2011）			*						*	

　　学校归属感量表众多，所测量维度不尽相同，从表0-5、表0-6可以得到关于学校归属感结构和测量的以下认识：第一，在学校归属感的维度中，属于、依恋、师生关系、认同、投入是主要成分。国内研究在考察学校归属感的时候，对学校的硬件设施、人文环境、规章制度等也进行了考察，这在一定程度上扩展了探索归属感结构的视角。第二，在个体层面上，归属感的结构从一维走向多维，其成分涉及认知、情感、行为三个层面，对归属感的考察更具全面性和整体性。第三，师生关系、环境、学业专注在测量中受到关注，前二者属于归属感的影响因素，后者属于归属感的影响效应，对这三者的关注反映出学者们将归属感置于一个更为宽阔的场域，研究视角在不断拓展；同时也反映了归属感研究的系统性。第四，已有研究测量对象为大学生、中学生、小学

生，尚未见根据幼儿特点、针对幼儿归属感的测量工具。第五，已有研究测量以学生自评为主，少数问卷由学生、家长、教师共同评定，共同评定能克服自我评定主观性太强的缺陷，使结果更为科学、合理。

（三）归属感的发展特点

本书从年龄特点和性别特点两个方面对归属感的发展特点进行梳理。

第一，关于归属感发展的年龄特点，学者们的结论较为一致，即学校归属感具有随年级增长而下降的趋势，如 Battistich V.[1]、徐坤英、张新冀[2]、杜渐、包克冰[3] 等人的研究均得到类似结论。

庞海波[4] 对初中生的研究发现，初一学生的学校归属感显著高于初二学生。徐坤英（2008）对中学生的研究发现，低年级学生学校归属感高于高年级。温颖对小学和中学的流动儿童进行了学校归属感研究，研究发现小学五年级的学校归属感显著高于初中二年级。杜姣（2012）对中学生的研究发现，低年级学生的学校归属感高于高年级学生的学校归属感。张新冀（2009）对大学生的研究发现，大一学生的学校归属感高于大二学生。杜渐的研究发现，大一学生的学校归属感显著高于大二、大三、大四的学生。

与此同时，范红伟对高职生的学校归属感进行了研究，发现高职生的学校归属感水平随年级增加呈现下降趋势，但临近毕业时归属感又有所增加；而杜好强的研究则提示，大四学生的学校归属感显著高于大三学生，同样反映出归属感在临近毕业时有所回升。

第二，归属感的性别差异方面，研究结果并不一致。[5] 一部分学者的研究

---

① BATTISTICH V,SOLOMON D,KIM D,et al.Schools as communities,poverty levels of student populations,and students' attitudes,motives and performance:A multilevel analysis[J]. American Educational Research Journal,1995(32):627-658.

② 张新冀.大学生学校归属感、自我价值感和人际关系现状及其关系研究[D].石家庄：河北师范大学，2009.

③ 包克冰，李卉，等.中学生学校归属感及其与自我概念的关系研究[J].教育科学研究，2006(1).

④ 庞海波.初中生学校归属感与心理健康的相关研究[J].心理科学，2009，32（5）.

⑤ GOODENOW C,GRADY K E.The relationship of school belonging and friends' values to academic motivation among urban adolescent students[J].Journal of Experimental Education,1993(62)：60-71.

提示，男生的归属感水平高于女生，如 Berends [1] 的研究发现男生的学校归属感行为表现优于女生。

更多的研究表明，女生的归属感高于男生，如 Wentzel K.R. [2]、Finn [3] 发现女生表现出更多的归属感行为；Anderman（1999）发现女生体验到的对学校的归属情感水平要高于男生；徐坤英（2008）的研究发现，女生的学校归属感水平高于男生；郭光胜（2009）、江丽丽 [4] 等人的研究表明女生比男生的学校归属感水平高；杜姣（2012）的研究也表明，女生的学校归属感高于男生。

还有一部分研究发现，仅在归属感的部分维度上存在性别差异，如郝佳的研究发现，大学生学校归属感在责任感维度性别差异显著，而其他五个维度则差异不显著；[5] 杜好强的研究发现，大学生的学校归属感在总体上不存在显著的性别差异，但是在各维度上则存在差异，女生在身份归属感维度上显著高于男生，而男生则在情感 – 精神归属感维度上高于女生。

此外，范红伟 [6]、杜渐 [7] 等的研究表明，学校归属感不存在性别差异。

之所以不同学者的研究结果不一样，可能的原因是一方面是由于不同学者对学校归属感的定义和使用的测量工具不同，即他们测量了学校归属感的不同维度或内容；另一方面，也可能与不同研究所选择的被试有关。

（四）归属感的影响因素

关于归属感的影响因素，已有研究较集中于对组织归属感、社区归属感、学校归属感影响因素的探讨，根据研究内容和需要，本研究着重对学校归属感

[1] BERENDS M.Educational stratification and students' social bonding to school[J]. British Journal of Sociology of Education,1995(16):327-351.

[2] WENTZEL K R,CALDWELL K.Friendships, peer acceptance,and group membership: Relations to academic achievement in middle school[J].Child Development,1997(68):1198-1209.

[3] FINN J D,ROCK D A.Academic success among students at risk for school failure[J]. Journal of Applied Psychology, 1997(82):221-234.

[4] 江丽丽.初中生班级归属感的调查与思考——以浙江省象山县为例 [J].教育测量与评价（理论版），2009(12).

[5] 郝佳.大学生学校归属感现状与心理健康水平的相关研究 [D].沈阳：辽宁师范大学，2008.

[6] 杜渐.北京中医药大学本科生学校归属感与心理健康的相关性研究 [D].北京：北京中医药大学，2011.

[7] 范红伟.高职生人格特质、成人依恋与学校归属感现状及关系研究 [D].石家庄：河北师范大学，2009.

的影响因素进行梳理。对文献的梳理发现，已有研究对学校归属感的影响因素主要从个体因素、家庭因素、学校因素三个方面进行讨论。

1. 个体因素

个体因素对学校归属感的影响主要在种族、人格等方面。

在种族方面，美国的一系列研究表明，非裔美国学生、亚太平洋地区以及西班牙籍学生和美国白人学生相比，归属感明显低于美国白人。[1]Hurtado发现西班牙籍的大学生学校归属感较低。[2]

在人格方面，金庆英（2012）的研究发现，人格对大学生的归属感产生影响，人格中的外向性、开放性、谨慎性和友善性与学校归属感存在显著的正相关关系，而情绪性与学校归属感总分及各维度分之间存在显著的负相关关系。范红伟（2009）的研究发现，学校归属感与神经质、精神质呈显著负相关。庞海波（2009）发现学校归属感与人格特质中的稳定性、乐群性、有恒性、敏感性、自律性显著正相关，与兴奋性、紧张性、轻松性显著负相关。

2. 家庭因素

家庭是个体成长的重要环境，家庭因素是归属感的重要影响因素，家庭对于个体归属感的影响可能持续一生。Jeremy D.[3]、Berends[4]等研究发现家庭经济条件较好的学生在学校归属感的行为维度表现更好。Glasgow[5]考察了父母受教育程度与学生学校归属感的关系，结果发现，父母受教育程度越高，学校归属感行为维度的水平越高。McNeal[6]的研究表明，在家庭结构方面，与双亲家庭的学生相比，单亲家庭学生的学校归属感水平较低，其中表现最突出的

① MARIEKE MEEUWISSE,Sabine.Learning environment,interaction,sense of belonging and study success in ethnically diverse student groups[J].Res High Education,2010(1):1-18.

② HURTADO S.The institutional climate for talented Latino students[J].Research in Higher Education, 2004,35(1): 21-41.

③ JEREMY D,FINN J D,VOELKL K E.School characteristics related to student engagement [J]. Journal of Negro Education, 1993(62):249-268.

④ BERENDS M.Educational stratification and students' social bonding to school[J]. British Journal of Sociology of Education,1995(16):327-351.

⑤ GLASGOW K L,DORNBUSCH S M,TROYER L,et al.Parenting styles adolescents' attributions, and educational outcomes in nine heterogeneous high schools [J]. Child Development, 1997(68):507-529.

⑥ MCNEAL R B.Parental involvement as social capital: Differential effectiveness on science, achievement, truancy, and dropping out[J].Social Forces,1999(78):117-144.

是逃学率较高。在父母教养方式方面，Vieno[1]、张新冀（2009）的研究探讨了父母教养方式对学校归属感的影响。郭光胜（2009）的研究发现，小学生家庭人际关系及其两因素（亲密性与适应性）与学校归属感四因子显著相关，能有效预测学校归属感。在父母支持方面，McNeal 的研究表明，父母对学生学校生活的投入和兴趣，对学生的学校归属感将产生积极影响，Chau-kiu Cheung[2] 的研究支持了这一结果。研究显示，常与父母交流学校生活的学生，对学校的满意度比较高，对学校的积极情感也较多。

总体上看，家庭社会经济地位、父母教养方式、家庭结构、父母支持等因素均会对个体的学校归属感产生影响。

3. 学校因素

关于学校因素对学校归属感的影响，已有研究集中在以下几方面。

第一，学校特点对学校归属感的影响。在学校规模上，McNeely 的研究发现，中等大小的学校容易使学生产生较高水平的学校归属感，对学校归属感形成较为有益的学生规模，学生人数 600 ~ 1200 人。[3] 在学校类型上，Anderman 的研究发现，美国郊区学校学生比市区学校学生的归属感高。[4]Syed Jamal(2006) 调查了马来西亚远程学习者的归属感，得出远程学习者的归属感较低，其中在"同伴关系"这一维度上和其他几个方面相比最为明显。[5] 包克冰等（2006）的研究发现，重点高中学生的学校归属感比普通高中和职业高中学生的归属感高。徐坤英（2008）的研究发现，重点学校的学校归属感显著高于普通学校。

第二，班级对学校归属感的影响。班级是学生生活最直接的环境，对学

① VIENO A,PERKINS D D, SMITH T M, et al. Democratic school climate and sense of community in school:A multilevel analysis[J].American Journal of Community Psychology,2005(36):327-341.

② CHAU-KIU CHEUNG.Children's sense of belonging and parental social capital derived from school[J]. The Journal of Genetic Psychology, 2011, 172(2): 199-208

③ MCNEELY C A, NONNEMAKER J M, BLUM R W. Promoting school connectedness: Evidence from the national longitudinal study of adolescent health[J]. Journal of School Health,2002(72):138-160.

④ ANDERMAN E M.School effects on psychological outcomes during adolescence[J].Journal of Educational Psychology, 2002,94(4):795-809.

⑤ SYED JAMAL.A quantitative study on sense of belonging among distance learners in Malaysia[J].The 1st International Conference on Virtual Learning.ICVL,2006: 171-178.

校归属感影响较大。研究者发现，班级的教育[①]、班级的支持[②]、班级的接纳[③]、班级的安全感[④]、温馨的班级氛围[⑤]可使学生产生较高水平的学校归属感。

第三，教师行为对学校归属感的影响。Janine[⑥]、卢玲敏[⑦]发现教师的课堂教学方法、教学计划影响学生的归属感。Goodenow（1993）的研究显示，受到老师支持和鼓励的学生，学校归属感的发展水平较好。Hurtado对拉丁美洲的大学生归属感进行了研究，研究表明，学生的学校归属感与学生所感知到的教师关心密切相关。[⑧]Anderman（2003）的研究显示，六七年级学生的学校归属感水平在总体上呈下降趋势，但是，当学生感受到来自教师的尊重时，这种下降会得到部分弥补。而Freeman发现，课堂上教师对学生参与的肯定和鼓励，会让大学生感到友好、温暖、有助益，会增强学生的学校归属感。[⑨]

第四，人际关系对学校归属感的影响。对学生而言，学校中存在两种主要的人际关系，即同伴关系和师生关系，包克冰等（2006）、张新冀（2009）、谢玉兰，阳泽（2012）的研究发现，二者对学校归属感有重要影响。Janine[⑩]、

① ANDERMAN L H.Academic and social perceptions as predictors of change in middle school students' sense of school belonging[J].Journal of Experimental Education, 2003(72):5-22.

② BATTISTICH V, SOLOMON D, WATSON M, et al. Caring school communities[J]. Educational Psychologist, 1997(32): 137-151.

③ 谢玉兰，阳泽.影响中学生学校归属感的因素分析[J].中国教育学刊，2012（11）.

④ GOODENOW C.The psychological sense of school membership among adolescents:Scale development and educational correlates[J]. Psychology in the Schools, 1993,30(1):79-90.

⑤ 朱之侃.幼儿园班级管理中幼儿归属感的建立[J].学前教育，2012（10）.

⑥ JANINE,KATHLEEN M.Students' perspective of their high school experience[J]. Adolescence,2003,38(152): 705-724.

⑦ 卢玲敏.教师教学行为与务工子弟学校归属感、自我效能感现状及关系的研究[D].石家庄：河北师范大学，2012.

⑧ HURTADO S,CARTER D F.Effects of college transition and perceptions of the campus racial climate on Latino college students' sense of belonging [J].Sociology of Education, 1997(70):324-345.

⑨ FREEMAN T M,ANDERMAN L H,JENSEN J M.Sense of belonging in college freshmen at the classroom and campus levels[J].Journal of Experimental Education, 2007(75):203-220.

⑩ JANINE,KATHLEEN M.Students' perspective of their high school experience[J]. Adolescence,38(152): 705-724

Anderman①、Goodenow、李倩的研究发现，同学之间相互尊重可以促进学校归属感的形成。

学校归属感的主要影响因素见表0-7。

表0-7　学校归属感的主要影响因素

影响因素	个人特征	种族
		人格
	家庭因素	家庭经济条件
		父母受教育程度
		家庭结构
		父母教育方式
		父母支持
	学校因素	学校特点
		班级特点
		教师行为
		人际关系

已有研究对影响学校归属感的内因和外因都进行了考察，所涉及的变量除个体特征因素之外，还包括家庭因素和学校因素。从表0-6可以看出：第一，已有研究在个体特征上较集中于种族、人格变量的讨论，缺少对个体能力、气质、性格等心理变量对归属感影响的研究；第二，在家庭因素中，关于隔代教养、父母心理特征等对学校归属感影响的较为少见；第三，在学校因素中，少有对学校级别、学校地域、学校组织气氛、同事关系等因素对归属感影响的研究。此外，家长和教师对学生来说很重要，他们关于学校归属感的观念将在很大程度上影响其教育行为，进而影响学生的学校归属感，但已有研究缺少对这一领域的关注。

从总体上看，关于归属感影响因素的研究相对较多、成果较为丰富，综

---

① ANDERMAN L H.Academic and social perceptions as predictors of change in middle school students' sense of school belonging[J].Journal of Experimental Education, 2003(72):5-22.

合起来可以有以下认识。第一，归属感的影响因素既包括个体特征这一内因，又包括组织特点、社区环境等外因。从已有研究可以看到学者们对外因的关注，这从一个侧面反映出归属感的获得和发展受外界环境的影响，尤其是所归属群体这一微观环境的影响。第二，社区归属感、组织归属感、学校归属感的影响因素有相同点但又各有侧重，说明所归属群体的性质不同，个体和群体发挥的影响作用有所不同。因此，考察归属感必须充分考虑所属群体的特性。

（五）归属感的培养

从已有研究成果看，归属感培养方面的研究比较薄弱，本书主要对儿童归属感的培养研究进行梳理。

1. 学校归属感的培养

关于如何培养学生的学校归属感的研究尚不多见，归纳起来，研究主要集中在以下几个方面。

第一，发挥校园文化的正面熏陶功能，培养学生归属感。校风、学风、教风、道德行为风气、制度文化等是校园文化的主要表现形式。徐坤英、郑涌、郝佳、金庆英、郭光胜等学者认为可通过积极建设校园文化，发挥校园文化对学生的熏陶作用，促进学校归属感的获得与发展。

第二，通过开展各种活动，增强学生的学校归属感。杜姣、郑涌、徐坤英等研究者建议学校多开展各种有益的文体活动、课外活动，认为在活动中建立起来的感情更为稳固，让学生参加活动是增进感情、培养归属感的有效方式。活动一方面包括校歌、校徽、校训、校史、校服等象征性的活动，也包括升旗、集体操、体育比赛等常规活动。

第三，发展学生自我意识，完善学生人格。王秋芳、王鹏认为学生初升入初中，自我角色模糊导致部分学生班级归属感缺失，主张教师通过合理分工让每位学生可以负责班级中一项工作，让学生感受到自己是集体的一员，强化学生角色意识。[①] 谢玉兰、阳泽认为教师与学生相处时要尽量采取欣赏、尊重的态度，并注重以适宜方式关注成绩差的学生，如找到这些学生的兴趣爱好，并帮助他们不断进步，当学生感受到教师的关心与自身的成长后会慢慢建立积极的自我概念，培养其归属感，完善学生的人格。

第四，建立和谐的人际关系。学生在校的人际关系主要包括同伴关系和师生关系。宋予认为，构建和谐的师生关系有助于归属感的培养，因此教师要

---

① 王鹏，王秋芳. 初中生班级归属感的缺失与培养 [J]. 教学与管理，2012（19）.

尊重学生、关心学生，经常与学生交流，尤其是对班级中身患疾病或家庭贫困的学生，要及时给予他们帮助与关爱。[①]谢玉兰和阳泽认为，刚入校，学生间彼此还不熟悉，教师可以设计团体活动，采用游戏的方式，为学生相互认识和交流创设条件，为建立友好的同伴关系奠定基础。此外，Solomon，Faircloth，郭光胜，徐坤英，郑涌，杜好强等学者也强调通过构建良好的师生关系和同伴关系以培养学生归属感。

第五，营造和谐的班级氛围。McGlynn、Angela认为班级氛围和友好的教师能够促进学生的归属感。[②]周念丽提出，幼儿园可将幼儿照片放入专门设置的幼儿班集体图中，以便幼儿一进入幼儿园便可直观看到自己所属的班级，以及自己的同伴，帮助幼儿迅速获得安全感。[③]谢玉兰、阳泽提出，通过抓学习风气、班级团结、课外活动来营造良好的班级氛围，进而帮助学生获得归属感。

以上关于儿童归属感培养的建议多为学者自身经验层面上的描述，而Battistich等在小学进行了一项培养学生的学校归属感的干预计划（the child development project，CDP），采用了合作的学习活动、发展变化的纪律政策、强调人际互助和亲社会行为、不歧视学生等方法，效果显著。[④]

2. 学前儿童归属感的培养

目前学前儿童归属感的培养研究尚比较薄弱，但因其重要意义，越来越多的国家已将其纳入学前教育的目标体系，例如：新西兰、加拿大、爱尔兰等国（见表0-8）。2012年，我国颁布《3—6岁儿童学习与发展指南》，首次明确提出3—6岁儿童要"具备初步的归属感"，并提出了3—6岁幼儿归属感的发展性目标（见表0-9）。

① 宋予.提高中职学生班级归属感的对策研究——以大连市经贸学校日语班为例[D].大连：辽宁师范大学，2010.

② MCGLYNN, ANGELA.Fostering academic success through community in the classroom: Sense of belonging critical to retention[J].The Hispanic Outlook in Higher Education, 2003: 35.

③ 周念丽.帮助幼儿在"第三位教师"的怀抱中获得归属感[J].幼儿教育，2011（12）:9.

④ BATTISTICH V,SOLOMON D,KIM D, et al.Schools as communities, poverty levels of student populations, and students' attitudes,motives and performance:A multilevel analysis[J]. American Educational Research Journal, 1995(32):627-658.

表0-8 国外关于幼儿归属感的目标

国别	文件名	目标
新西兰（1996）	编席子：学前课程（Te Whàriki: Early Childbood Curriculum）	1. 儿童和家庭以及更大范围的外部世界的联系得以确认并不断拓展； 2. 儿童知道有属于自己的一个地方，对日常生活和常规事情感到舒适； 3. 知道哪些是被许可的行为
加拿大（不列颠哥伦比亚省，2008）	《早期学习框架》（Early Learning Framework）	1. 感受到安全和被尊重； 2. 学习保持自己健康的方式包括食物、睡眠和运动； 3. 对自己自信并能够控制自己； 4. 理解并遵守规则； 5. 感受到安全感，自我尊重和自我约束； 6. 表达出个人主观幸福感； 7. 识别、接受和表达一系列情绪、想法和观点； 8. 体验并适应生活中的变化、惊奇和不确定性； 9. 探索并喜爱自己学习的方式和策略； 10. 与成人、同伴建立良好关系
爱尔兰（2009）	《学习之旅：学前课程框架》（Aistear: the Early Childhood Curriculum Framework）	1. 在自己所属的社区中认为有自己的一个位置和权利； 2. 知道在自己所属的家庭与社区中是接受并欢迎自己的； 3. 能够分享自己的个人经验，了解家庭、文化与背景的差异性； 4. 了解并参与常规、风俗、节日和庆祝活动； 5. 了解当地区域的地方特性和人； 6. 了解社区中人们的差异性

表0-9　《3—6岁儿童学习与发展指南》中关于归属感的发展性目标①

年龄	发展性目标
3—4岁	1. 知道和自己一起生活的家庭成员及与自己的关系，体会到自己是家庭的一员； 2. 能感受到家庭生活的温暖，爱父母，亲近与信赖长辈； 3. 能说出自己家所在街道、小区（乡镇、村）的名称； 4. 认识国旗，知道国歌
4—5岁	1. 喜欢自己所在的幼儿园和班级，积极参加集体活动； 2. 能说出自己家所在地的省、市、县（区）名称，知道当地有代表性的物产或景观； 3. 知道自己是中国人； 4. 奏国歌、升国旗时能自动站好
5—6岁	1. 愿意为集体做事，为集体的成绩感到高兴； 2. 能感受到家乡的发展变化并为此感到高兴； 3. 知道自己的民族，知道中国是一个多民族的大家庭，各民族之间要互相尊重，团结友爱； 4. 知道国家一些重大成就，爱祖国，为自己是中国人感到自豪

受心理学视角的影响，归属感培养研究比较薄弱。已有研究从校园文化、班级氛围、活动开展、完善人格、建立友好关系等方面对学校归属感的培养进行了探讨，既考虑了个体因素，也考虑了对归属感有重要影响的环境，但这些探索不深入、不系统，且缺乏实践的支撑。而目前幼儿归属感的培养虽受到关注，但尚且停留在国家政策层面的引导上，幼儿归属感的培养究竟需要怎么做、需要注意什么问题、采用什么样的方式，目前的研究还非常薄弱。

（六）总的讨论

从对国内外文献的统计可以看出，无论在国内还是国外，归属感研究的数量都在增加，说明归属感越来越受到研究者重视。已有研究对归属感的内涵、影响因素、结构、测量等进行了探索，取得了较为丰硕的成果，对后续研究的启示在于：

第一，已有研究多以心理健康为取向，从心理健康角度把归属感视为个体健康发展的重要保护性因子，认为归属感能减少心理问题和问题行为

---

① 中国学前教育研究会.《3—6岁儿童学习与发展指南》——社会领域 [EB/OL]. http://www.cnsece.com/article/ 9261. html, 2014-01-15.

的发生，促进心理健康。如 Baumeister（1995）、Brand（2003）、Newman B.M.（2007）、Shochet（2011）等。以心理健康为视角的研究充分证明了归属感对于个体心理健康的积极意义，结合心理健康在个体当下和未来生活中的作用，有必要对归属感进行深入研究。

第二，已有研究运用问卷调查、因素分析等方法，从普遍性、抽象性和客观性角度揭示了归属感的结构。已有研究证明，量化研究是探索幼儿归属感内在结构的重要方法，但归属感是一种情感体验，研究中应加强质性方法的运用，以多侧面、多角度、真实、可靠地反映归属感的结构和特点。

第三，已有研究较集中于对归属感结构和影响因素两个专题的研究。在结构研究方面，由于学者们在概念界定时各有不同的侧重点，致使对内在结构的看法尚未达成一致。但已有研究揭示归属感是由认知、情感、行为等构成的多维结构，包括认同、喜爱、依恋、满意、承诺、关心、投入等要素。在影响因素的探讨方面，已有研究不仅考察了个体自身因素对归属感的影响，还考察了学校、机构、社区特征的影响，说明归属感受环境影响，在与环境的互动中获得。因此，幼儿归属感的结构探寻和教育促进研究需置身于幼儿生活的真实场景，关注其生态环境。

第四，在测量工具方面，已有研究的测量工具有两种来源，一是修订前人问卷，二是自编问卷。不论是借鉴前人还是自编问卷，所用问卷的结构和项目大多经过严格的标准化检验，测量大多遵循严格的程序，这为本研究测量工具的编制和测量的开展提供了借鉴。

从总体上看，已有研究为本研究的开展提供了丰富的理论资源，具有较大的借鉴意义。但是，从目前相关研究的整体状况来看，还存在问题和有待进一步深入研究的领域，这为本研究的开展指出了方向、提供了空间，主要表现在：

第一，研究取向单一。已有研究强调归属感缺失带来的不利影响，较少关注幼儿归属感的培养。关注不利影响有助于使人们重视归属感并纠正不良心理和行为，但对个体的成长和发展而言，更重要的是培育生命能量。因此，本研究重视幼儿归属感的培育，以促进幼儿生命健康发展。

第二，研究视角单一。已有研究多限于心理学视角，较少考虑幼儿的主观感受和生活环境。但儿童归属感是在社会生活中、在与环境的互动中获得并发展的。因此，需从社会学、生态学等多学科视角进行分析。本研究拟从心理学视角构建幼儿归属感的结构、探寻其特点，从生态学视角分析影响幼儿归属感获得和发展的微观生态环境以及儿童与环境的相互作用，开展教育、促进研究。

第三，教育促进研究缺乏。已有研究基于心理学视角对归属感的结构与影响因素进行了较为深入的探讨，但从教育学视角进行的幼儿归属感培养研究比较零散和少见。本研究在探讨幼儿归属感结构和发展特点的基础上，置身于幼儿生活的微观系统，开展促进幼儿归属感的实践活动，以使研究更具完整性。

第四，幼儿归属感的本土化测量工具缺乏。现有归属感测查量表针对青少年，缺少以幼儿为对象、有良好信效度的归属感测查量表，而这正是制约幼儿归属感研究的重要原因之一。因此，本研究探寻幼儿归属感的结构，编制科学的、本土化的幼儿归属感测查量表，以弥补已有研究的不足，为后续研究的开展提供工具支持。

三、研究设计

（一）研究目的与意义

1.研究目的

本研究遵循发展与教育心理学的范式，将质的研究和量的研究相结合，探索中国文化背景下幼儿归属感的测评结构和发展特点；在此基础上进行教育尝试，为幼儿归属感的教育提供工具和依据。

2.研究意义

理论意义：本研究拓展了归属感的研究领域；唤起学前教育工作者对归属感的关注；所获得的资料和成果为后续研究奠定基础。

实践意义：幼儿归属感测评量表为教育工作者了解幼儿归属感的发展水平提供工具；幼儿归属感的发展特点及教育尝试为幼儿园归属感教育的开展提供借鉴。

（二）核心概念界定

1.归属感

本研究认同李季湄和冯晓霞两位学者的观点，认为归属感是个体认同所在的群体、感觉自己被群体认可和接纳而产生的隶属于群体、与其休戚相关的感觉。[①] 这种感觉包含对成员身份的认定，带有个体感情色彩，并付诸行动，包括认知、情感、行为三个维度。

---

① 李季湄，冯晓霞.《3—6岁儿童学习与发展指南》解读 [M].北京：人民教育出版社，2013：93.

2.幼儿归属感

本研究的幼儿归属感指幼儿对幼儿园的归属感。根据对归属感的界定，本研究认为幼儿归属感是幼儿认同所在幼儿园，感觉自己在幼儿园被认可和接纳而产生的隶属于幼儿园、与其休戚相关的感觉。这种感觉包含对成员身份的认定，带有个体感情色彩，并付诸行动，包括认知、情感、行为三个维度。

认知维度指幼儿对自己是幼儿园、班级一员的了解、认同，是幼儿对自己与归属关系的认知。情感维度指幼儿由于归属于幼儿园而产生的喜爱、依恋、关心等情感体验。行为维度是幼儿遵守各种规则、积极参加幼儿园活动的行为。

（三）研究内容与研究假设

1.研究内容

①幼儿归属感的结构。

②幼儿归属感发展的特点。

③幼儿归属感发展的影响因素。

④幼儿归属感发展的教育促进。

2.研究假设

假设1：幼儿归属感的结构由认知、情感、行为三个维度构成，具体表现为幼儿园认同、自我认知、喜爱、依恋、投入、交往六个指标。

假设2：幼儿归属感发展存在着年龄差异和性别差异。

假设3：教育能够促进幼儿归属感的发展。

（四）研究思路与研究方法

1.研究思路

本研究力图解决幼儿归属感发展的四个问题：发展什么、特点如何、发展受何影响、怎样发展？为解决这四个问题，本研究遵循发展与教育心理学的范式，将量的研究与质的研究相结合，以幼儿真实的生活情境为背景，探讨幼儿归属感的结构、幼儿归属感的发展特点、幼儿归属感发展的影响因素、幼儿归属感的教育促进。研究思路如图0-1所示。

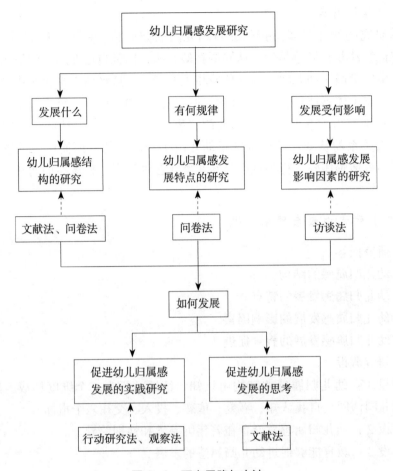

图 0-1 研究思路与方法

首先，通过对归属感的实质、结构与测量、发展特点、影响因素、培育等问题进行梳理，对已有研究主要成果和存在问题进行较为系统的考察，明确幼儿归属感发展研究的方向和目标。

其次，将质的研究与量的研究相结合，探索中国文化背景下的幼儿归属感结构。结构研究解决发展什么的问题，是本研究的起点，为完成这一任务，本研究开展以下工作。（1）根据对文献的梳理，形成关于幼儿归属感结构的理论推导；（2）对幼儿园教师进行开放式问卷调查，采用自下而上的范式获取幼儿归属感结构；（3）综合理论推导和开放式问卷调查的结果，形成幼儿归属感结构的理论构想；（4）根据理论构想，以开放式问卷结果为基础，遵循问卷编制的科学程序，编制"幼儿归属感教师评定问卷"，通过探索性因素分析和验证性因素分析，获得幼儿归属感的实证结构。所编制的"幼儿归属感教师评定问卷"为后续研究做工具上的准备。

再次，以自编"幼儿归属感教师评定问卷"为工具，通过方差分析、LSD多重比较等方法，探索幼儿归属感的发展特点，为促进幼儿归属感的发展提供支持。

然后，为避免量化研究的去生态性，本研究再一次采用自下而上的范式，通过质的研究获取幼儿归属感的影响因素。研究中一方面重视幼儿生活其中的生态系统，对系统中的重要因子——教师和家长——进行访谈；另一方面，珍视幼儿的感受，重视幼儿声音的地位，为幼儿的表达提供合法的、价值认可的空间。考虑幼儿的年龄特点，本研究以绘画"我的幼儿园"为辅，对幼儿进行半结构式访谈。综合对幼儿、幼儿园教师、幼儿家长三者的访谈，揭示影响幼儿归属感发展的因素。

最后，在上述研究的基础上，本研究在幼儿园真实教育情境中，与一线教师合作，开展促进幼儿归属感发展的实践研究。幼儿归属感培育的实践研究采用以质性为主、量性为辅、质与量相结合的范式，并对实践研究结果进行反思，为幼儿园促进幼儿归属感发展提供借鉴。

2. 研究方法

自归属感进入学者研究领域以来，在比较长的时间里，对归属感的研究以量化研究为主，而近年来，质性研究的运用有所增多。从发展趋势来看，两种范式的结合应呈增长之势。本研究将质的研究和量的研究相结合，具体运用以下研究方法。

（1）文献法

文献法是贯穿本研究全过程的重要方法。本研究通过文献法解决三个层面的问题：第一，通过对归属感相关文献资料的搜集、整理，确立本研究的起点和方向，确定本研究的思路与框架；第二，通过对文献的梳理，尤其是对归属感结构与测评相关文献的梳理，突破幼儿归属感结构的理论推导问题；第三，通过文献研究，为本研究的访谈、问卷调查和教育实践的反思奠定基础。

（2）调查研究法

本研究采用问卷法和访谈法两种调查研究法。问卷法主要解决三个问题：第一，开发符合教育要求的幼儿归属感研究工具；第二，获得幼儿归属感的实证结构；第三，探索幼儿归属感的发展特点。访谈法主要解决两个问题：第一，获得中国文化背景下的幼儿归属感结构；第二，揭示幼儿归属感发展的影响因素。

（3）行动研究法

行动研究法在本研究中用在促进幼儿归属感发展的实践研究部分。行动研究法通过与一线教师的合作，在幼儿园真实场域中发现问题、开展实践活动、反思、行动、再反思……探寻促进幼儿归属感发展的方法和途径，为幼儿园归属感教育的开展提供借鉴参考。

（4）观察法

本研究采用随机观察，了解自然状态下幼儿在幼儿园的表现，包括情绪状态、对活动的投入状态等，使研究更具生态性。

第一章　幼儿归属感的理论探讨

瑞士教育家爱伦·凯（Ellen Key）曾在《儿童的世纪》里预言，20世纪是儿童的世纪。然而，20世纪是一个以现代性为特征的世纪，将理性奉为"上帝"，人被当成追逐物质利益、满足于物质享受的功利主义者。人成为工业化进程中的"机器"，丧失了生命意义和价值追求。因此，20世纪也不是"儿童的世纪"。时至今日，21世纪已走过十数载，"以人为本""以生命为本"成为时代强音，在此背景下，归属感日益受到关注。然而，归属感源自何处？究竟是什么？又如何获得？幼儿归属感有何特点？这些问题仍然令人困惑。带着这些问题，本章立足于归属感相关研究成果，借助认知科学、学习科学、社会科学等理论工具，尝试回答归属感是什么这一核心问题，并以此为延伸，进一步描绘归属感的获得机制及幼儿归属感的差异表征。

一、归属感为幼儿生命之需

人是一个双重生命的存在。人既具有自然生命，又具有超自然的精神生命，是自然生命和精神生命的统一体。自然生命是精神生命的载体，精神生命是自然生命的灵魂。幼儿归属感源自个体生命，既是幼儿自然生命之所需，也是幼儿精神生命之所求。

（一）归属是幼儿的本能需要

达尔文的《物种起源》（1859）及《人类的由来》（1871）两部巨著的问世，使人们突然醒悟到：人类和世界上所有物种一样，是动物界长期进化的产物。作为自然存在物，人有着诸如饮食、新陈代谢等与动物相同的生命性征。从这一角度看，人与动物没有本质差别。那么，人和动物的最大差别在哪里？哲学人类学家阿尔诺德·格伦指出，人和动物的最大差别是人的未特定化。从生物学意义上来说，不论是特定化的动物还是非特定化的人，归属于群体都是生存的本能需要。

动物是特定化的，动物的生命功能因适应某种特殊环境的需要而生成，例如：适合陆地生活的动物有肢体；适合水中生活的有腮；适合天空飞行的有翅膀……动物器官构造和功能的先定性，使动物只能在特定的空间生活，也决定了其行为方式的被特定化、被定向化。这种被特定化、被定向了的机体器官功能和行为方式，一方面使动物具有适应某一特定环境的生命功能，另一方面也决定了动物无须与环境或其他动物构成关系，完全依靠本能，单向地从外界环境获取现成资源求得生存。所谓本能，是指物种的专门化器官所固有的、与生俱来的、维持种族生存而特有的生物功能。由于器官的特定化，动物被严格限制在特定的外部生活条件下，但他们能够完美适应这一固定而特殊的环境，依靠本能生存。本能由基因决定，植物和低等动物的基因完全是特异、封闭的。这种特异性的基因编码可以遗传，因此动物本能无须试验或学习即可伴随种族繁衍得以传递和延续。对于群居动物而言，其生存需要归属群体，这种归属即是基于特异性基因编码本能。

当生物进化到人，基因的特异部分降到最低，基因系统绝大部分呈开放性。人对本能的依靠达到最低，没有任何特殊的生物本能，是未特定化的。人的未特定化指人的活动器官在构造和机能上具有非专门化的特点和性质。这里所说的人的器官的非专门化，指人的器官并非为适应某一固定、特殊的环境而服务，它不具备适应某一特定环境的特殊功能。人的器官，无论对于哪一种环境而言，先天的都不完全适合，但经后天改造都能适应。故而，人的器官具有极大的可塑性和广泛的适应性。这种生物学上的未特定化，使人得以面对一个开放的世界，与环境保持非特定的开放性关系。但是，它也造成人的本能匮乏，使人与其他动物相比，有着先天的身体"缺陷"：没有皮毛抵御风寒，没有锐爪尖齿防御敌兽攻击，力不如牛、疾不如马……人没有一个适合自己生存的特定环境，成为自然界中生下来最脆弱、毫无生存能力的一个物种，人比其他物种都更艰难地维持自己的生计，莱辛由此将人称为"生命的死胡同"。

人类生命独特的未特定化的在世结构，决定了人的生存和繁殖有赖于与他人的密切联系，否则个体生命会因为自身的匮乏性而走向终结。正如弗罗姆所言："人只有同他人进行某些合作，才能生存。……如果人想生存，就必须与他人合作，无论意在御敌抑或防御自然危害，还是意在劳动生产。"[①] 人需要借助他人力量、依靠自身的活动与外界交换各种资源求得生存，这便意味着

① ［美］埃里希·弗罗姆.逃避自由［M］.刘林海，译.北京：国际文化出版公司，2003.

人一出生就必须置身于群体生活，归属对于人的生存和繁殖具有重要意义。第一，归属群体有利于资源的获得。不同于其他物种，人类大部分所得并非直接源自自然环境，而是源自其所在群体。在资源稀缺的条件下，群体在对有限资源的竞争中极具优势，单独生存则在许多情况下都处于极为不利的竞争地位。一些关系生死存亡的任务，如狩猎大型动物，仅靠个人也难以完成。第二，归属群体能够保障个体生命安全。在人类进化的过程中，生存条件恶劣，处处隐藏着可能的危害——天敌、夜幕、自然灾害……诸如防御捕食性天敌等保障生命的活动，都需要通过群体合作完成。归属于群体增加了抵御外部威胁的力量，通过成员间的合作防御风险和威胁、抵御敌对团体，能够保障成员的生命安全。第三，归属于群体保证人类的繁衍。由于更有可能得到食物、照顾及保护，归属于群体的孩子比单独生存的孩子更有可能存活。因此，归属群体不仅保证了个体的生存，也保证了种族的繁衍。每个成员都在群体中扮演着重要角色，不仅努力确保自己生存，也努力为部落其他成员的生存提供支持。对人类而言，归属感根植于人的非特定化，是人类的本能需要。

"孩提时代的每个人都有这种非常强烈的需要他人帮助的体验。就儿童实际上在所有重要功能方面无法照顾自己而言，与他人交往便是儿童生死攸关的大事。"[1]归属于群体或家庭，使幼儿获得食物、水等生命所需要物质资源，并获得照顾和保护以抵御威胁，求得生存。因此，归属是幼儿的本能需要。

（二）归属感是幼儿的精神需要

由于人的非特定化，人需要归属群体，形成和维持较为稳定的社会联系，以保护和捍卫自己的资源、抵御外部威胁，保证个体的生存和种族的繁衍。随着人类的进化和发展，归属于群体已不是生存必需，但人仍然有归属的愿望。[2][3]因为人和动物不同。动物只有本能生命，它们所有的规定都铭刻在生命遗传基因里面，动物只要获得它的生命，便是具有了它所应有的一切。因而对于动物个体，可以说生来就已经"是其所应是"，它们会成为什么，这一点无须自己操心，只要顺从生命本能的支配，一切便都会完成得很好。但是，人

① ［美］埃里希·弗罗姆.逃避自由 [M].刘林海，译.北京：国际文化出版公司，2003：13.
② FISKE S T. Social beings: A core motives approach to social psychology[J]. United States of America: Wiley,2004.
③ BAUMEISTER R F, LEARY, M R. The need to belong: Desire for interpersonal attachments as a fundamental human motivation[J]. Psychological Bulletin, 1995, 117(3): 497–529.

有所不同。人虽然来源于自然，却并不能单纯地从自然性中来说明人。人在满足自己的自然生命的基础之上，还有超越于自然生命的精神追求；归属感则是这种精神追求之一。

在弗罗姆看来，归属感与人独特的在世方式有关，其产生根源于两个方面。一方面，"人需要与自身之外的世界相联系，以免孤独。感到完全孤独与孤立会导致精神崩溃，恰如肉体饥饿会导致死亡。这种与他人发生联系并不等同于身体的接触。一个在物质意义上与世隔绝多年的个人可能在观念、价值或至少在社会模式上与外界相连，这些东西给他一种共同感和归属感"①。对于社会大多数人而言——即使是年幼的孩子（作为一个社会成员，个体生命从一开始就处于社会之中）——由于社会强大的影响力，个体行为与外在社会要求高度耦合，归属感不言而喻。兰德曼说："人是一种必须以其生活环境来决定自己的生物。"②人对社会具有强烈的依赖性和归属需要，人的归属感从本质上讲就是栖居于社会中的人所获得的安全感和落实感，它反映了个体与社会世界不可分割的关系。这种归属感与社会共同的行为方式、价值和观念对人的长期濡化有关。也就是说，归属感的获得意味着个体生命能够与他蕴含其间的社会模式形成良性互动。而归属感的丧失表征着个体与社会之间的紧张关系，必然导致人强烈的焦虑意识。另一方面，"使'归属'需求那么强烈的因素还有主观自觉意识，即人借以认识到自己是个异于自然及他人的个体的思维能力"③。这种归属需求是终极意义的，即意识到个体生命的微不足道和无意义性，这种归属感建立在个体具有鲜明自我意识的基础上。对于个体而言，归属感的需要是终极性的，弗罗姆说："由于意识到自己与自然及他人不同，意识到——哪怕非常朦胧地，死亡、疾病、衰老。与宇宙及其他所有非'他'的人相比，他必然备感自己的微不足道与渺小。除非他有所归依，除非他的生命有某种意义和方向，否则，他就会感到自己像一粒尘埃，被个人的微不足道感所压垮。他将无法同任何能赋予其生命以意义，并指导其方向的制度相联系，他将疑虑重重，并最终使他行动的能力——生命，丧失殆尽。"④归属感既是一种精神需要，也是个体生命一切精神性需求的基础。人类文明史上，在比较漫长的一段时期里，儿童的概念基本上被埋没于黑暗之中。直到文艺复兴以后，人们真正

---

① ［美］埃里希·弗罗姆. 逃避自由 [M]. 刘林海，译. 北京：国际文化出版公司，2003.

② ［德］兰德曼. 哲学人类学 [M]. 阎嘉，译. 贵阳：贵州人民出版社，2006.

③ ［美］埃里希·弗罗姆. 逃避自由 [M]. 刘林海，译. 北京：国际文化出版公司，2003.

④ ［美］埃里希·弗罗姆. 逃避自由 [M]. 刘林海，译. 北京：国际文化出版公司，2003.

意识到儿童有着独立存在的价值。儿童也能够意识到自己与自然及他人不同，感到自己的微不足道与渺小，他需要有所归依，否则，也会被个人的微不足道感所压垮，最终导致生命丧失殆尽。因此，归属感是幼儿的精神需要。

二、幼儿归属感的本质探讨

关于归属感是什么，时至今日，已经有了较为广泛的探讨。自 Hirschi 将归属感界定为情感后，对归属感的界定经历了从侧重个体内在体验的情感、感受向关注情感之外信念、参与、行为、认知等转变。本研究着重介绍三种比较有代表性的观点，并在此基础上提出本研究关于归属感本质的基本认识。

（一）归属感的本质

1.归属感是个体生存存在的基本需要

（1）马斯洛的观点

1943 年，马斯洛在《人类激励理论》中提出，个人是一个统一的、有组织的个体，个人的绝大多数欲望和冲动相互关联。他认为驱使人类的是若干始终不变的、遗传的、本能的需要，这些需要不仅有生理的，也有心理的，是人类本性中固有的东西。这类需要包括以下特性：缺少它会引起疾病；有了它不会得病；恢复它可以治愈疾病；在某种非常复杂的、自由选择的情况下，丧失它的人更愿意去寻求它，而不是寻求其他的满足；在健康个体身上一般不产生作用，而是处于潜伏状态。马斯洛提出需要层次理论，将人的需要分为五种，分别为：生理需要、安全需要、归属与爱的需要、尊重的需要、自我实现的需要（图 1-1）。

图 1-1　马斯洛需要层次

由图 1-1 可见，五种需要从低到高、按层次阶梯状逐级递升，其次序可以变化，并非完全固定。需要的满足从外部得来逐渐转向内在获得，最迫切的需要是激励人行动的主要原因和动力。五种需要可以分为两级，生理需要、安全需要、归属与爱的需要属于低一级需要，通过外部条件就可满足；尊重需要、自我实现需要是高级需要，通过内部因素才能满足，并且个体对尊重和自我实现的需要是无止境的。

需要层次理论有两个基本出发点：一是人人都潜藏着这五种不同层次的需要，某一层需要获得满足后，另一层需要才出现；二是在多种需要未获满足前，首先满足迫切需要，该需要满足后，后面的需要才显示出其激励作用。同一时期，一个人可能有几种需要，但每一时期总有一种需要占支配地位，对行为起决定作用。任何一种需要都不会因为更高层次需要的发展而消失。各层次的需要相互依赖和重叠，高层次的需要发展后，低层次的需要仍然存在，只是对行为影响的程度大大减小。

在需要层次理论中，归属与爱的需要指个体需要爱情、社交和友谊，需要理解和被理解，需要找到一种情感的归属和依托。归属需要则强调人都有一种归属于某一群体的需要，希望成为群体中的一员，同他人有一种充满深情的关系，相互关心和照顾。归属与爱的需要在生理和安全需要满足后产生。这种需要如得到满足，人们就会产生良好的归属感，否则便会引起孤独感和爱的缺失感。归属需要得到满足后，个体才产生自尊和自我实现两种高级需要，这两种高级需要发展后，归属需要仍然存在。

（2）Baumeister 和 Leary 的观点

心理学家 Baumeister 和 Leary 于 1995 年指出，归属感是人的基本需要。他们认为，建立并维持至少一段持久、积极、富有意义的人际关系是人类的本能，并提供了大量心理学研究报告作为佐证。Baumeister 和 Leary 指出，在考察归属感之前，首先需要解决的问题是，必须满足什么样的标准，才能够算人类的基本需要？他们给出八条建议：①在所有条件下都会产生影响；②有情感的后果；③有认知加工；④未满足将导致的不良影响；⑤会引起目标导向行为；⑥普遍适用于所有人；⑦不由其他需要衍生；⑧具有超越眼前心理功能的影响。

第一条标准意指基本需要可以在一般的、广泛的条件下产生。任何只能在高度特异性或支持性环境下才产生的需要，都不能被称为基本需要。第二和第三条标准涉及认知和情感模式。认知和情感反映了主观的重视与关注，不能引导认知和情感的需要，不是基本需要。第四条标准指基本需要的不满足会对个体的健康、协调、幸福造成较为严重的不良影响。第五条标准指出，基本需要可以驱动人们为实现它而产生相应行为。第六和第七条标准涉及普遍性和非衍生性。一种需要若限于某些人或某些情况，或来自另一种需要，则不能被视为基本需要。普遍性可以通过超越文化界限得以表示。满足标准一可以帮助满足标准七，因为如果某种需要在各种各样的情况下都产生，而不需要特别的、有利的条件，它被假定是根本。第八条标准表明，一种基本需要的影响应该超越心理功能。根据这八条标准，Baumeister 和 Leary 认为归属感是一种基本需要，具体原因可概括为以下四个方面。

第一，归属感具普遍性和非衍生性。Baumeister 和 Leary 认为，虽然存在强度上的个体差异以及表达和如何满足方面的不同，但归属感在一定程度上存在于所有人和所有文化中。Mann（1980）认为，地球上的每一个社会里，人们都归属初级的小群体。库恩（1946）则断言，群体是全人类的特征。人类社会的类型、数量以及人们加入群体的时间长度虽然不同，但在所有文化中，人们很自然地形成群体。人们总是试图保持社会关系，而强烈和普遍地抵制社会关系的解散或终结。这不仅表明归属感的存在和力量，也表明归属感不是其他需要的衍生物，因为它既不受环境的限制，也不要求或跟随其他事件。

第二，归属感引起认知和情绪的反应，主要包括认知上的信息处理和情绪的不同反应两方面。在认知方面，归属感影响人们对信息的处理。人们对有关自身人际关系的事件和情形可能有特别的解释；对与熟悉伙伴的关系和互动的考虑会比对其他人更为深入；人们用于处理自身信息的特殊模式有时会被用于合作伙伴。不同研究支持了这一观点。如 Sedikides、Olsen、Reis（1993）的研究提示，人们自发地根据社会关系对传入信息进行分类。又如，Pryor 和 Ostrom（1981）的研究表明，人们对熟悉和不熟悉的人进行不同的认知分析。人们期望所属群体的成员有比其他人更多的有利行为和更少的令人反感的行动，而这种预期会影响信息的处理和存储，使人们倾向于忘记群体成员所做得不好的事情（Howard & Rothbart，1980）。同时，实际的和潜在的社会联结都会对认知产生重大影响。总体而言，归属感是认知的一个强大的影响因素。人们对实际或可能的伙伴关系和互动关系进行大量的认知加工，对与他们共享社会联系的人的信息进行特别储备和更广泛、更有利的信息处理。在情感方面，人的许多强烈的情感经验，无论正面和负面，都与归属感有关，并且潜在和想象的归属感状态也会引起情绪反应。研究表明，归属感与幸福、得意、适中等积极情绪相关，拥有高水平归属感的人往往拥有更高的幸福水平和主观幸福感（McAdams & Bryant，1987）。归属感缺失则与抑郁及灾难相关（Argyle，

1987；Freedman，1978；Myers，1992）。不同研究支持了这一观点。当人们预计将失去某个重要关系时，会感到焦虑、沮丧、悲伤；当某个重要关系解散，与某些人的连接被切断，人会感到孤独（Leary，1990）。Tambor 和 Leary（1993）的研究则发现，抑郁与个体感觉被包含、被接纳呈负相关；与此类似，Hoyle 和 Crawford 的研究发现，抑郁和焦虑与学生在学校的归属感呈负相关。罗素等的研究还提示，孤独体现了"个人对自身社会关系未得到满足的主观感知"（Russell，Cu trona Rose and Yurko，1984），即当归属感未被满足时，人们会感到孤独。可见，归属感对人的情绪有强烈影响。

第三，归属感对人产生广泛影响。归属感对人的影响除了表现为个体认知和情感的作用外，还表现在当缺少足够的支持性人际关系时，个体会经历更多压力，这是因为他人有效的支持和援助能够帮助个体提高抵抗和应对压力的能力。Cohen 等（1985）的研究还发现，作为社会支持系统的一员，即使其他成员没有提供情感或实际的帮助，也能够帮助个体减少压力。可见归属感对个体的影响。归属感缺失会带来严重后果。除前面已经讨论的情绪困扰，归属感缺失还可能对免疫系统造成直接的影响（Kiecolt-Glaser and Gamer，et al.，1984）；还可能造成各种不良影响——从饮食失调到自杀、从交通事故到犯罪、从心理问题到身体疾病。可见，归属感对人的影响非常广泛。

第四，归属感会驱动人采取目的性行动。不同于弗洛伊德将性和侵略作为主要心理驱动力量的观点，Baumeister 和 Leary 认为人类受归属需要驱动去建立和维持人际关系，力求归属其中。人类天生具有建立和维持最低数量人际关系的需要，并付诸行动。Tajfel H. 也认为，归属感是一个目标导性活动，相比拥有足够社会交往、归属需要得到满足的人，归属感缺失的人有更多的兴趣去构建新的人际关系。[①] 这种现象可以用满意和替代来表达。满意指动机减弱，它发生在归属需要得到满足的情况下，行动相对减少；替代则指采取行动建立一个新的社会联结以取代当前的联结。替代的主要障碍是新关系的形成、亲密关系和共享经验的逐渐积累，需要一定的时间（斯腾伯格，1986）。此外，人们倾向于把时间和精力花费在使有限数量的关系更加深入中，而非将精力放在结交新的朋友、建立新的群体上。人们尽量以最低数量的社会交往来满足归属需要，对人们而言，互动的质量往往比数量更为重要。

综合上述讨论，归属感具有普遍性和非衍生性、塑造认知和情感、刺激

---

① TAJFEL H. Experiments in intergroup discrimination[J]. Scientific American, 1970:223, 96-102.

目标导向活动、对个体产生广泛影响。基于上述理由，Baumeister 和 Leary 将归属感视作一种基本需要。作为一种基本需要，归属感以其特殊的方式渗入人的生活中。首先，人会有意识地建立各种关系且力图不被破坏。其次，人的认知和情感发展会与这种本能需要相结合。再次，无论是只有亲密关系而缺乏持续互动，还是只有持续互动而少了亲密关系，都无法与这两者结合时所产生的满足感相提并论。最后，当归属这一基本需要得到满足后，人们将不会主动去建立新的人际关系；而一段人际关系的结束则会激发人们开始另一段人际关系。

在此基础上，Baumeister 和 Leary 还提出了归属感的两个主要特点：第一，情感上长期而稳定的相互照顾和彼此关心；第二，频繁地互动。也就是说，仅有互动而缺少情感依恋不能产生归属感；反之，具有强烈情感依恋、亲密关系、承诺，但缺乏经常互动的关系也不能产生归属感。为了满足归属需要，人还必须相信他人关心他或她的幸福并且喜欢（爱）他或她。从这一角度讲，缺少认知支持的频繁接触，只能促进人的一般幸福感，而难以满足归属需要。由以上分析可知，归属感不仅包括亲密依恋、友好关系，还包括对此的认知，涉及认知、情感、行为三个纬度。

2. 归属感是一个核心的人格特质

DeWall C.，Deckman 等（2011）认为，归属感植根于进化史并影响人的个性特质。为获得归属感，人们会在认知、情绪、行为上采取相应措施。例如，为巩固联系，人们会积极考虑他人的感受和想法；而归属感缺失时，人会感到焦虑，并努力采取行动、调整自己，以获得认可或结识新朋友。很多内在心理过程，包括人格特质，都为满足归属感而运行。DeWall 等通过分析归属感对人的态度、自我控制、亲社会行为等的影响，提出归属感是认知、情感和行为的结果，是一个核心的人格特质。

第一，归属感对态度的影响。态度是最基本的心理过程之一，其形成比较迅速，也不需要太多努力（Zajonc，1980）。多种因素影响态度的形成。归属感的缺失会增加个体对社会联系的渴望，这使得态度形成在很大程度上会受友好关系的影响。

第二，归属感对亲社会行为的影响。从表面上看，某些以利他为目的的助人行为可能会伤害个人利益，然而，大多数社会都称赞助人行为，这使人们能够从助人中获益。因此，为获得某种好处，如他人认可、内心安宁、税收优惠等，人们在某些时候愿意放弃部分自我利益去帮助他人。当拥有归属感的时候，由于认知和情感的积极影响，人们往往主动采取亲社会行为。而当归属感缺失的时候，亲社会行为减少；但是也可能存在另一种现象，即为获得他人的认可和接纳，亲社会行为增加。

第三，归属感对攻击性行为的影响。当个体不被群体接纳时，最好的适应性反应是加倍努力去思考、感觉和行动，以增加获得未来接受的可能性。然而，归属感缺失易导致人们对他人和群体产生攻击性行为。一种可能性的原因是，归属感缺失的人更多地将别人模棱两可的行为视作敌意，进而以侵略性行为予以反馈（DeWall and Twenge, et al., 2009）。而当归属感缺失者拥有被接受、被认可的经验时，其攻击性会大大减弱（DeWall and Twenge, et al., 2009）；即使仅仅简单提醒他们注意社会关系，在一定程度上也可以减少其攻击性（Twenge and Zhang, et al., 2007）。对归属感缺失的人多一些社会认可和接纳，能够减少他们的攻击性行为。

第四，归属感对自我控制的影响。Baumeister等人的调查表明，当人们拥有归属感，感觉被接纳、被认可时，人会控制自身的冲动。归属感缺失时，由于感觉得不到回报，人们往往不愿意付出自我控制的代价。（Baumeister and DeWall, Ciarocco and Twenge, 2005; DeWall, Baumeister and Vohs, 2008）

基于上述讨论，DeWall等认为，归属感与认知、情感和行为有关，影响态度、自我控制、亲社会行为等个性表达，是一个核心的人格特质。

3.归属感是一个重要的心理健康概念

Hagerty等认为，归属感发生在与他人、团体和环境的交互中，是一个重要的心理健康概念。他们认为归属感由两个重要属性或维度构成：一是重视参与，二是适应。重视参与维度包括被需要或感觉自身重要的感受，以及被重视和被接受的经验。适应维度指人通过共享或互补，适应环境并与之互补。

Hagerty等人认为，理解归属感必须考虑前提和后果两个方面，并构建了归属感模型。归属感模型包括三个前提（经历）和三个独立的结果。前提（个体经验）指归属感获得前的事件，结果指随归属感获得而发生的事件。归属感的三个前提分别是：第一，参与的力量；第二，渴望参与的程度；第三，共享或互补的潜力。Hagerty认为，作为前提的经历很重要，通过对个体特定经验的理解，能够帮助临床医生识别归属感状态，如一个积极寻找归属感的青少年将不同于由于抑郁症而社会参与渴望正在减少的人。此外，个体经验还可以帮助医生选择适当措施开展干预，以提高其参与的力量、愿望和共享的能力，帮助其获得归属感。归属感的三个后果包括：第一，心理、社会、精神或身体的参与；第二，认为参与是有意义的；第三，强化或降低情感和行为的基本反应。识别这些后果可以帮助研究人员了解归属感对心理和生理健康的影响。根据这一模型，归属感不仅仅由参与活动、行动、亲近构成，还涉及对别人的评价、对他人感知的理解，与心理和社会功能有关。

（二）幼儿归属感的本质

上述归属感理论提示，归属感是人的一种基本需要，与个体经验相关，激发个体的目标性行为，影响人的认知、情感、态度、自我控制、行为等，并关涉人的心理健康。本研究认为，幼儿归属感是幼儿把自己归入所就读的幼儿园而在认知、情感、行为上的综合表现，既有对自己成员身份的确认，也带有个体感情色彩，并付诸行动，包括认知、情感、行为三个维度。

幼儿归属感需要幼儿拥有一个较为稳定的人际联结，并不断地、积极地与其他人互动，且这些互动应当产生亲密而令人愉快的情感体验。缺少互动的联结即使稳定，也仅仅能够提供情感上的安慰，而不会提供归属感；缺少承诺和亲密关系的互动同样无法提供归属感。因此，情感和行为是归属感的两个重要维度。此外，幼儿需要知道，联结是稳定的，并且会有一个延续到未来的依恋；他们还需要相信，其他人关心他（她）的幸福和爱他（她）。这意味着关于归属的认知和归属感本身一样重要。综合而言，幼儿归属感包括情感、行为、认知三个纬度。

三、幼儿归属感的获得机制

幼儿归属感的获得机制重点回答归属感如何获得这一问题。对于幼儿归属感获得的探讨，本研究从个体获得过程和社会与个体间互动两条路径展开。

（一）个体导向的获得机制

库伯的体验学习理论从个体层面为幼儿归属感的获得提供借鉴。库伯的研究显示，学习是一个相当广义的概念，它"相比较一般的学校课堂概念而言，是相当宽泛的。它发生在所有的人类环境中，从学校到工厂，从研究实验室到管理会议室，也存在于私人关系和某个杂货店的过道中。它包含在所有生命的阶段，从童年到成年、中年和老年"[1]。因此，"学习是人类适应的主要过程"[2]。在这一概念框架下，归属感的获得可视作学习，故而，以库伯的体验学

---

[1] ［美］D. A. 库伯. 体验学习——让体验成为学习和发展的源泉 [M]. 王灿明，朱水萍，等译. 上海：华东师范大学出版社，2008.

[2] ［美］D. A. 库伯. 体验学习——让体验成为学习和发展的源泉 [M]. 王灿明，朱水萍，等译. 上海：华东师范大学出版社，2008.

习解释归属感的获得机制具有合理性。

1984 年，库伯提出体验学习理论，把学习视作结合了体验（experience）、感知（perception）、认知（cognition）、行为（behavior）四个方面的整合统一过程。库伯的体验学习过程借鉴了体验学习的三种经典模式。

第一，勒温的体验学习模式。勒温的体验学习过程包括四个步骤的循环（图 1-2）。即时的具体体验是观察与反思的基础，观察资料将被同化到由行为推导出的一个新"理论"中，形成个体的概念与结论，而假定的概念或结论为学习者下一步新的体验提供行动指南。

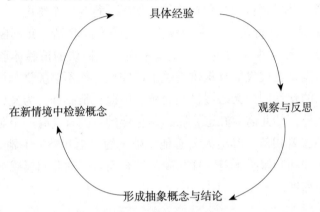

图 1-2　勒温的体验学习模式

这一学习模式强调即时的具体体验可以检验抽象概念，在学习过程中，个体的即时具体体验是学习、生命及性格的核心。同时，这一模式以反馈过程为基础，认为许多个体与团体的学习之所以无效，最终可以追溯到是缺乏充分反馈过程的原因。

第二，杜威的经验中心学习模式。这一模式强调学习的发展特征，认为学习是指刺激、感受和具体体验的动机如何能转变到更高规则的目标行为。杜威同时强调把学习置于一个经验、概念、观察和行为相结合的辩证过程。在这一过程中，经验的刺激促进观念形成，观念进一步指导刺激。观察和判断必须介入其中，以延缓立即行动，行动是目标达成所必需的条件。通过这些相互对立而又息息相关的复杂过程，可以从盲目刺激中发展出高度成熟的目标行为（图 1-3）。

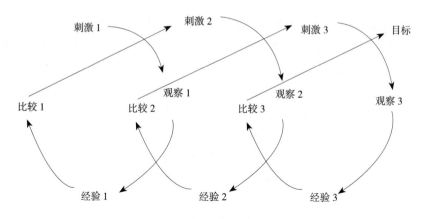

图 1-3 杜威的体验学习模式

　　第三，皮亚杰的学习与认知发展模式（图 1-4）。皮亚杰认为，体验、观念、反思和行动构成成人基本的连续性发展思维。他提出，从婴幼儿期到成人期，思维的发展经历了从具体形象感知到抽象建构，从积极的自我中心到反思性的内化学习模式。学习过程得以发生和发展，是个体与环境之间周而复始相互作用的过程。学习的关键依赖于一个相互作用的过程，其中融合了两个过程：一是内部概念或经验图式的顺应过程；二是外部事件与经验同化到已有观念或图式的过程。学习是这两个过程不断紧张—平衡的结果。当顺应过程占优势，学习就是模仿，即与环境相符或约束的自我模型；当同化过程占优势，学习就表现为将环境现实纳入个人已有的概念和表象中。

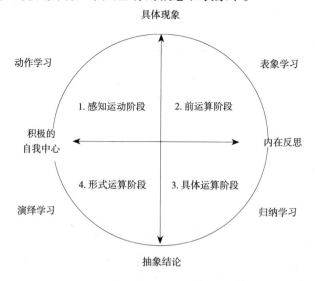

图 1-4 皮亚杰的学习与认知发展模式

库伯借鉴上述三种学习理论，提出四阶段体验学习圈模型（图1-5）。库伯认为，学习是基于体验的持续过程，一个完整的学习过程包括具体体验（concrete experience）、反思观察（reflective observation）、抽象概括（abstract conceptualization）和行动应用（active experimentation）四个阶段。与这四个阶段相对应，学习者经历了感知者、观察者、思考者、实践者的角色转变。第一，在具体体验环节中，学习者以已有经验为基础，投入新的经验情境，通过亲身参与产生感觉或感受，将新旧经验相联系；第二，在反思观察环节中，学习者对前一阶段获得的感受进行分析、思考、评价，探求新旧经验及活动与结果间的相关性，明确自己刚才学到了什么、发现了什么；第三，在抽象概括环节中，学习者将反思和观察到的结果进一步抽象，形成一般性结论或进行因果解释，将经验活动上升至理性成果；第四，在行动应用环节中，学习者在新情境中实践，验证所掌握经验的正确性、合理性，并将验证后的经验转换为自己所有；这一检验过程作为一个具体体验，成为下一个学习过程的逻辑起点。

可见，体验学习需要学习者体验、反思、行动的参与，并对学习情境和学习要求做出回应。因此，体验学习理论把学习视作对情感、知觉、符号和行为的整合，是知、情、意、行的统一。同时，还把学习看作一个开放的系统，是学习者的内部经验与外部环境不断交换的结果。尽管库伯强调体验（具体体验）在学习中的重要性，但他也强调学习者不必总从具体体验开始。也就是说，学习可以由"体验学习圈"中的任何一点进入。

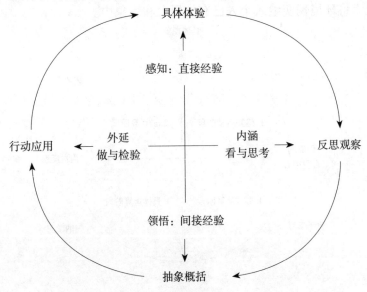

图1-5　库伯的四阶段体验学习圈模型

由图1-5还可知，四阶段体验学习圈包含两种经验获得方式和意义转换方式。直接经验和间接经验作为看待世界的两种方式，也是经验获得的源泉。在体验学习中，具体体验是通过真实具体的觉察获得直接经验，库伯称之为感知；抽象概括是使体验深入内心并依赖概念解释或符号描述的认知过程，库伯称之为领悟，它可获得间接经验。两种意义转换方式，一种是对个体体验的反思和观察，这是缩小内涵的过程；另一种是将个体抽象概括的结果进行应用，这是扩大外延的过程。

由以上分析可以看出，库伯对学习的理解是指向个体性的，强调学习的内部获得过程。学习作为一个整体来说是一种完全的内部现象，在这样的学习发生过程中，社会性维度被忽略。尽管如此，库伯的体验学习圈对幼儿归属感如何获得仍然具有借鉴意义，它从个人维度提示我们：

1.体验是幼儿归属感获得的重要方式

体验学习包括四个阶段，虽然学习并非总由具体体验开始，而是可由"体验学习圈"中任何一点进入。但是，以原有经验为基础，在新的情境中，通过亲身参与将新旧经验相联系的体验环节，能够为反思、抽象和行动奠定基础。尤其，幼儿思维以具体形象思维为主导，这更决定了体验在学习和发展中的重要意义。因此，体验是归属感或者幼儿归属感获得的重要方式。

2.幼儿归属感是知、情、意、行的结合

体验学习理论认为，完整的体验学习包括具体体验、反思观察、抽象概括与行动应用四个环节，这四个环节涉及个体的情感、知觉、思维和行为。故而，体验学习秉持着学习的整体观。幼儿归属感的获得也应秉持这种整体观，将其视为认知、情感、行为等共同参与的过程，并以这种整体观体现对幼儿生命完整性的关照。

（二）社会导向的获得机制

社会文化活动理论为幼儿归属感获得提供了社会导向的视角。社会文化活动理论起源于维果茨基（L. S. Vygotsky）的研究，该理论认为，学习不是直接传递和接受知识的过程，而是通过一定中介的间接过程。根据中介的不同，该理论形成了两个分支，一是以维果茨基为代表的以文化（尤其是语言）为中介的社会文化理论（socio-cultural theory），另一个是以列昂节夫（A. N. Leontev）为代表的以活动为中介的活动理论（activity theory）。由于两者同根同源，很难截然分开，在应用的过程中更是相辅相成，不可分割，所以在此按照西方一些学者的习惯，将其合称为社会文化活动理论。

　　社会文化活动理论将人类发展界定为一种动态的社会活动，认为这种活动根植于自然和社会文化环境中，并分布于不同的人、工具和活动中（Rogoff，2003；Vygotsky，1978）。他们反对将人类的认知过程视为脱离社会、文化和历史环境而独立存在的现象，坚持认为社会文化活动是形成人类认知的必要过程。社会文化理论的核心体现在维果茨基著名的三角模型中（图1-6）。在这个模型中，刺激与反应的直线连接被变成了由中介制品（如语言、数字系统、各种符号、标记等）介入的复杂行为。三角模型将文化制品置于人类行动中，对于个体的理解不再脱离其文化环境，对于社会的理解也不再脱离人的主动性。不过，这一理论虽然强调了发展中的文化性，但仍然集中在个体身上。为了突破这一点，列昂节夫从活动入手，将人的发展视为个体与集体（共同体）互动的过程。

　　活动理论关注人类活动的过程，认为这一过程是人与自然和社会环境，以及社会群体与自然环境之间所发生的双向交互过程。在活动过程中，各种知识、技能、理论得以内化，从而改变学习者对外在世界的认知。列昂节夫指出，内化的过程不是从外在活动到事先存在的内在意识层面的移交，而是该层面形成的过程。因此，较高的认知发展是自我和活动的对话式转换过程，而不是简单的技能的替代。根据这一思想，恩格斯乔姆给出了直观的图像（图1-7），包含六个成分：主体（个体或者团体）、客体（活动目标）、工具、规则、成果共同体（共享客体的相关人员）和劳动分工（指共同体内各成员横向的任务分配和纵向的权利、地位的分配）。主体、客体和中介工具位于三角模型的顶部，是组成活动的基本单元，展示了主体在自身动机和目标客体的驱动下，采用一定的中介工具，作用于客体并将其转化为成果的过程。主体的活动并不是一种个体行为，而是一种集体社会实践活动，存在于由规则、共同体和劳动分工等成分组成的社会文化历史环境中（Cole，1996）。①

---

① 毛齐明.略论"社会文化—活动"理论视野下的学习过程观[J].外国教育研究,2011（6）:1-6.

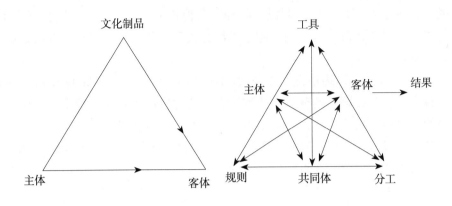

图 1-6　维果茨基的三角模型　　　　图 1-7　恩格斯乔姆图像

社会文化活动理论以个体和情境互动为导向的学习与发展，从三个方面为幼儿归属感获得机制的探索提供思路。

第一，从个体视角看，学习和发展是一个不断建构和重构的实践过程，学习不仅涉及个体的内在理解以及信息加工，而且涉及外在的行为，个体发展取决于内在活动与外在行为的循环互动。

第二，从文化视角看，学习和发展是在文化活动中生成个人理论的过程，学习与发展的过程在本质上是建构个人理论的文化活动过程，并且学习是"用中学"的过程。在学习过程中，学习者以个人经验或公共知识等文化工具为中介，解决情境中存在的问题，并在运用文化工具的过程中学习，获得自身发展。

第三，从社会视角看，学习与发展是一个参与共同体的过程。即学习和发展都不是个人单独完成的，而是一个参与共同体实践的过程。

对于幼儿个体而言，归属感的获得过程既是学习过程，也是发展过程。幼儿归属感由个人观念和他人经验或公共知识等文化要素共同构成，通常通过文化活动而生存；既涉及幼儿内心活动，又涉及幼儿外在行为，其功能体现于两者的相互促进中；既属于个体，也分布在群体之中，通常通过社会交互来实现其功能。基于社会文化活动理论，幼儿归属感的获得与社会紧密联系在一起，具有实践性、文化性和社会性。

（三）获得机制的整合

本研究从个体导向和社会导向两个层面讨论了幼儿归属感获得机制。两种不同的归属感获得机制反映了研究的不同视角。但两种研究取向在本质上或多或少地分享着相似的理论假设，两种研究视角可以在一个框架内相互借鉴，共同回答归属感如何获得这一问题。本研究关于幼儿归属感获得机制的认识包括以下基本观点。

第一，幼儿归属感获得是个体性和社会性的统一，介于个体和社会的张力领域中。幼儿归属感的获得主要发生在幼儿园生活实践中，发生在与他们和环境的互动中，与此同时，还包括很大程度上的个体获得过程。

第二，体验是幼儿归属感获得的重要方式。幼儿在体验的基础上反思、行动，形成新的经验，获得归属感。幼儿在日常生活的真实情境中和教师精心创设的情境中体验。

第三，幼儿归属感的获得发生在情境之中。首先，幼儿归属感的获得发生在真实情境中；其次，幼儿归属感的获得发生在社会情境中；最后，幼儿归属感的获得发生在文化情境中。

四、幼儿归属感的差异表征

儿童出生时的未成熟状态决定了儿童必须经历漫长的成长期。儿童成长的主要场域、方式、特点等都具有不同于成人的独特性质。儿童成长中的独特性质伴随其成长始终且生而有之，在成长和生活的各个方面都有所体现。这也决定了幼儿归属感与其他归属感相比存在显著特点，主要表现在以下三个方面。

（一）生活性

"生活世界是人类最根本的家园，蕴藏着丰富的价值和意义。"[1] 与成人生活相比，幼儿生活没有直接的社会性目的，不受功利性态度的支配；幼儿生活以幼儿固有天性为依据，随着特有的背景自然展开，是具有自然属性的生活。生活为幼儿发展提供了一切媒介，是幼儿生命成长的重要舞台。幼儿的生活过程即生长过程、发展过程，生活中的一切事件都直接指向生长、发展和成熟本身。正如杜威所言，"生活就是发展：不断发展，不断生长，就是生活"[2]。幼儿的生活是生动活泼的，[3] 幼儿在生活中以自己的本性、尺度和机制看待世界、认识世界、体验事物的价值和意义，构建自己与世界、自己与他人、自己与自

---

① 衣俊卿. 回归生活世界的文化哲学 [M]. 哈尔滨：黑龙江人民出版社，2000：87.

② ［美］约翰·杜威. 民主主义与教育 [M]. 王承绪，译. 北京：人民教育出版社，2001：58.

③ ［德］福禄倍尔. 人的教育 [M]. 孙祖复，译. 北京：人民教育出版社，2006：51.

然界的生活关系和意义关系。幼儿在生活中发掘真、善、美；在生活中形成认知、情感、意志的特征；在生活中激发探究的欲望……归属感必然与幼儿生活有机联系、相互渗透。在家庭和幼儿园生活中，幼儿感受到教师的关心爱护、同伴的友好支持，逐渐产生对教师的依恋、对同伴的友情；幼儿意识到自己与他人、与集体的关系，开始学会帮助他人和为集体做事……正是在家庭和幼儿园生活中，幼儿逐渐获得归属感。幼儿归属感具有生活性。

（二）体验性

在哲学认识论中，体验是与认知（运用各种逻辑手段和逻辑方法认识世界的方法）相对而言的认识方式，通过主体的直接活动和内心体验来认识和把握自身及外部世界。从心理学上讲，体验是在对事物真切感受和理解的基础上对事物产生情感并生成意义的活动。成人对世界的认识大多通过逻辑手段进行理性认识，其归属感也更多受到理性认识的影响，拥有更多认知的成分。对于受限于具体形象思维，幼儿的认识需要在实践中，通过亲身的活动和体验；"儿童世界的主要特征，不是什么与外部事物相符合这个意义上的真理，而是情感和同情"[①]。体验是幼儿认识和发展的重要途径，幼儿归属感也具有明显的体验性。幼儿最早生活在家庭中，体验到母亲的照顾和家庭的温暖，由于对母亲的依恋关系而对家庭产生归属感。进入幼儿园后，如果老师和幼儿园这个新群体能让孩子感受到像家庭一样温暖，体验到被关心、爱护、尊重和支持，他们才会对这个群体产生归属感。可见，幼儿归属感源自对群体生活的直接感受和体验，具有体验性。

（三）依赖性

从进化论的视角而言，物种进化越高级，其子代出生时就越弱小，要求亲代照顾、抚育子代的时间越长，对亲代的依赖也越大。人类为生存和成长而对同类表现出的依赖性远胜任何其他动物。没有他人的照顾，婴儿无法获得饮食，两腿无法立地，无法与他人沟通信息，无法生存。在整个动物界，因无法自理而依赖同类生存时间最长的当数人类。"从抽象的意义上看，'纯粹'的成熟可以被理解为完全由于不受环境影响的内在力量所导致的人的发展；但从实际意义上看，不可能完全消除环境的影响。从胚胎产生的瞬间直到死亡，每个人都显然经历了连续不断的环境变化，这些环境与人的内在发展因素相互作

---

① ［美］杜威.杜威教育论著选[M].赵祥麟，王承绪，译.上海：华东师范大学出版社，1981.

用，进而形成一个人的可观察到的成长。"① 这表明，一个人由不成熟到成熟的生长过程，不是一个人的内在机体自然发育的过程，而是一个人的内在因素与外部环境相互作用的过程。"儿童来到世界，像一粒具足一切的种子。这粒种子是自然进化的杰作。尽管他具足一切，如果没有成人的教育，他便不能成长。"② 儿童的成长需要外界帮助，依赖于外部社会系统的支持。儿童不断与外界相互作用，依赖环境的力量，不断进行身心成长的构建。

成人为儿童的成长和发展提供适宜条件，不仅包括物质上的，还包括精神上的。成人需为儿童提供多元成长空间，以便儿童学习如何与不同的人或物建立联系；为儿童提供丰富的刺激，以便儿童能够不断从周围吸取信息、获得经验；还需为儿童提供温暖、安全、自由的精神环境，以便儿童自由探索、发展自尊、自信……幼儿归属感的获得和发展也具有很强的依赖性。有赖于成人精心创设的安全而温暖的环境，幼儿才能积极活动、大胆表现。幼儿需要先感受到成人的关心、爱护，才能够发展对成人的依恋和信任，进而发展对他人和集体的关心、热爱；并且，幼儿对事物的最初看法和感受受父母和他人（如老师）的影响非常大，如果成人用积极的态度看待身处的群体，为自己是其中的一员感到满意，幼儿就会形成同样的态度并由此产生对幼儿园、对家乡乃至对祖国的归属感。因此，幼儿归属感的获得和发展有赖于成人提供的适宜环境，需要成人支持和引导。

五、本章小结

从一个较为宽阔的视野出发梳理并认识"归属感"这一核心概念，并将相关研究成果联系成为一个整体显得重要且迫切。本研究对于幼儿归属感的理解是建立于一种一般框架、成果和理论之上的，它的发展基于多个理论流派和学术分支的视角。

本研究从人的本能需要和精神需要两个视角出发，论述归属感是幼儿的生命所需，回答幼儿归属感源自何处这一问题，阐释幼儿归属感的重要性。在此基础上，通过对"归属感是一种基本需要""归属感是一个核心的人格特质""归属感是一个重要的心理健康概念"等归属感本质相关研究的梳理，进一步明确幼儿归属感的本质，即幼儿归属感是一种心理状态，包括认知、情感、行为三个维度。

---

① 简明国际教育百科全书·人的发展 [M]. 北京：教育科学出版社，1989：36.
② 刘晓东. 儿童教育新论 [M]. 南京：江苏教育出版社，1999.

对于幼儿归属感如何发生这一问题的认识同样重要。本研究从个体导向和社会导向两个层面，以体验学习和社会文化活动理论为视角，展现幼儿归属感的两种获得机制。本研究认为：幼儿归属感获得是个体性和社会性的统一；体验是幼儿归属感获得的重要方式；幼儿归属感的获得发生在情境之中。由于儿童出生时的未成熟状态，幼儿成长中具有不同于成人的独特性质，就幼儿归属感而言，这种特点主要表现在三个方面，即生活性、体验性、依赖性。

第二章 幼儿归属感结构的研究

在心理学视野下，结构探讨是教育与发展心理学研究的基本范式。就本研究而言，幼儿归属感结构研究是研究的起点，是幼儿归属感的发展特点、影响因素和教育促进研究的基础。

目前，国内外研究者从各自角度对归属感结构进行了探讨，但研究结果并不完全一致；归属感结构研究的对象以大、中、小学生为主，至今尚未见到关于幼儿归属感结构的系统研究。由于幼儿的未成熟状态以及幼儿成长中所具有的不同于成人的独特性质，幼儿归属感结构可能与大、中、小学生不同，因此需要对幼儿归属感结构进行较为深入细致的研究。

一、幼儿归属感结构的探索

结构一词来源于拉丁文"structure"，指构成整体的各个部分及其联系。结构思想古已有之，是以事物结构为认识对象并以结构分析为手段的一种主张。心理现象是人类最复杂的认识对象之一，心理学从探索意识结构开始对心理现象进行科学研究，结构思想的影响持续至今。结构思想及其在心理学中的应用为幼儿归属感研究的顺利进行奠定了基础。

本研究采取两条路径建构中国文化背景下幼儿归属感结构的理论构想。一方面，通过文献法，以自上而下的路径推导幼儿归属感的结构；另一方面，以质的研究，通过对幼儿园教师的开放式问卷，自下而上获得幼儿归属感的结构；最后，结合两条路径所得结果，形成幼儿归属感结构的理论构想。

（一）幼儿归属感结构研究的理论探索

1.幼儿归属感结构研究的取向

心理学的结构思想发端于冯特，以铁钦纳和皮亚杰学派为代表。心理学结构研究大致有三重取向，即内容取向、特性取向、功能取向。

第一，内容取向。这一取向从结构的组成出发开展研究，包括平面结构研究、层次结构研究、立体结构研究三种层面。平面结构指构成心理现象的各成分处于同一抽象或功能层次，各成分之间只横向发生联系，如斯皮尔曼的二因素智力结构、塞斯顿的七因素智力结构模型。层次结构的基本特点是构成现象的各成分处于不同的抽象或功能层次，各成分既有横向联系，也有纵向联系，如弗农的能力层次结构。立体结构的基本特点在于，构成现象的成分不但有抽象和功能层次之别，也有标准或维度的不同，成分之间具有复杂的联系，如吉尔福特的智力立体结构模型。内容取向的结构研究从内容出发，揭示结构是什么，缺少对结构如何作用及变化的考量。

第二，特性取向。这一取向从结构的发展变化出发开展研究。早期人们并未关注结构的发展变化，仅在研究结构组成时附带涉及结构的变化。马斯洛（1954）等人在研究需要结构的组成时，曾提到结构会出现变化，即从低层次向高层次发展，结构内容由简单到复杂。有意识地关注结构特性的是心理学家皮亚杰。他在儿童认知结构研究中深入考察了认知结构的特性，并提出结构具有整体性、转换性和自调性三大特性。受皮亚杰关注结构特性的影响，后来的研究者在揭示结构组成的同时，有意识地涉及结构特性的研究。这种研究有两条主线，一是采取发展研究来考察结构的稳定性，二是采取跨文化研究考察结构的普遍性。从已有研究看，虽然结构的特性逐渐受到重视，但对其进行系统深入的研究还比较少见，这是进一步研究要解决的问题。

第三，功能取向。这一取向从结构功能出发开展研究。受机能主义学派影响，早期并未从结构角度研究功能。后来皮亚杰认为结构与功能不可分，新皮亚杰主义者更强调结构与功能的密切关系，认为结构的变化或特性必然在功能上有所反映。受这一思想的影响，研究者开始探讨事物作为整体的功能，并逐渐开始深入探索构成事物各成分的具体作用。譬如，加德纳的多元智力理论，强调构成智力的成分具有不同的作用。目前从结构角度研究功能尚属起步，主要集中在分析不同结构成分的功能上。

在幼儿归属感结构研究的取向方面，归属感结构研究以内容取向为主，从结构的组成出发开展研究，并且以平面结构的内容因素结构研究为主，结构成分直接指代特定内容。例如，Meyer 和 Allen（1990）以三因素量表得到组织归属感感情承诺、规范承诺、持续承诺三因素；Murry（2001）等的学校归属感与教师的归属关系、对教师的不满意、与学校的联结、学校危险四因素；Glanville J.L.，Wildhagen T.（2007）学校归属感努力程度、学校认同、出勤率、遵守纪律四因素；金庆英（2012）大学生学校归属感认知、情感、行为的三维结构。

特性取向的归属感结构研究多采取发展研究，如 Mowday（1979），Therese（2006）对组织归属感的研究；Filkins，Allen，Cordes 等（2000）对社区归属感的研究；Battistich V.（1995）、包克冰（2006）、庞海波（2009）、杜好强（2010）等对学校归属感的研究。

就研究取向而言，归属感结构的研究以内容取向为主，从结构的组成出发开展研究，又以平面结构的内容因素结构研究为主，结构成分直接指代特定内容。部分研究持特性取向，采取发展研究。幼儿归属感结构研究基于内容取向的层次结构，认为构成幼儿归属感的各成分处于不同层次，各成分既有横向联系，也有纵向联系。

2. 幼儿归属感结构研究的方法

在心理学研究中，人们采用不同方法揭示心理现象的结构，主要方法包括以下三种。

第一，理论建构法。结构的理论建构法是依据理论材料或采取理论方式建立结构的方法。理论材料可分为两类：一类是与所要研究的心理现象直接相关的理论材料，如对其本质内涵的界定、对其特点的分析等；另一类是与所要研究的心理现象间接相关的理论材料，如邻近学科的理论等。理论方式主要包括演绎法和类比法。演绎法从理论解释出发，根据理论内涵建立结构；类比法根据两种事物其他方面的相似寻求结构上的相似。理论建构往往形成较为宏观的结构，较多出现在结构研究的初期阶段。

第二，资料编码法。资料编码法是质性结构研究常用的方法，其基本原理是通过经历、访谈、观察、个案研究等手段收集有关某种心理现象的资料，然后按一定要求对资料进行编码分析，以揭示心理现象的成分。如西蒙和纽威尔运用出声思考收集学生问题解决的相关资料，通过对资料的编码，发现学生问题解决的心理结构包括初始状态、中间状态和目标状态。马斯洛搜集对名人的访谈和传记研究等资料，在对资料进行编码分析的基础上建立需要的层次结构。资料编码适宜于对初级心理资料结构分析，形成的一般是初级心理结构。

第三，数理分析法。数理分析法是通过定量分析手段揭示事物结构的方法。因素分析法是目前定量结构研究较常用的方法，适用于揭示广泛共存的心理结构的组成因素及其之间的关系，且可以利用数据对结构进行验证或比较分析。采用因素分析法的如卡特尔的 16 种人格特质、塞斯曼利的能力七因素结构。随着相关统计软件的开发应用，数理分析法在心理学中的运用日益普遍，结构方程模型基于变量的协方差矩阵分析变量间的关系，可分析涉及潜变量的复杂关系，逐渐成为一种十分重要的数学分析技术。

在幼儿归属感结构的研究方法方面，归属感结构研究大多采用理论建构和数理分析的方法，以问卷搜集数据，再对结果进行统计分析。社区归属感的测量如 Brown 等（2000）、苗艳梅（2001）、安娟（2007）等。组织归属感结构的测量有两个代表性量表：Mowday 和 Porter 的 OCQ 量表、Meyer 和 Allen 的三因素量表。学校归属感的量表如 Goodenow（1993）、Finn（1993）、Hagborg（1995）、Voelkl（1996）、Eccles（1997）、Murry（2000）等。由于尚未对归属感形成较为统一的概念界定，研究者根据自己对归属感的定义设计不同的测量工具。数理分析法是研究归属感结构的重要方法。通过因素分析简化庞杂的测量，找出存在于观测变量背后的因素结构，进而揭示归属感的组成因素，利用数据对结构进行验证或比较分析。

数理分析法是心理学结构研究的重要方法，通过因素分析简化庞杂的测量，寻找存在于观测变量背后的因素结构。本研究将遵循结构研究这一路线，利用调查数据对幼儿归属感的结构进行探索和验证性分析，揭示其组成因素；另外，心理学的结构研究在方法上过于依靠因素分析，缺乏多种手段的配合使用。基于此，幼儿归属感结构研究拟将理论建构、资料编码、数理分析法相结合，取长补短，以获得更为科学的结果。

3. 幼儿归属感结构的理论推导

本研究对归属感尤其是学校归属感的文献进行梳理，从归属感的概念、结构等方面入手，借鉴并吸收国内外的研究成果，探讨幼儿归属感结构的理论构想，主要的理论依据如下。

Goodenow（1993）认为，学校归属感是学生在学校环境中得到教师和同学的接受、尊重和支持的感觉，并在学校生活和课堂活动中感觉自己是重要的一部分。

Jeremy D., Finn J.D.（1993）认为，学校归属感包括认知、情感、行为三个维度，包括属于、师生关系、接受三因素。

Hagborg（1995）的研究将学校归属感分为归属、拒绝、接受三维度，由属于、接受、拒绝三因素构成。

张大均（1999）认为，一个人对某种事物、某个组织的一种从属感觉，是个人的一种主观感受，感觉自己是这个团体的一分子，从而会对这个团体产生一种亲切感、自豪感和依恋感，这是个人和团体的需要。

Cheung（2003）将学校归属感分为归属感、拒绝感两维度，包括属于、拒绝两因素。

Glanville J.L, Wildhagen T.（2007）认为学校归属感由学业专注、认同、

投入等因素构成。

Jenkins（1997）视学校归属感为依恋、承诺、投入、信念四维结构。

徐坤英（2008）认为学校归属感是学生把自己归入所就读的学校以及由学生和教师所组成的集体的心理状态，既有对自己学校成员身份的确认，也带有个体的感情色彩，包括对学校的认同、投入、喜爱和依恋等因素。

郭光胜（2009）认为学校归属感是学生对自己所就读的学校在认知上、情感上和心理上的认同和投入，愿意承担作为学校一员的各项责任和义务及乐于参与学校活动。[①]包括学业专注、人文环境、同伴关系、学校卷入四维度、师生关系、学业专注、投入、环境等因素。

曹光法（2009）认为学校归属感是学生认同并将自己归属于所就读的学校，且对其产生依恋和荣誉感，愿意承担作为学校一员的各项责任的情绪体验，包括依恋、师生关系、责任感等因素。

阳泽（2009）认为学校归属感是学生将自己与学校联结起来，感觉自己被学校接受和认可，是学校的一员，是其中的一部分，由依恋、认同、投入等因素构成。

金庆英（2012）认为学校归属感是学生在学校生活和学习的过程中，由于与周围环境的互动而与学校成员（包括同学、教师等）以及学校发生归属关系，学校归属感是学生对这种归属关系的认知以及相应的情感和行为表现，包括认知、情感、行为三维度。

李季湄、冯晓霞（2013）认为归属感是个体认同所在的群体并感觉自己也被群体认可和接纳而产生的一种隶属于这个群体，与这个群体休戚相关的感觉。

上述关于归属感的理论观点提示，学校归属感的结构包括属于、依恋、师生关系、学业专注、认同、投入、接受、拒绝、环境、责任感等因素，属于、依恋、师生关系、认同、投入是主要成分。这为本研究构建幼儿归属感结构的理论构想提供了有效的理论指导。根据幼儿处于人生发展的初期，身心发展未完全分化、具有整体性的特点，本研究认为幼儿归属感具有多维结构，其构成涉及认知、情感、行为三个层面。首先，归属感需要幼儿保持较为稳定的人际联结，并不断地、积极地与其他人互动，且这些互动应当产生亲密而令人愉快的情感体验。缺少互动的联结即使稳定，也仅仅能够提供情感上的安慰，而不会提供归属感；缺少承诺和亲密关系的互动同样无法提供归属感。因此，情感和行为是幼儿归属感的两个重要维度。此外，幼儿需要知道，联结是稳定

---

① 郭光胜.小学生家庭人际关系与学校归属感关系的研究 [D].成都：四川师范大学，2009.

的，并且会有一个延续到未来的依恋；他们还需要相信，其他人关心他（她）的幸福和爱他（她）。这意味着关于归属的认知和归属感本身一样重要。因此，幼儿归属感由情感、行为、认知三个维度构成。

（二）幼儿归属感结构的质性探索

1. 研究目的和技术路线

本部分研究采用质的研究方法，通过对幼儿园教师的开放式问卷搜集材料，不带预设地对当前幼儿园教师心中的幼儿归属感结构进行探索，获得当代我国文化背景下的幼儿归属感结构。本部分研究采用 Nvivo10 质性分析软件对资料进行处理。

幼儿归属感结构的质性探索分为三个阶段：第一阶段为开放式问卷调查的准备阶段，这一阶段的主要工作为设计开放式问卷；第二阶段为开放式问卷的调查阶段，这一阶段对幼儿园教师进行开放式调查；第三阶段为开放式问卷资料的分析阶段，这一阶段利用 Nvivo10 质性分析软件，对开放式问卷所搜集的资料进行分析，得出相关结论。

2. 研究方法

本部分研究对重庆市、四川省、山东省的 30 名幼儿园教师进行开放式问卷调查，请他们在熟悉的幼儿中选取归属感较强、较弱和中等的幼儿各一名，详细描绘幼儿归属感的特点和行为表现。同时，对高校学前教育专业的教师（5 名）、学前教育专业硕士研究生（4 名）、博士研究生（3 名）进行调查，了解其对幼儿归属感内涵及表现的观点，再将文本导入 QSR Nvivo10（简称 N10）质性分析软件，根据逐渐抽象的程度对文本进行三个层次的编码。首先，以原始资料中的关键词为基础进行开放式编码，对问卷中与幼儿归属感特点和表现有关的部分进行逐句编码，产生自由节点；其次，在开放式编码基础上进行关联式编码，形成树状节点；最后，进行核心式编码，形成核心节点，初步构建幼儿归属感结构模型。

3. 研究结果与分析

研究编码的一致性考察：本研究由研究者与一位学前教育专业的硕士研究生共同对幼儿园教师的开放式问卷结果进行编码，节点名称由二者共同确定，根据编码者一致性系数检验编码的信度和效度。[①] 一般而言，内容分析中

---

① 本研究采用分类编码系统，故采用百分比一致性系数表示。百分比一致性系数的计算公式为 $P_A = (a+d)/N$。其中，P_A 表示所求的百分比一致性系数；$(a+d)$ 表示不同的编码者在某一类别上所达到一致性的条目；N 表示不同的编码者在某一类别上所要分析的资料单元的总量。

的编码一致性程度在 0.80 以上即为可接受水平，0.90 以上为较好水平。本研究幼儿园认同、自我意识、喜爱、依恋、投入、交往六个核心节点的一致性系数介于 0.786 和 0.914，说明编码者对自由编码及其归属到核心编码的确认程度可以接受（表 2-1）。

表2-1　各节点编码评分一致性结果一览表

幼儿园认同	自我意识	喜 爱	依 恋	投 入	交 往
0.842	0.786	0.914	0.826	0.902	0.891

编码结果的统计与分析：本研究对幼儿园教师的 30 个文本进行自由编码，得到 384 个参考点，将其编码为 53 个自由节点，13 个树状节点；在此基础上，本研究进行核心编码，对所有已编码的概念类属进行系统分析和归纳概括，得到 6 个核心节点。核心节点及其数量、树状节点及其数量见表 2-2，各核心节点占总自由节点数的百分比如图 2-1 所示。

表2-2　树状核心编码结果

	节点名称	节点数量		节点名称	节点数量
核心节点	幼儿园认同	28	树状节点	荣誉感	20
				主人翁意识	8
	自我意识	44		自我体验	24
				表现自我	20
	喜爱	82		情绪愉快	47
				悦纳幼儿园	35
	依恋	35		亲近	27
				求助	8
	投入	87		参与活动	71
				班级服务	16
	交往	108		交流	56
				友好	52

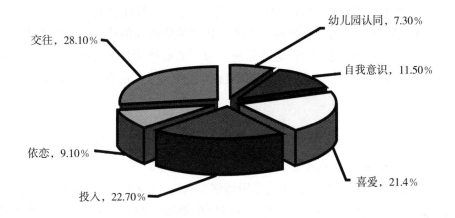

图 2-1 各核心节点占总自由节点数比例的饼状图

核心节点一：幼儿园认同。

幼儿园认同由"荣誉感"和"主人翁意识"组成，从资料来源和参考点看，11 位教师 28 次提到，在全部参考点中占 7.3%。如"有班级荣誉感，在幼儿园外部因自己是 ××× 幼儿园的孩子而感到自豪""孩子能够感觉到自己是幼儿园里的重要一员，他能自觉维护幼儿园""热心幼儿园的事情；关注班级各项公共任务""集体荣誉感强并经常为幼儿园做些有益的事情""和同年级的比赛，他会特别努力，一旦赢了他会特别高兴""能为班级好的变化感到高兴，如教室装饰的变化""关注班级各项公共任务：管理植物、记录天气、整理班级物品""爱惜班级物品，能保护班级环境卫生"。

幼儿园认同指幼儿对幼儿园产生的一致的或相似的心理过程和行为表现。这种认同心理常常表现为成员的身份感、荣耀感等。幼儿园认同在行为上表现为幼儿对幼儿园的关心、支持等。总体而言，幼儿园认同表现为幼儿在对幼儿园和班级"认可""接受"或"赞赏"的基础上，以认同对象"自居"，认为自己是集体的一员，把集体的荣誉看成自己荣誉的一部分，关心集体的事务，有主人翁意识。

核心节点二：自我意识。

自我意识由"自我体验"和"表现自己"组成，从资料来源和参考点看，15 位教师 44 次提到，在全部参考点中占 11.5%。如"在各项活动中能力较强，充满自信""觉得自己是老师和小朋友们最喜欢的""觉得自己做的每一件事都是对的""愿意在集体中表现自己的言行""时不时发表自己的看法和意见"。

自我体验是主体对自身的认识而引发的内心情感体验，是"主观我"对

"客观我"所持有的一种态度。自尊心、自信心是自我体验的具体内容，二者内在相连，取决于人的自我表现。表现自我的欲望由人的社会性本质决定，是幼儿自信心和成功应对不同情境的能量来源，能够帮助其在群体中占有一定地位。本研究自我体验指幼儿在幼儿园中自尊、自信等自我体验，以及在此基础上在集体中的自我表现。

核心节点三：喜爱。

喜爱由"悦纳幼儿园"和"情绪愉快"组成，从资料来源和参考点看，18位教师82次提到，在全部参考点中占21.4%。如"每天上幼儿园都是开开心心的""喜欢幼儿园生活，在幼儿园情绪愉悦""很多时候就是跑跑跳跳地进教室，满脸都是笑容""每天在幼儿园的情绪都很愉快，一叫到他，总是笑眯眯地回答""总是喜欢和父母谈幼儿园的事""愿意和家长分享自己在幼儿园快乐的一天"。

在汉语中，喜爱指对人或事物产生好感或兴趣；在心理学界，则是关于爱的定义较多。如由朱智贤主编的《心理学大词典》指出，作为社会心理学专业术语的爱（love），是超越日常体验所叙述的爱，意味着人际关系中的接近、悦纳、共存的需要及持续和深刻的同情，共鸣的亲密感情等（朱智贤，1989）。从对质性资料分析来看，喜爱主要表现在幼儿对幼儿园的悦纳以及在幼儿园的愉快情绪。

核心节点四：依恋。

依恋由"亲近"和"求助"组成，从资料来源和参考点看，12位教师35次提到，在全部资料中占9.1%。如"喜欢跟在老师身边，和老师讲有趣的事""喜欢老师和同伴，遇到事情主动寻求老师的帮助""看到伙伴的时候显得特别开心""什么事都愿意与老师说，有困难也会向老师寻求帮助，有高兴的事也会和老师分享""看到老师嗓子不舒服时，会帮老师拿水喝""老师一段时间不在幼儿园，再见老师时会询问：老师你到哪儿去了""缠着老师讲故事"。

依恋在汉语里的解释为留恋，舍不得离开。心理学上对依恋的定义包括：个人（主要是婴儿）与特定对象（母亲或照料者）之间形成的一种独特的情感纽带关系（Bowlby J.，1969/1982）；个体对某一特定个体的长久持续的情感联系（张文新，1999）等。本研究中，依恋指幼儿与幼儿园形成的独特且长久持续的情感联系，依恋的对象包括老师和同伴，主要表现在：想接近教师；不愿与教师分离或离开幼儿园；重逢时高兴或轻松起来；遇到问题和威胁时，会向教师寻求安慰和帮助。

核心节点五：投入。

投入由"参与活动"和"班级服务"组成，它反映了幼儿对幼儿园活动在行为上的参与。从资料来源和参考点看，19 位教师 87 次提到，在全部资料中占 22.7%。如"积极参与班级教育活动和游戏活动，如积极举手回答问题""能记住教师布置的家园任务，并主动完成""积极参加班级的各项活动，特别是在区角活动中""积极为班级做事情，争当班级干部，如值日生、图书管理员等""积极为班级做事情，如搬凳子、捡垃圾等，也愿意帮老师做小事情""主动为班级服务，如争当小组长等""每天帮助老师和小伙伴整理图书角以及教室的椅子""自觉地遵守班级的游戏和日常生活等规则，同伴违反规则会主动提醒"。

投入在汉语里的解释为"置身其中，放进去"，即把自己放在事情之中，形容对人对事能设身处地地关心、帮助。在本研究中，投入指幼儿在心理和行为上对幼儿园活动的参与，主要表现在准备上学所需物品、活动中的表现、对各项活动的完成以及为班级服务的情况。

核心节点六：交往。

交往由"交流""友好"组成，从资料来源和参考点看，19 位老师 108 次提到，在全部资料中占 28.1%。如"会及时把自己的心情讲给老师或者同伴听""和同伴发生矛盾会找适合的方法解决，不会生太大的气""与伙伴分享自己的快乐""主动关心同伴，当小朋友摔倒时，能赶快把小朋友扶起来""能与伙伴分享自己的快乐""喜欢与人交流""喜欢老师，愿意听老师的话，还喜欢与老师交谈""愿意分享自己的玩具和其他物品""愿意跟老师说家里发生的有趣的事"。

在心理学上，交往指人与人之间的心理接触或直接沟通，相互间获得一定的认知；在社会学上，交往指有意识进行的交往行为，通过这种有意识的交往行为达成特定的社会联系。本研究中的交往指幼儿在幼儿园与教师和同伴的交流、与同伴的友好相处以及合作分享等交往行为。对幼儿而言，交往是其社会生活的重要内容之一，对幼儿的自我发展、心理调适、沟通交流、需求满足、人际协调等都有重要意义。交往是幼儿社会性发展的推动力，通过交往而获得的自我发展等又将推动幼儿归属感的发展。

3.对编码结果进行质询

为进一步对资料进行分析，本研究对幼儿园教师和学前教育专家学者的编码结果进行质询，形成本研究幼儿归属感结构的构想。

第一，运用条件编码进行质询。条件编码"是以各类节点或个案等已编码的资料作为搜寻条件，并从选择的项目中搜寻出符合搜寻条件的节点或个案中的编码内容。条件编码可以说是将已编码的节点再次进行搜寻的一项质询方式"[①]。由于幼儿园教师对幼儿较为熟悉且对幼儿归属感影响较大，而专家学者虽不在幼儿教育第一线，也不直接接触幼儿，但他们关注幼儿且能较为理性地看待幼儿归属感。因此，本研究对这两个角色的编码进行质询，考察编码结果、核心节点编码排列顺序及与总编码之间的一致性。对幼儿园教师及专家学者进行条件编码的结果见表2-3。

表2-3　对幼儿园教师、专家学者进行条件编码的结果

核心编码	自由编码数（占各自总编码数的百分比）	
	幼儿园教师	专家学者
幼儿园认同	28（7.3%）	19（15.2%）
自我意识	44（11.5%）	10（8.1%）
喜　爱	82（21.4%）	18（14.5%）
依　恋	35（9.1%）	16（12.9%）
投　入	87（22.7%）	21（16.9%）
交　往	108（28.1%）	40（32.4%）
总　计	384（100%）	124（100%）

从表2-3条件编码的结果来看，幼儿园教师和专家学者对幼儿归属感的看法既有差异性又有一致性。在6个因素中，交往、投入、喜爱三因素所占比例，幼儿园教师合计超过70%，专家学者合计超过60%，凸显了三者在幼儿归属感中的重要性，需要受到足够关注。其中，交往和投入属于幼儿归属感在行为上的表现，喜爱属于幼儿归属感在情绪上的表现，说明在幼儿归属感的结构中，行为和情绪是重要的维度，在幼儿归属感的培养中，需要重视对幼儿行为和情绪的引导。

此外，值得一提的是对幼儿园认同的看法，这一节点在专家学者的调查中排名第三，占总编码数的15.2%，幼儿园教师的调查中则排名第六，占总编

---

① 　郭玉霞.质性研究资料分析 Nvivo8 活用宝典 [M].台北：高等教育文化事业有限公司，2010：140.

码数的 7.3%。幼儿园认同由"班级荣誉感"和"主人翁精神"组成，从资料来源和参考点看，11 位教师 28 次提到，其中提到"班级荣誉感"20 次、"主人翁精神"8 次。专家学者提到 19 次，其中提到"班级荣誉感"8 次、"主人翁精神"11 次。究其原因，可能受我国文化传统的影响，幼儿园在实践中较重视集体荣誉感的培养；而专家学者则更关注幼儿的精神层面，因此更看重幼儿的主人翁精神。

第二，运用矩阵编码进行质询。矩阵编码就是将行和列的项目两两之间进行逻辑比较，并从选择的项目中搜寻出同时符合两项目间搜索条件的编码内容，其中行和列均包含一个以上的项目群。本研究运用矩阵编码的方法呈现幼儿园教师及专家学者对幼儿归属感的 6 个结构维度的看法和态度，不但能清楚地看到同一角色对 6 个结构维度的不同看法和态度，还能直观地对比不同角色在同一结构维度的不同看法和态度。矩阵编码的结果如图 2-2 所示。

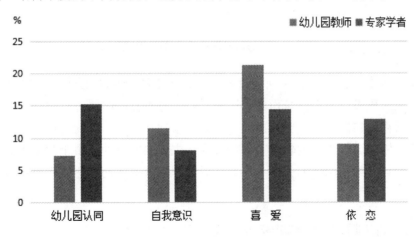

图 2-2　幼儿园教师、专家学者对幼儿归属感结构的矩阵编码结果柱状图
（以自由编码节点所占百分比计算）

从图 2-2 可见，幼儿园教师、专家学者的观点既有一致性，又存在差异。一致性主要体现在二者均视交往为幼儿归属感的重要因素；不同之处在于，在幼儿归属感结构的六因素中，专家学者对幼儿园认同、依恋、交往的重视程度较幼儿园教师高，而幼儿园教师则更看重自我意识、喜爱、投入等因素。

二、幼儿归属感结构的理论构想

本研究通过对已有研究的分析、梳理，自上而下地推导出幼儿归属感的理论构想；又通过对幼儿园教师的开放式问卷，自下而上获得来自实践领域的幼儿归属感结构。整合"自上而下"和"自下而上"两条路径所获得的幼儿归属感结构，本研究获得幼儿归属感结构的理论构想，即幼儿归属感由认知、情感、行为三个纬度构成，包括幼儿园认同、自我意识、喜爱、依恋、投入、交往六个因素（如图2-3所示）。

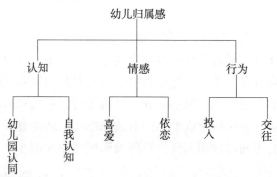

图2-3 幼儿归属感结构的理论构想

认知维度包括幼儿园认同和自我意识，属于幼儿对幼儿园和自我的认知，包括幼儿对班级以及自己身份的认识和认可，是对自己归属关系的认知。情感维度包括喜爱和依恋，主要指向幼儿由归属于幼儿园而产生的喜欢、温暖、依恋等情感体验。行为维度包括交往和投入，主要内容是幼儿由于归属于幼儿园而产生的与老师、同伴的交流、友好，以及积极参加活动、愿意为班级服务等行为。

三、幼儿归属感结构的实证研究

（一）"幼儿归属感教师评定问卷"的编制与修订

1."幼儿归属感教师评定问卷"的编制

根据幼儿归属感结构的理论构想，以幼儿园教师的开放式问卷为基础，本研究初步编制了"幼儿归属感教师评定问卷"，共45个项目。根据幼儿的年龄特点，本研究认为不宜采取自陈式问卷，而需要由最了解他们的教师与家长进行评定。幼儿在园时间长，幼儿园教师与幼儿的接触较多；并且，幼儿园教师接受过专门的培养和训练，较为了解幼儿的身心发展特点，能够对幼儿的表现做出较为客观和真实的评价。而父母较偏爱孩子，可能对评价结果的好坏存在顾虑，进而导致评价结果失真；同时，由于爱之深，父母对幼儿的评价可能出现偏差。因此，本研究采用教师评定，以获得对幼儿较为全面、客观的了解，更好地保证调查结果的稳定性和有效性。问卷的编制程序如下。

第一，编制初始问卷的各具体项目。根据开放式问卷和理论分析，提出问卷的结构维度由认知、情感、行为维度组成，具体指标为幼儿园认同、自我认知、喜爱、依恋、投入、交往。根据幼儿园教师对归属感比较强、一般、差幼儿行为表现的描述，借鉴和吸收国内外关于归属感结构的研究，从自然语言入手形成幼儿归属感教师评定初始问卷。

第二，初始问卷的评定、检验与修改。为保证问卷的效度，本研究邀请有关专家、学者、教育工作者对问卷中每个项目从内容的可读性、适宜性、科学性等方面进行评定。其中，具有教授、副教授职称 3 人，有经验的幼儿园园长 2 人，博士研究生 3 人，硕士研究生 2 人，教年龄 10 年以上的幼儿园教师 5 人。经检验，删除了初始问卷中语义不清的项目 5 个、内容有重复的项目 4 个及表达较抽象的项目 5 个。与此同时，还对其他一些项目的表达方式进行了适当修改。通过这一环节，确保问卷的内容效度。对保留的项目进行重新整理、编排后，形成了由 31 个项目组成的"幼儿归属感教师评定问卷（第一版）"。问卷分为认知、行为、情感三个维度，包含幼儿园认同、自我意识、喜爱、依恋、投入、交往 6 个因素。

问卷采用 5 等级评定标准，即"完全不符合、不太符合、有点符合、比较符合和完全符合"，"完全不符合"（即他／她根本不是这样）记 1 分；"不太符合"（即他／她基本上不是这样）计 2 分；"有点符合"（即他／她有时这样）计 3 分；"比较符合"（即他／她基本上是这样）计 4 分；"完全符合"（即他／她总是这样）计 5 分。正向题正向计分，反向题反向计分。

2. "幼儿归属感教师评定问卷"的初测

本阶段对"幼儿归属感教师评定问卷"进行初测，开展项目分析和因素分析两项工作。初测对象来自重庆、四川、北京三个省市，请熟悉幼儿的教师根据幼儿的实际情况填写。数据利用 SPSS20.0 for windows 进行数据处理。初测被试的构成见表 2-4。

表2-4 初测被试的构成

性别	3 岁	4 岁	5 岁	合计
男	56	48	63	167
女	45	55	57	157

续 表

性别	3岁	4岁	5岁	合计
合计	101	103	120	324

注：3岁组：36～47月龄儿童，下同。4岁组：48～59月龄儿童，下同。5岁组：60～71月龄儿童，下同。

项目分析和初步因素分析的具体方法与步骤如下。

第一，项目分析。项目分析的主要目的在于求出题目的鉴别力，检验"幼儿归属感教师评定问卷"的适当性或可靠程度，并以此为依据对项目进行筛选或修改。本研究通过项目与效标的相关考察项目鉴别力，将项目与总分相关系数低于0.20的项目予以删除。经项目分析删除3题，问卷余28题。

第二，因素分析。在项目分析的基础上进行因素分析，目的在于找出量表潜在的结构，进一步减少题项的数目，使之变为一组较少而彼此相关较大的变量。[①] 因素分析采用极大似然法抽取因素（因素数目先行估计决定），并用方差极大斜交旋转。取样适当性KMO度量值为0.969，Bartlett球形检验值为3 011 621.489（$P=0.000<0.001$），表明原始数据适合做因子分析（表2-5）。对项目进行因素分析，根据：（1）项目负荷值，删除项目负荷值低于0.45的项目；（2）因素项目数，删除因数项目低于3的因素项目；（3）归类不当项目，将归入某因素后难以对因素进行解释的项目删除。删除后问卷还剩23题，方差贡献率为65.225%。因此，因素分析后，幼儿归属感教师评定的正式调查问卷由5个相互独立的维度、23个项目构成（表2-6，表2-7）。

表2-5　"幼儿归属感教师评定问卷（第一版）"KMO与Bartlett检验

取样足够度的 Kaiser–Meyer–Olkin 度量		0.969
Bartlett 的球形度检验	近似卡方	11 621.489
	df	253
	Sig.	0.000

---

① 吴明隆.问卷统计分析实务——SPSS操作与应用[M].重庆：重庆大学出版社，2011：194.

表2-6 "幼儿归属感教师评定问卷（第一版）"转轴后的因素矩阵

题项	1	2	3	4	5
N9	0.812				
N6	0.773				
N31	0.766				
N8	0.741				
N7	0.734				
N16	0.668				
N4	0.663				
N30	0.653				
N5	0.635				
N24	0.463				
N29	0.462				
N21		0.826			
N15		0.818			
N26		0.557			
N17			0.514		
N18			0.502		
N25			0.442		
N23				0.798	
N27				0.641	
N22				0.543	
N19					0.751
N20					0.534
N14					0.406

表2-7　幼儿归属感结构的因素分析

题号	项目	共同度	因素负荷
	F1 投入　特征根 8.753　贡献率 38.047%		
N9	积极争当值日生	0.683	0.812
N6	积极举手发表自己的看法和意见	0.707	0.773
N31	自觉地遵守班级常规	0.641	0.766
N8	积极响应老师的要求	0.587	0.741
N7	积极为班级做事情，如端凳子等	0.636	0.734
N16	能完成老师布置的家园任务	0.653	0.668
N4	关注班级的公共任务，如管理植物、整理班级物品等	0.565	0.663
N30	主动帮助同伴，例如，当小朋友摔倒时，能快速把小朋友扶起来	0.573	0.653
N5	积极参与班级活动	0.619	0.635
N24	愿意在集体中表现自己	0.649	0.463
N29	愿意和小朋友合作游戏	0.595	0.462
	F2 喜爱　特征根 2.142　贡献率 9.309%		
N21	喜欢上幼儿园，生病了也愿意来	0.714	0.826
N15	每天上幼儿园都是开开心心的	0.716	0.818
N26	在幼儿园情绪愉悦	0.669	0.557
	F3 幼儿园认同　特征根 1.962　贡献率 8.529%		
N17	为班级好的变化感到高兴，如教室装饰的变化等	0.707	0.514
N18	为自己是幼儿园的孩子而感到自豪	0.671	0.502
N25	在和其他班的比赛中特别努力	0.563	0.442
	F4 求助　特征根 1.126　贡献率 4.894%		
N23	遇到事情解决不了时，会主动请老师帮忙，如请老师帮忙系鞋带等	0.734	0.798

续　表

题号	项目	共同度	因素负荷
N27	有需要主动告诉老师	0.719	0.641
N22	遇到困难会请小朋友帮忙	0.668	0.543
F5 依恋　特征根 1.023　贡献率 4.446%			
N19	喜欢跟在老师身边	0.707	0.751
N20	主动告诉老师家里发生的事	0.588	0.534
N14	会告诉老师自己高兴或不高兴的事情	0.638	0.406

因素 1 由原问卷"交往""投入"两个因子的项目及"幼儿园认同"里"主人翁精神"的项目组成。"交往""投入"两个因子在理论构想中均属行为维度，而对幼儿而言，主人翁精神主要通过积极为班级做事情的外在行为得以体现。因此，上述项目反映了幼儿在行为上对幼儿园活动的参与，反映归属感在行为上的特点，本研究将其命名为"投入"；因素 2 来自"喜爱"因子，仍命名为"喜爱"；因素 3 由"荣誉感"的项目构成，"主人翁精神"的项目归入了投入维度；因素 4 来自原问卷"交往"因子，仔细分析各项目，反映的是幼儿遇到困难向老师和同伴寻求帮助，故命名为"求助"；因素 5 来自原问卷"依恋"因子，故仍命名为"依恋"。因此，正式施测的问卷由投入、喜爱、幼儿园认同、求助、依恋 5 个因素构成。

3. 正式施测

被试来自重庆市、四川省、山东省、辽宁省、广东省、安徽省 6 个省市，请各班教师对本班儿童进行评定。问卷分别委托幼儿园负责人、幼教教研员、高校学前教育专业教师帮忙组织样本、发放问卷、回收并邮寄问卷。问卷不记名，发放问卷 1700 份，回收有效问卷 1456 份，有效率为 85.6%。正式测试的样本情况见表 2-8。正式施测的数据资料采用 SPSS20.0 统计软件进行分析处理。

表2-8　正式被试的构成

性　别	3 岁	4 岁	5 岁	合　计
男	243	257	252	752

续 表

性 别	3 岁	4 岁	5 岁	合 计
女	261	210	233	704
合计	504	467	485	1456

随机抽取 728 名被试作为对问卷进行进一步探索性因素分析的对象，进一步检验问卷的题项分布；随机抽取 728 名被试作为对幼儿归属感结构模型进行验证性因素的对象。探索性因素分析利用 SPSS20.0 软件分析处理；验证性因素分析则采用 Amos16.0 软件分析处理。

（二）"幼儿归属感教师评定问卷"的探索性因素分析

在因素分析中，抽取的因素要较少但解释的变异量要大；同一因素层面内的项目内容需差异较小以便因素命名。由此，本研究以 SPSS20.0 软件为工具，对"幼儿归属感教师评定问卷"展开探索性研究，以确定最合适的因素结构。

1. "幼儿归属感教师评定问卷"的 Bartlett 球形和 KMO 检验

Bartlett 球形和 KMO 检验用于度量问卷中的所有项目是否适合进行探索性因子分析。分析结果见表 2-9。

表2-9 "幼儿归属感教师评定问卷" KMO与Bartlett检验

取样足够度的 Kaiser-Meyer-Olkin 度量		0.950
Bartlett 的球形度检验	近似卡方	7917.768
	df	190
	Sig.	0.000

由表 2-9 可见，"幼儿归属感教师评定问卷"的取样适当性 KMO 度量值为 0.950，Bartlett 球形检验值为 7917.768（$P=0.000<0.001$），数据表明，问卷数据适合做因子分析。

2. 幼儿归属感结构的因素分析

对问卷进行主成分分析（PC）和直接斜交转轴法（direct oblimin）。陡阶检验（scree test）结果及碎石图（scree plot）（图 2-4）显示，抽取 3 个因素较为合适，3 个因素共解释了总变异量的 54.543%。进一步对项目进行分析，剔除不合标准的项目，剔除标准为：（1）项目负荷值小于 0.45；（2）共同度小于 0.20；（3）剔除题项少于 3 的因素。

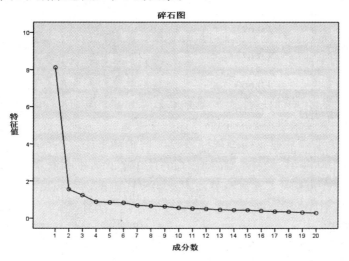

图 2-4　幼儿归属感结构碎石图

根据以上程序，本研究对预测问卷再次进行筛选，共剔除 3 题，保留 20 题，形成"幼儿归属感教师评定问卷（第二版）"。

3.因素提取与命名

因素命名遵循两个原则：第一，参考理论构想，分析各维度的项目主要来源于理论构想的哪一维度，以贡献率较大的维度命名；第二，参考因素项目的负荷值，以负荷值较高的项目所隐含的维度命名。通过对转轴后各因素及其基本含义的分析，去掉因素负荷低于 0.45 的项目，获得 3 个因素，贡献率为54.543%。结果见表 2-10。

表2-10　转轴后的因素矩阵

题项	1	2	3
N20	0.838		
N6	0.791		
N5	0.732		
N2	0.726		
N11	0.721		

续 表

题项	1	2	3
N19	0.691		
N4	0.677		
N3	0.660		
N18	0.519		
N16		0.770	
N10		0.724	
N17		0.715	
N14		0.689	
N15		0.670	
N12		0.645	
N13		0.581	
N9		0.459	
N8			0.664
N7			0.659
N1			0.611

因素 1 除 1 个项目外，全部来自理论构想问卷"投入"因子，故仍然命名为"投入"；因素 2 由理论构想的"喜爱"和"求助"的全部项目和"投入""依恋"各 1 个项目组成，仔细分析项目，反映了幼儿在园的积极情绪以及对老师的喜爱、依恋，命名为"情绪"。因素 3 的项目全部来自幼儿归属感结构理论构想的"认同"维度，故仍命名为"认同"。具体题项分布情况见表 2-11。

表2-11 幼儿归属感结构的因素分析

题号	项目	共同度	因素负荷
因素 1 特征值 6.231 贡献率 38.944%			
20	自觉地遵守班级常规	0.707	0.838

题号	项目	共同度	因素负荷
6	积极争当值日生	0.758	0.791
5	积极响应老师的要求	0.726	0.732
2	关注班级的公共任务，如管理植物、整理班级物品等	0.725	0.726
11	能完成老师布置的家园任务	0.701	0.721
19	主动帮助同伴，如当小朋友摔倒时，能快速把小朋友扶起来	0.661	0.691
4	积极为班级做事情，如搬凳子等	0.725	0.677
3	积极举手发表自己的看法	0.725	0.660
因素 2 特征值 1.439 贡献率 8.995 %			
16	在幼儿园情绪愉悦	0.718	0.770
10	每天上幼儿园都是开开心心的	0.723	0.724
17	有需要主动告诉老师	0.642	0.715
14	主动告诉老师在家发生的事	0.604	0.689
15	遇到事情解决不了时，会主动请老师帮忙，如请老师帮他系鞋带等	0.617	0.670
12	喜欢跟在老师身边	0.713	0.645
13	喜欢上幼儿园，生病了也愿意来	0.587	0.581
18	会告诉老师自己高兴或不高兴的事情	0.554	0.519
9	遇到困难会请小朋友帮忙	0.528	0.459
因素 3 特征值 1.057 贡献率 0.604%			
8	在和其他班的比赛中特别努力	0.712	0.664
7	为班级好的变化感到高兴，如教室装饰的变化等	0.657	0.659
1	为自己是幼儿园的孩子而感到自豪	0,672	0.011

（三）"幼儿归属感教师评定问卷"的验证性因素分析

探索性因素分析获得了幼儿归属感结构的三维结构，即幼儿归属感由投入、依恋、认同三个维度构成。该结构由探索性研究初步获得，在此基础上，本研究继续进行验证性因素分析，以探索幼儿归属感三维结构合理性。验证性因素分析的样本情况前面已有所交代。本研究采用纯粹验证，通过对模型拟合样本数据的分析，验证幼儿归属感的三维结构。

采取验证性因素分析评价模型的适合性时，通常需要考虑如下检验指标：（1）x^2 (chi-square) 检验，一般用 x^2/df 作为检验指数，这一检验指数的理论期望值是 1，x^2/df 越接近 1，表示样本协方差矩阵和估计协方差矩阵的相似程度越高；x^2/df 值和 x^2 都容易受到样本大小的影响，一般而言，x^2/df 值小于 5 时，模型与数据的拟合可以接受；此外，判别模型是否可以接受时，最好还参考其适配度指标值，进行综合判断。（2）拟合指数。比较常用的拟合指数包括：GFI（良适性适配指标）、AGFI（调整后适配度指数）、NFI（规准适配指数）、TLI（非规准适配指标）、IFI（增值适配指数）、CFI（比较适配指数）、RMSEA(渐进残差均方和平方根）。GFI 值、AGFI 值、NFI 值、TLI 值、IFI 值、CFI 值大多介于 0～1，越接近 1 表示模型适配度越佳，越小表示模型契合度越差。一般而言，用于判别模型路径图与实际数据是否适配的标准均在 0.90 以上。RMSEA 指标可对适配度指标加以检验，RMSEA 值小于 0.05，表示模型适配度佳，RMSEA 值在 0.05～0.08，表示模型适配度尚可。[①]

对探索性因素分析所确立的幼儿归属感三因子结构进行验证性因素分析，结果见表 2–12。

表2–12　幼儿归属感三因子模型拟合指数（N=728）

模型	x^2	df	x^2/df	GFI	AGFI	NFI	TLI	IFI	CFI	RMSEA
幼儿归属感三因子模型	562.634	167	3.369	0.910	0.886	0.899	0.917	0.927	0.927	0.063

由表 2–12 可见，幼儿归属感三因子模型的拟合指数中，GFI、TLI、IFI、CFI 的值均在 0.9 以上，SRMR 值为 0.063，各指标较好，均在可接受的范围内。

① 吴明隆.结构方程模型——AMOS 的操作与应用 [M].重庆：重庆大学出版社，2010.

因此，模型具有良好的拟合度，幼儿归属感的三因子结构可以接受（图 2-5 是幼儿归属感结构模型图），由此得出本研究幼儿归属感结构的实证模型（图 2-6）。

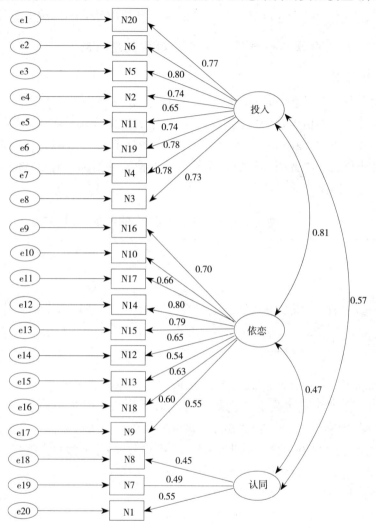

图 2-5　幼儿归属感结构模型图

图 2-6　幼儿归属感结构的实证模型

幼儿归属感结构的实证模型表明，幼儿归属感由投入、依恋、认同三因素构成，投入与依恋维度呈中高相关，投入与认同、依恋与认同均呈中等相关，表明三因素间既相互联系，又相互区别，反映出幼儿归属感的整体性。

（四）"幼儿归属感教师评定问卷"的信效度检验

1. 信度检验

克隆巴赫系数（Cronbach alpha）是内部一致性信度的一种，是心理或教育测验中最常用的信度评估信度工具，最常用于李克特式量表。克隆巴赫系数越高，代表量表的内部一致性越佳。"幼儿归属感教师评定问卷"结果采用李克特 5 值计分法，因此以克隆巴赫系数为信度检验的指标。对正式问卷的克隆巴赫系数分析结果见表 2-13。

表2-13　"幼儿归属感教师评定问卷"的内部一致性信度

	维度 1	维度 2	维度 3	总问卷
项目数	9	8	3	20
Cronbach α 系数（克伦巴赫阿尔法系数）	0.912	0.858	0.617	0.910
Guttman Split-Half 系数（哥特曼折半系数）	0.882	0.824	0.642	0.881

一般而言，"分层面最低的内部一致性信度系数要在 0.50 以上，最好能高于 0.60，而整份量表最低的内部一致性信度系统要在 0.70 以上，最好能高于 0.80"[①]。由表 2-13 可知，"幼儿归属感教师评定问卷" 3 个子维度的克隆巴赫系数在 0.617 ～ 0.912，高于 0.60，信度尚佳；问卷总的克隆巴赫系数为 0.910，信度很高。总体而言，本问卷具备较好的信度。

2. 效度检验

检验效度的方法有很多，本研究采用内容效度和结构效度进行检验。

（1）内容效度

内容效度是指测查项目对整个测查内容范围的代表程度，即考察测验项目的代表性或对所测查内容取样的适当性，也就是考察测验项目能否切实测查到测验所要测查的目的或行为。本研究问卷的内容效度可以从前面问卷的编制程序得到保证。问卷的编制通过了理论推导、开放式问卷、成立专业的项目编

---

① 吴明隆.问卷统计分析实务——SPSS 操作与应用 [M].重庆：重庆大学出版社，2014：244.

制小组及专家审核等一系列步骤，保证了问卷能够真实地反映幼儿归属感的实际情况。问卷在编制的过程中，研究者对问卷项目进行过多次审核和修改，保证量表具有较好的内容效度。

（2）结构效度

对问卷20个项目进行探索性因素分析结果表明，"幼儿归属感教师评定问卷"结构较清晰，项目的因素负荷量均大于0.45，总方差解释率为54.543%，且各项目含义清楚，可解释性较强。此外，对问卷3个维度之间以及各维度与总分之间的相关分析发现（见表2-14），各维度与总分之间的相关系数在0.683～0.925（P<0.01），属于中高度相关，这表明问卷各维度评测的构想与总问卷评测构想较为一致，但又有一定的区别。此外，3个维度之间的相关系数介于0.388～0.693（P<0.01）之间，属于低中度相关，表明问卷3个维度之间的鉴别度较为合理，3个维度所评测的构想在大方向较为一致，但维度之间又有区别。因此，从总体来看，本问卷的结构符合测量要求，具有可接受的结构效度。

表2-14 "幼儿归属感教师评定问卷"维度间相关系数

	F1 投入	F2 依恋	F3 认同	T 总表
F1 投入	1.000			
F2 依恋	0.693**	1.000		
F3 认同	0.388**	0.432**	1.000	
T 总表	0.925**	0.888**	0.683**	1.000

注：**P<0.01。

（五）分析讨论

1. 关于"幼儿归属感教师评定问卷"

本研究首先通过开放式问卷获得幼儿教师心中的幼儿归属感结构，再结合已有研究成果，提出幼儿归属感结构的理论构想，以此为基础编制"幼儿归属感教师评定问卷"，根据因素分析的结果确定各因素及其项目。本研究通过同置信度和分半信度两种方法检验"幼儿归属感教师评定问卷"的信度，问卷的同置信度为0.910，分半信度为0.881。数据表明，该问卷具有较好的信度，符合心理测量学要求，说明"幼儿归属感教师评定问卷"可以作为评定幼儿归属感结构与发展特点的工具。

2. 幼儿归属感结构的因素分析

从因素分析的结果发现，幼儿归属感结构与理论设想有一定差距，并未形成二阶六因素，而是表现为投入、依恋、认同3个特征，说明幼儿归属感处于萌芽状态，各组成要素间并未清楚分化，是相互联系、相互影响的整体。幼儿归属感投入、依恋、认同三因素贡献率为38.944、8.995、6.604，3个因素均与量表总分显著相关，下面对幼儿归属感结构的三因素分别进行讨论。

因素一：投入。

原问卷将幼儿在行为上对幼儿园活动的参与投入命名为"投入"。投入在汉语里的解释为"置身其中，放进去"，即把自己放在事情之中，形容对人对事能设身处地地关心、帮助。本研究中，投入涉及幼儿在心理和行为上对幼儿园活动的参与，包括幼儿在活动中的自我表现以及为班级服务的情况，反映了幼儿的主动性、积极性以及幼儿的自我意识。

从这一因素分析发现，投入因素的贡献率最大，为38.944，说明投入是幼儿归属感结构中最为重要、最为核心的因素。投入是幼儿归属感在行为上的表现，是情绪、认同两个因素的外在表现。投入维度的确立，表明幼儿的归属感会通过行为表现，进一步证实了幼儿归属感结构中具有行为的成分，也反映出幼儿归属感具有外显性，这与幼儿心理发展的外显性一致。同时，投入维度的确立也提示，幼儿行为和动作的练习将有助于归属感的获得与发展。

因素二：依恋。

原问卷中喜爱与依恋是情绪维度的两个因子，喜爱是指幼儿对幼儿园的悦纳，在幼儿园情绪愉快；依恋指幼儿与幼儿园形成的独特且长久持续的情感联系，依恋的对象主要是老师，也可能是同伴。这两个维度涉及幼儿对老师、幼儿园的感情，探索性因素分析将二者合并为一个因子，反映出幼儿的情绪并未完全分化，仍具有笼统的特点，本研究将其命名为"依恋"。

在幼儿归属感结构中，依恋是最早发展起来的一个成分，也是发展水平最高的一个成分。依恋在生命的早期已经出现，6个月左右的孩子出现对母亲的依恋情感，这对儿童社会化具有重要意义，但这种依恋应随年龄增长而逐渐降低，否则反而影响儿童的社会化。3岁前，幼儿依恋的对象是其主要抚养者，通常为母亲。当幼儿进入幼儿园，幼儿从对母亲的依恋逐渐转为对教师的依恋和对同伴的喜爱，表现在对老师和同伴的亲近、求助以及对幼儿园的喜爱等方面。这种情感有助于幼儿形成安全感、信任感、接纳感，保持愉快情绪，在此基础上，幼儿产生对幼儿园的认同，愿意积极投入到活动中。因此，依恋是归属感最基本的特征，是认同和投入的基础。

因素三：认同。

因素三的项目全部来自幼儿归属感结构理论构想的"认同"维度，研究结果证明了这一因素的存在。认同指成员对所属群体产生的一致的或相似的心理过程和行为表现。这种认同心理基于对成员资格的认定，表现为对成员的身份感、荣耀感以及行为上对群体的关心、支持等。Tajfel 将社会认同理解为个体认识到自己属于特定的社会群体，并且也认识到成为群体成员带给自己的情感和价值意义。[①] 社会认同理论认为，在众多的社会群体中，个体需要选择其中一个或多个，确认自己的成员资格。成员资格的确认有助于个体社会支持感和安全感的获得，是幼儿归属感获得与发展的重要途径。

对幼儿而言，进入幼儿园、加入班级、获得成员资格可以使幼儿取得相应身份、获得安全感，增强自我感受。认同首先表现为幼儿对自己成员身份的认知，在此基础上，对幼儿园和班级产生认可和接受，以自己是其中一员自居，把幼儿园和班集体的荣誉看成自己荣誉的一部分，自觉维护班级形象，愿意为集体的荣誉而努力。

3. 三因素的关系

根据探索性因素分析和验证性因素分析的结果（图 2-5，表 2-14），幼儿归属感结构的三个维度两两间分别存在中高和中等程度相关，三个维度与归属感总体存在中高程度相关。结果表明，幼儿归属感的投入、依恋、认同三个基本要素既相互区别又密切联系，有机地统一于幼儿的心理和行为中，反映出幼儿归属感的整体性。

依恋是幼儿归属感的基础，是归属感发展的最初表现，也是投入和认同两个要素发展的必要前提。幼儿首先在教师的照顾中感受到教师的关心、爱护，产生对教师的信任和依恋；随后在教师的引导和与同伴的交往中，悦纳同伴、信任同伴。在此基础上，幼儿积极参与活动、乐意与人交往、愿意为班级做事，并逐渐产生班级一员的自豪感。故而，依恋是投入和认同的基础。

投入是归属感的外在行为表现，是因素负荷矩阵中的第一个因素，说明投入对归属感的贡献最大，最能反映幼儿归属感的实质，是幼儿归属感最核心的内容。行为属于技能范畴，行为能力的增强扩大了幼儿生存空间。生存空间扩大有助于丰富幼儿经验，促进幼儿认知能力的发展；行为能力的增强也促进了幼儿自主感、胜任感的发展，使幼儿获得更多积极的情绪体验。投入的发展与认同和依恋密切相关：当幼儿确认了自身的群体成员身份，在正确引导下，

---

① TAJFEL H.Cognitive aspects of prejudice[J].Journal of Sociology.1969,25(4)：79-97.

幼儿会逐渐产生对群体的情感，进而产生保护和支持群体的行为。

认同是幼儿归属感获得与发展的重要途径。在幼儿归属感中，认同首先是对群体成员身份的确认，在此基础上，才能产生群体情感。反之，对幼儿园的积极感情会影响幼儿对幼儿园的积极评价，增强对幼儿园的认同，而这又会加深幼儿对幼儿园的感情，形成良性发展。认同对投入有重要影响，认同的发展必然会使幼儿关心集体、服务集体的行为增多。但反之，服务集体行为的增多并不一定是幼儿认同发展的反映，而有可能是基于教师影响或迫于教师压力。

幼儿归属感的发展是三个维度的有机结合，即在认知上表现出对集体的认可，在情感上对集体成员的喜爱、信任，在行为上能够主动大胆地参与、表现，也愿意为集体、为他们提供帮助和支持。认知、情绪、行为相互依存，共同构成幼儿归属感。概括而言，归属感由依恋、投入、认同三个要素构成，三个要素间的组合方式与呈现方式如下：（1）依恋是归属感的基础，对认同和投入具有直接的动机作用；（2）投入是幼儿归属感的核心要素，是幼儿归属感最重要的表现，随幼儿能力发展逐步提高；（3）认同是幼儿归属感获得与发展的重要途径，受认知和情感发展的影响。

（六）结论

幼儿归属感由投入、依恋、认同三个因素组成，各因素呈现两两之间呈中等程度相关，反映出三个基本要素既相互区别又相互联系；三个因素与归属感总体存在中高程度相关，表明三个因素有机地统一于幼儿的心理和行为中，反映出幼儿归属感的整体性。

"幼儿归属感教师评定问卷"具有良好的信度、效度，符合心理测量学要求，可以作为评定幼儿归属感结构与发展特点的工具。

四、本章小结

本章从结构思想着手，首先阐明幼儿归属感结构研究的重要性和合理性，确定幼儿归属感研究的取向和方法，将理论建构、资料编码、数理分析法相结合，从质性研究和量化研究两条途径开展研究，以取长补短，获取符合我国文化背景的幼儿归属感基本结构。

研究首先采用文献法自上而下地对幼儿归属感结构进行理论推导；接着采用质性研究的范式，对重庆市、四川省、山东省的30名幼儿园教师进行开放式问卷，自下而上建构幼儿归属感结构；两条路径相结合，建构幼儿归属感的理论构想，即幼儿归属感包括认知、情绪、行为三个维度，由幼儿园认同、自我认知、喜爱、依恋、投入、交往6个因素构成。

在幼儿归属感结构理论构想的基础上，本研究严格遵循心理学量表编制的程序，编制"幼儿归属感教师评定问卷"。探索性因素分析得到幼儿归属感的投入、依恋、认同三因素实证结构，验证性因素分析支持了这一结构。实证结构由涉及认知、情绪、行为的投入、依恋、认同三因素构成，并未支持理论构想的二阶段六因素结构反映出幼儿归属感处于萌芽状态，各组成要素间并未清楚分化。数据表明，幼儿归属感结构的三个维度两两间分别存在中高和中等程度相关，三个维度与归属感总体存在中高程度相关，揭示了投入、依恋、认同三个基本要素既相互区别又相互联系，有机地统一于幼儿的心理和行为中，反映出幼儿归属感的整体性。

本研究严格遵循心理学量表编制的程序编制"幼儿归属感教师评定问卷"，同置信度为0.910，分半信度为0.881，符合心理测量学要求，可以作为评定幼儿归属感发展水平的工具。

第三章　幼儿归属感发展特点的研究

近年来，关于归属感的发展及其相关课题的研究越来越受重视。研究从不同角度对大、中、小学生学校归属感的发展情况进行了探讨，表明学校归属感的发展既有年龄差异，又有性别差异。对幼儿而言，归属感的发展是幼儿个体生命成长和适应社会的必然要求，伴随幼儿社会化和性别化发展的进程，幼儿归属感的发展也可能存在一定的年龄差异和性别差异。然而，目前尚未见对幼儿归属感发展特点的系统研究。本研究依据通过探索性与验证性因素分析得到的幼儿归属感结构 (投入、依恋、认同)，采用量化研究对幼儿归属感的发展特点及其规律进行较为深入的研究，为促进幼儿归属感的发展提供依据。

一、研究设计

（一）研究目的

以自编的"幼儿归属感教师评定问卷"为工具，运用问卷调查法，探索 3 岁、4 岁、5 岁在园幼儿归属感的发展特点。

（二）研究假设

假设 1：幼儿归属感发展存在年龄差异，归属感随年龄增长不断发展。

假设 2：幼儿归属感发展存在性别差异，女孩的归属感发展水平高于男孩。

（三）研究方法

1. 研究对象

本研究从幼儿归属感结构研究所采集的数据中，随机抽取 832 个样本进行幼儿归属感发展特点的研究，样本情况见表 3–1。

表3-1 样本构成情况表 （单位：人）

性 别	3 岁	4 岁	5 岁	合 计
男	168	151	106	425
女	160	137	110	407
合 计	328	288	216	832

2. 研究工具

采用自编的"幼儿归属感教师评定问卷"作为测评工具。该问卷中幼儿归属感由投入、依恋、认同 3 个因素组成，共 20 个项目。问卷信度、效度检验各项指标均符合检验标准，具可靠性和一致性。

3. 研究方法

问卷调查法，由熟悉幼儿的教师根据对幼儿的日常观察与总体印象逐一进行评定。

4. 数据统计

采用 SPSS20.0 统计软件对数据资料进行分析、处理。

二、幼儿归属感发展特点的结果分析

（一）幼儿归属感发展年龄与性别的方差分析

以性别（2 个水平）、年龄（3 个水平）为自变量，分别以归属感 3 个因素为因变量，进行 2×3 多因素方差分析（MANOVA）。结果发现（表 3-2），年龄差异极其显著，F=18.609，$P < 0.001$[①]；性别差异显著，F=3.495，$P < 0.05$。但二者间的交互作用并不显著。这表明随着年龄的增长，男女幼儿归属感发展的方向是一致的。

表3-2 幼儿归属感发展年龄与性别的方差分析（N=758）

项 目	L
年 龄	18.609***
性 别	3.495*

---

① F：方差值，P：显著性概率值。

续 表

项 目	L
年龄 × 性别	0.975

注："×"表示交互作用，*P<0.05，***P<0.001，下同。

（二）幼儿归属感发展的年龄差异检验

1.幼儿归属感总均分和各维度发展的年龄差异检验

方差分析发现，幼儿归属感发展存在年龄差异（表3-2），本研究进一步对幼儿归属感发展的年龄差异进行检验，研究结果见表3-3。

表3-3 幼儿归属感各维度发展年龄间的差异检验

维 度	3岁（a）n=328		4岁（b）n=288		5岁（c）n=216		F	Posr H oc
	M	SD	M	SD	M	SD		
投 入	3.10	0.91	3.36	0.83	3.68	0.93	29.630***	$b > a^{***}$, $c > a^{***}$, $c > b^{***}$
依 恋	3.62	0.76	3.54	0.78	3.79	0.78	7.508***	$c > a^{**}$, $c > b^{***}$
认 同	3.39	0.75	3.33	0.73	3.40	0.94	0.728	n.s.
总问卷	3.35	0.67	3.42	0.68	3.68	0.74	16.781***	$c > a^{***}$, $c > b^{***}$

注：n样本数，M平均数，SD标准差；Posr H oc事后多重比较；*P<0.05，**P<0.01，***P<0.001。

见表3-3，幼儿归属感总的发展水平与年龄呈正相关，三个年龄组的发展存在极显著差异。在幼儿归属感三个维度的发展中，投入、依恋两个维度也存在极显著的年龄差异。

LSD（Fisher 氏最小显著差检验）多重比较结果发现，在归属感整体发展上，5岁幼儿与4岁和3岁幼儿之间的差异都极显著（P<0.001），5岁幼儿高于4岁幼儿和3岁幼儿。在投入维度上，三个年龄组之间有极显著差异（P<0.001），4岁幼儿高于3岁幼儿，5岁幼儿高于4岁幼儿和3岁幼儿。在依恋维度上，5岁幼儿与4岁幼儿之间有极显著差异（P<0.001），5岁高于4岁；5岁幼儿与3岁幼儿差异显著（P<0.01），5岁幼儿高于3岁幼儿。图3-1是归属感总体及各维度随年龄增长而发展的趋势。

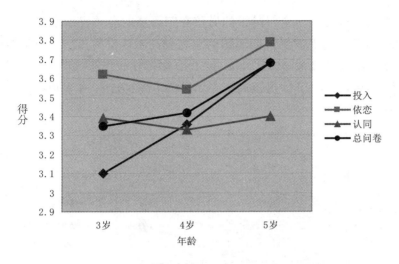

图 3-1　幼儿归属感总体和各维度的发展趋势

由图 3-1 可以看出，3—5 岁幼儿归属感的整体水平不断发展，尤其 4—5 岁发展较迅速，表明 4 岁是幼儿归属感发展的关键期。幼儿归属感各维度的发展表现出不均衡性，投入维度的发展随年龄增长而迅速增长，依恋维度和认同维度的发展呈倒 U 形，3—4 岁发展水平略有下降，4—5 岁回升，依恋维度的发展速度较快。

2. 不同性别幼儿归属感各维度发展的年龄差异

结果表明，不同性别幼儿的归属感在总体和各维度的发展上存在年龄差异，详情见表 3-4、表 3-5 和图 3-2、图 3-3。

表3-4　男孩归属感总体及各维度发展的年龄差异（N=425）

维　度	3 岁（a）n=168		4 岁（b）n=151		5 岁（c）n=106		F	Posr H oc
	M	SD	M	SD	M	SD		
投　入	2.99	0.90	3.23	0.86	3.47	0.99	9.28***	$c>b^*$，$c>a^*$，$b>a^*$
依　恋	3.51	0.78	3.46	0.79	3.62	0.86	1.25	n.s.
认　同	3.29	0.77	3.29	0.72	3.27	0.86	0.04	n.s.
总问卷	3.24	0.68	3.33	0.69	3.50	0.80	4.19*	$c>a^*$

注：n 样本数，M 平均数，SD 标准差；Posr H oc 事后多重比较；*P<0.05，***P<0.001。

由表 3-4 可见，三个年龄组的男孩在归属感的总体发展水平上存在差异（P<0.05），表现为 5 岁男孩归属感的总均分高于 3 岁男孩。三个年龄组男孩在投入维度上差异极显著（P<0.001），LSD 多重比较结果表明，5 岁男孩高于 4 岁男孩（P<0.05），5 岁男孩高于 3 岁男孩（P<0.05），4 岁男孩高于 3 岁男孩（P<0.05）。

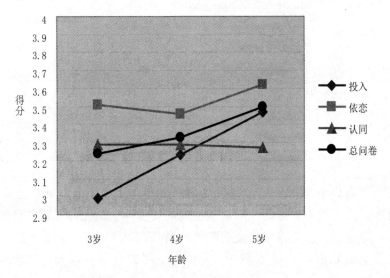

图 3-2　男孩归属感总体及各维度发展的趋势

由图 3-2 可见，男孩归属感的发展在总体和投入维度上随年龄增长呈上升趋势，依恋维度的发展在 3—4 岁有小幅下降，4—5 岁出现较为明显的上升，认同维度 3 岁、4 岁基本持平，4—5 岁略微下降。

表3-5　女孩幼儿归属感总体及各维度发展的年龄差异（N=407）

维　度	3 岁（a）n=160		4 岁（b）n=137		5 岁（c）n=110		F	Posr H oc
	M	SD	M	SD	M	SD		
投　入	3.27	0.89	3.52	0.76	3.93	0.80	21.46***	c>b*，c>a*，b>a*
依　恋	3.77	0.70	3.62	0.74	3.98	0.66	7.87***	c>b*，c>a*
认　同	3.49	0.75	3.40	0.75	3.49	1.03	0.59	n.s.

维　度	3 岁（a）n=160		4 岁（b）n=137		5 岁（c）n=110		F	Posr H oc
	M	SD	M	SD	M	SD		
总问卷	3.50	0.62	3.54	0.66	3.89	0.66	13.35***	c>b*，c>a*

注：n 样本数，M 平均数，SD 标准差；Posr H oc 事后多重比较；*$P<0.05$，***$P<0.001$。

由表 3–5 可见，三个年龄组的女孩在归属感的总体发展水平上差异极显著（$P<0.001$），在投入和依恋维度上也存在极显著差异（$P<0.001$）。LSD 多重比较结果表明，女孩在归属感的总体发展的年龄差异（$P<0.001$）表现为：5 岁女孩高于 4 岁女孩（$P<0.05$），5 岁女孩高于 3 岁女孩（$P<0.05$）。女孩在投入维度的差异表现为：5 岁女孩高于 4 岁女孩（$P<0.05$），5 岁女孩高于 3 岁女孩（$P<0.05$），4 岁女孩高于 3 岁女孩（$P<0.05$）。女孩在依恋维度上的差异表现为：5 岁女孩高于 4 岁女孩（$P<0.05$），5 岁女孩高于 3 岁女孩（$P<0.05$）。

由图 3–3 可见，女孩归属感的发展在总体上呈现上升趋势，其中 3—4 岁上升较缓，4—5 岁则较迅速发展。在归属感的三个维度上，投入维度随年龄增长迅速发展，依恋和认同维度的发展则在 3—4 岁下降、4—5 岁上升，其中依恋维度的下降和上升都较为明显。

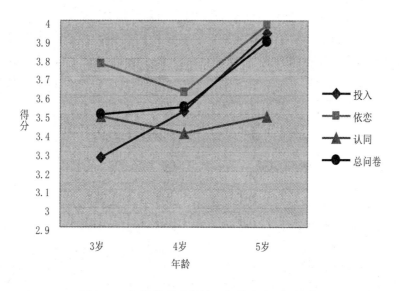

图 3-3　女孩归属感总体及各维度发展的趋势

由图 3-4 可见，男孩和女孩归属感在总体发展上的年龄趋势与归属感总体发展的年龄趋势基本相同，均为 3—4 岁小幅上升，4—5 岁较快发展。

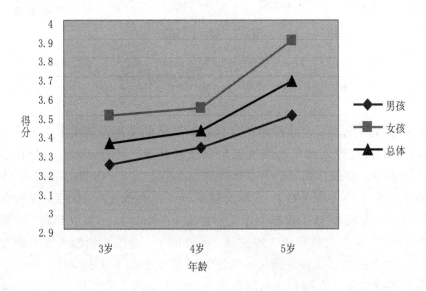

图 3-4　男孩女孩归属感发展的年龄趋势

（三）幼儿归属感发展的性别差异检验

1.幼儿归属感总均分和各维度发展的性别差异检验

　　统计结果发现，幼儿归属感发展存在显著的性别差异。归属感总均分的性别差异极显著（$P<0.001$），女孩（3.62）高于男孩（3.34）。从各维度得分来看，在三个维度上，男女幼儿之间性别差异均显著，均为女孩的发展水平高于男孩。详情如表 3-6、图 3-5 所示。

表3-6　幼儿归属感发展的性别差异检验

维　度	男（n=425）		女（n=407）		t
	M	SD	M	SD	
投　入	3.20	0.93	3.53	0.86	−5.412***
依　恋	3.52	0.81	3.78	0.72	−4.846***
认　同	3.28	0.77	3.46	0.83	−3.134**
总问卷	3.34	0.72	3.62	0.66	−5.871***

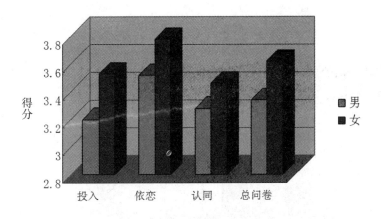

图 3-5　幼儿归属感的性别差异

2. 不同年龄幼儿归属感发展的性别差异检验

为进一步探讨幼儿归属感发展的性别差异，本研究对 3 岁、4 岁、5 岁年龄组的男、女幼儿在总均分和各维度上的得分分别进行了比较，结果见表3-7、表 3-8、表 3-9。

表3-7　3岁幼儿归属感发展的性别差异检验

维　度	男 (n=168)		女 (n=160)		t
	M	SD	M	SD	
投　入	2.99	0.90	3.27	0.89	−2.82**
依　恋	3.51	0.78	3.77	0.70	−3.09**
认　同	3.29	0.77	3.49	0.75	−2.39*
总　分	3.24	0.68	3.50	0.62	−3.59***

注：*P<0.05，**P<0.01，***P<0.001。

如表 3-7 和图 3-6 所示，3 岁组幼儿的归属感发展在总体水平和各维度上均存在显著的性别差异，且均为女孩高于男孩，其中在归属感发展的总体水平上差异极其显著。

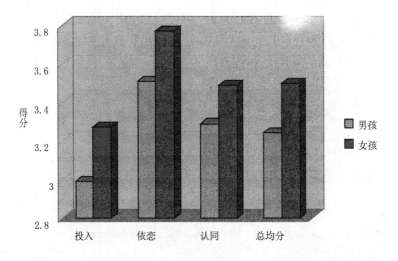

图 3-6　3 岁幼儿归属感发展的性别差异

表3-8　4岁幼儿归属感发展的性别差异检验

维　度	男 (*n*=151)		女 (*n*=137)		*t*
	M	SD	*M*	SD	
投　入	3.23	0.86	3.52	0.76	−2.97**
依　恋	3.46	0.79	3.62	0.74	−1.81
认　同	3.29	0.72	3.40	0.75	−1.24
总　分	3.33	0.69	3.54	0.66	−2.64**

注：*P*<0.05，**P*<0.01，***P*<0.001。

　　如表 3-8 和图 3-7 所示，4 岁组幼儿的归属感发展在总体水平和投入维度上存在显著的性别差异，且均为女孩高于男孩；在依恋和认同维度上则不存在性别差异。

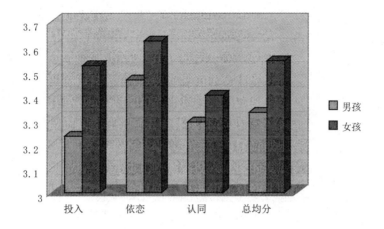

图3-7 4岁幼儿归属感发展的性别差异

表3-9 5岁幼儿归属感发展的性别差异检验

维 度	男 (*n*=106)		女 (*n*=110)		*t*
	M	SD	*M*	SD	
投 入	3.47	0.99	3.93	0.80	−3.78***
依 恋	3.62	0.86	3.98	0.66	−3.46**
认 同	3.27	0.86	3.49	1.03	−1.73
总 分	3.50	0.80	3.89	0.64	−3.92***

注：*P<0.05，**P<0.01，***P<0.001。

如表 3-9 和图 3-8 所示，5 岁组幼儿的归属感除认同维度外，总体水平、投入、依恋维度均存在性别差异，均为女孩高于男孩，其中在投入维度和总体水平上差异极显著。

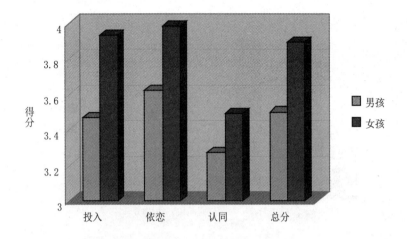

图 3-8　5 岁幼儿归属感发展的性别差异

三、幼儿归属感发展特点的讨论

（一）幼儿归属感发展的年龄特点

1. 幼儿归属感随年龄增长逐渐发展

本研究发现，幼儿归属感的发展水平与年龄呈正相关，3—5 岁幼儿的归属感发展整体上呈上升趋势。研究还发现，3—4 岁幼儿发展较缓，4—5 岁幼儿发展较迅速，提示 4 岁是幼儿归属感发展的关键期。

（1）3 岁幼儿的归属感的发展特点

3 岁幼儿归属感在总体上比较低，但依恋和认同两个维度的发展水平较 4 岁幼儿稍高。归属感总体水平较低的原因可能在于：第一，幼儿第一次离开母亲的怀抱、离开熟悉温暖的家，进入了人生发展的第一个大集体中生活。陌生的环境、新的伙伴、突然出现的规则与限制，都会让其感到陌生、胆怯乃至逃避。第二，幼儿语言能力、交往能力、活动能力等均远未发展成熟，因而难以恰当表达自身需要，不知如何与老师、同伴和谐相处，也不能够很好地投入活动。第三，幼儿自我中心较为明显，加之知识经验和认知能力有限，故较少表现出对他人和集体的关心，缺少服务集体的行为表现。上述因素使 3 岁幼儿较难适应幼儿园生活，在幼儿园情绪较低落，甚至渴望离开幼儿园，回到熟悉的环境，归属感总体水平较低。

在 3 岁幼儿归属感三个维度的发展中，依恋维度发展较好，这可能与教师的精心照顾有关。进入幼儿园，教师成为幼儿主要的照顾者。从进入幼儿园起，教师无微不至地照料幼儿，以积极的态度回应幼儿的需要，为幼儿提供情感支持，尽力让幼儿在与教师的互动中体验到舒适和愉悦。老师的付出使幼儿归属感在依恋维度上得到较好发展。在认同维度上，从幼儿进入幼儿园起，家长和老师就通过"你是××幼儿园的小朋友""你是××班的小朋友"等不断强化幼儿对自己群体身份的认知。家长和教师是幼儿的重要他人，这一年龄段幼儿对他们的观点几乎无条件接受。这在一定程度上促进了3岁幼儿归属感在认同维度的发展。投入维度涉及幼儿在心理和行为上对幼儿园活动的参与，包括幼儿在活动中的自我表现以及为班级服务的情况，反映了幼儿的主动性、积极性以及幼儿的自我意识。3岁幼儿在活动能力、主动性、积极性、自我意识的发展上均有限，因此投入维度的发展水平最低。

（2）4岁幼儿归属感的发展特点

由图3-1可见，3—4岁幼儿归属感发展平缓，4—5岁发展迅速，表明4岁是幼儿归属感发展的关键时期。从整体上看，4岁幼儿归属感的发展水平较3岁有了一定的发展，原因可能在于随着时间推移，幼儿对幼儿园的熟悉感增加，尤其通过老师与同伴的相互作用，幼儿逐步适应幼儿园的生活环境，这在一定程度上增强了幼儿的归属感。

从各维度的发展上看，投入维度迅速发展。投入是幼儿归属感的核心内容，表现在游戏活动、体育竞赛、自我表现等方面。投入维度的迅速发展在很大程度上缘于幼儿活动能力的增强。从幼儿园的主导任务看，活动能力增强使幼儿体会到更多的独立、自主、自信，幼儿自我表达的愿望也增强，愿意在集体中表现自己，这都促进了投入维度的发展。

在三个维度中，4岁幼儿依恋维度的发展水平最高，可能的原因在于：一方面，4岁幼儿的认识水平高于3岁幼儿，他们对现实情境的认识也更深一层。他们能够更好地体察他人的情绪和情感，知道关心、照顾他人，这有助于其获得认可和接纳。另一方面，4岁幼儿初步掌握了与人交往的方法，建立了较为稳定的同伴关系，能够自己组织游戏，使他们体会到更多的积极愉快。这使得4岁幼儿在归属感的依恋维度上保持较高的水平。但较3岁时，依恋维度的得分有所下降，这可能与老师对幼儿的照顾减少而要求增多有关。此外，也可能与幼儿间矛盾增多但解决问题能力有限，致使其消极体验增加有关。

认同维度的发展水平较3岁有所下降，一方面可能缘于幼儿已经初步适应幼儿园生活，新鲜感减少，与此同时，老师逐渐增加的要求和限制带来了负面情绪，影响幼儿的认同；另一方面可能与幼儿的"自我中心"有关，幼儿尚无法关注到集体的需要。

（3）5岁幼儿归属感的发展特点

5岁幼儿的归属感发展水平较4岁有较大提高，不仅从整体发展水平表现出来，在投入、依恋两个维度认同均有较大发展，认同维度也较4岁幼儿有所发展。

5岁幼儿在有难度、与同伴合作游戏中的成功体验越来越多，自信心大大增加。他们与人交往经验增多，交往主动性逐渐提高，掌握了一些合作的交往技巧，交往的内容和形式也更加丰富。因此，他们与人交往和自我表现的意识更加强烈，更加积极主动地投入各项活动。在依恋维度的发展上，5岁幼儿的社会经验日益丰富，认识能力逐渐提高，对他人的需要、情绪情感与理解能力逐渐发展起来。他们学会体察他人需要，协调自己与他人之间的关系，并且能够关心他人，主动表现出一定程度的援助行为，这使他们在集体生活中更加如鱼得水，更能够享受交往的乐趣。而由于认知水平提高，5岁幼儿更加理解自己与集体的关系，对集体的认同有所上升。

2. 幼儿归属感各维度的发展特点

幼儿归属感投入、依恋、认同三个维度的发展并不完全一致，投入维度的发展随年龄增长而增加，依恋、认同维度的发展则随年龄增长呈倒U形曲线。

（1）投入维度的发展特点

从年龄上看，投入维度在三个年龄组之间存在极显著差异（$P<0.001$），表现出随年龄增长投入水平逐步提高的趋势。同时，在幼儿归属感结构的三个维度中，投入维度的发展趋势与归属感总的发展趋势基本一致（图3-1），验证了因素分析中所得到的投入是幼儿归属感核心内容这一结论。

进入幼儿园后，投入维度的发展随年龄增长而迅速发展，一方面随年龄增长，幼儿活动能力不断增强，这不仅促进了幼儿自信心、独立性等的发展，也使幼儿助人、为班级服务等投入性活动的能力和水平不断增强。另一方面，3岁幼儿刚刚进入班级，彼此间不熟悉，该年龄的游戏特点也是以平行游戏和联合游戏为主，因此交往面小，同伴关系刚刚开始，大部分幼儿还生活在自我的世界中，对他人关注不够、人际投入也比较少。中班开始幼儿间交往增多，大班时幼儿有了较稳定的好朋友，同伴关系处于稳定的状态，交往增多且趋于稳定。因此，投入维度随年龄增长而逐渐发展。

在幼儿归属感的三个维度中，投入维度得分（$M=3.35$，$SD=0.92$）最低。投入涉及幼儿在心理和行为上对幼儿园活动的参与，涉及幼儿在活动中的主动性、专注性、持续性等状态，主要包括幼儿在活动中的表现以及为班级服务的情况，得分较低提示幼儿投入班级活动的积极性、主动性都有所欠缺。仔细分析，这一维度中得分最高的项目为"积极响应老师的要求"（$M=3.44$，$SD=1.108$），反映出幼儿对老师具有较为积极的情感、态度，因而对其要求有较为积极的反馈，这也从一个侧面反映了老师对幼儿的积极影响。此外，"积极举手发表自己的看法和意见"（$M=3.40$，$SD=1.271$）、"积极争当值日生"（$M=3.41$，$SD=1.250$）等与自我表现相关的项目得分偏高，反映出幼儿敢于在集体中表现自己。得分最低的项目是与服务集体相关的"关注班级的公共任务，如管理植物、整理班级物品等"（$M=3.19$，$SD=1.192$），而另一与服务集体相关的项目"积极为班级做事情，如搬凳子等"（$M=3.42$，$SD=1.195$）则得分居第二位。这两个项目均反映幼儿对班级服务的投入情况，后者得分稍高，原因可能在于老师在平时对这些活动有一定的引导和安排，且相对简单；前者得分较低，一方面老师相对较少对幼儿提出要求，另一方面幼儿需要更多的耐心，对幼儿而言具有一定的难度。这一方面提示要加强对幼儿班级服务行为的培养，另一方面提示要尊重幼儿的发展特点。

（2）依恋维度的发展特点

在幼儿归属感结构的三个维度中，依恋维度的发展水平最高（图3-1），说明在幼儿归属感的发展中，依恋是投入和认同两因素的基础，这也印证了幼儿归属感结构研究的结论。

由图3-1可见，依恋的发展并非一条向上的直线，而是随年龄增长呈倒U形曲线。幼儿3岁刚入幼儿园时，为帮助幼儿克服分离焦虑、顺利度过适应期，老师给予幼儿特别的关心和爱护，幼儿感受到老师的爱，把对父母的依恋转向老师；同时，老师安排丰富的活动，让幼儿觉得幼儿园好玩，体验到积极情绪，因而情绪因子得分较高。4岁，幼儿进入中班，老师不再如小班那样无微不至地照顾幼儿，对幼儿的限制、约束、要求逐渐增加。同时，幼儿的主动性、独立性逐步被唤醒，这可能导致师幼之间、同伴之间围绕规则的执行带来较多的消极情绪体验。再加上老师在成人本位观念的影响下往往要求幼儿服从，这可能更加重了幼儿消极情绪体验，导致情绪因子得分下降。大班幼儿已经适应了幼儿园生活，并已形成一定的良好习惯，再加上认知的发展，幼儿开始懂得行为的界限，明白老师的严格是为自己好，对老师严格要求的接受度增加，情绪因子得分回升。

依恋维度得分在三个维度中最高（$M=3.64$，$SD=0.78$），除"主动告诉老师在家发生的事"这一项外（$M=3.20$，$SD=1.144$），其他项目得分均在3.50

以上，其中得分最高的项目是"在幼儿园情绪愉悦"（M=3.89，SD=1.022），其次为"每天上幼儿园都是开开心心的"（M=3.77，SD=1.110）、"有需要主动告诉老师"（M=3.3.69，SD=1.102）、"遇到事情解决不了时，会主动请老师帮忙，如请老师帮忙系鞋带等"（M=3.65，SD=1.092）。总体而言，数据反映出幼儿对幼儿园较为悦纳、信任老师、在幼儿园情绪较为积极。进一步分析得出，4岁幼儿与5岁幼儿之间有极显著差异（P<0.001），5岁幼儿高于4岁幼儿；5岁幼儿与3岁幼儿差异显著（P<0.01），5岁幼儿高于3岁幼儿。

（3）认同维度的发展特点

认同维度在年龄发展上不存在显著差异，说明认同维度是幼儿归属感结构三因素中最稳定的因素，这可能受幼儿认知发展稳定性的影响。由图3-1可见，认同维度的发展并非一条向上的直线，其发展随年龄增长呈倒U形曲线。分析其原因，可能在于3岁幼儿的认同多表现为对自己班级成员身份的认知。从进入幼儿园开始，老师和家长就通过"你是××幼儿园××班的小朋友"不断强化幼儿的成员身份。初入幼儿园的新奇感和老师的疼爱与精心照顾增强了幼儿的认同。4岁进入中班后，新鲜感消失，而老师的要求更多、限制更严，可能会让孩子负面情绪增多，影响其认同。之后，随着认知发展，其道德感、理智感逐渐发展，在一定程度上能理解老师的严格，积极情绪增加，认同感也上升。

认同维度（M=3.37，SD=0.80）得分偏低。本研究的认同表现为幼儿在对班级认可、接受或赞赏的基础上，认为自己是班级一员，为班级的荣誉而努力。虽然认同因子总均分为3.37，但"在和其他班的比赛中特别努力"（M=3.67，SD=1.227）得分相当高，反映出幼儿能够为班级的荣誉而努力。"为自己是幼儿园的一员而感到自豪"（M=3.40，SD=1.231）得分中等，一方面提示幼儿自豪感的确不强，另一方面也可能是幼儿对于这种自豪感更多地表现于幼儿园外，如和别人介绍自己的时候，教师对此了解较少。"为班级好的变化感到高兴，如教室装饰的变化等"（M=3.06，SD=1.151）得分为所有项目中最低。《幼儿园教育指导纲要（试行）》指出："幼儿园的空间、设施、活动材料和常规要求等应有利于引发、支持幼儿的游戏和各种探索活动，有利于引发、支持幼儿与周围环境之间积极的相互作用。"如果教室的装饰、变化不能够引发幼儿的情绪，就更谈不上变化环境对幼儿起到教育作用。幼儿"为班级好的变化感到高兴，如教室装饰的变化等"得分低的背后，隐藏的是这些环境、装饰并非是幼儿喜欢、感兴趣的；隐藏着教师在环境创设中未关注幼儿需要、未让幼儿参与其中；隐藏的是以教师为中心，对幼儿主动性引导的缺失。这一问题值得深思。

（二）幼儿归属感发展的性别特点

1.幼儿归属感发展存在性别差异，女孩的发展水平高于男孩

数据显示，男孩与女孩在归属感的发展上存在性别差异，女孩的发展水平略高于男孩。男孩、女孩之所以在归属感发展水平上会有差异，首先缘于男孩、女孩的生理差异。根据进化理论的观点，男性和女性可能在许多生理特性上是非常相似的，但是男性和女性在人类历史上承受着不同的进化压力，在进化过程中面临不同的适应问题领域。一方面，这一自然选择的过程导致了男性和女性的根本差异并决定了他们在劳动上的分工，使得男性必须比女性更富有竞争性、更坚定、更具攻击性。[①] 另一方面，生物因素可能对儿童的发展产生影响。例如，男孩和女孩间的激素水平不同，可能使男孩更喜欢追逐、打闹等较为激烈的游戏，而女孩则更喜欢较为安静的游戏。而爱打闹、更具竞争性，可能使男孩较女孩更难被教师、同伴接纳，影响归属感的水平。其次，男女性别差异是社会中普遍存在的现象。特定社会总是对不同性别个体有不同的期望、要求和限制。这种期望和要求在孩子还未出生时，父母就通过为不同性别子女选择不同的生活用品与玩具而反映出来。性别社会化从婴儿早期即开始，并一直继续下去。父母会给孩子提供"适合"于其性别的衣服、玩具，设计"适合"于性别的发型；父母和不同性别的孩子有不同的玩法，也对男孩和女孩的回应有着不同的期待。[②] 在儿童整个的社会化过程中，父母和教师都依据社会的要求对男孩、女孩采取不同的教育，鼓励和强化儿童表现出适合自己性别的行为，增强了男女幼儿的性别差异。在我国，人们对女孩的期望和要求是富有同情心、善良、温柔、合作、善于照料，因此注重培养文静、内向的人格特点，对女孩的教育较为温和，更多是鼓励、听话。社会的要求被女孩从小感知，引发相应行为，而与要求相符的行为又在互动中不断得到强化，幼儿逐渐将其内化。因此，女孩通常感情更为细腻，能够体察他人的情绪，对老师和同伴能够给予更多的关心，也表现出更多帮助他人、服务班级的行为。这又使女孩获得更多来自同伴和老师的积极反馈，更容易获得认可和接纳，这会加强幼儿的积极体验，增强积极情感和积极行为，促进归属感的获得与发展。社会对

---

① ［美］DAVID R.SHAFFER, KATHERINE KIPPP.发展心理学［M］.邹泓，等译 .8 版 . 北京：中国轻工业出版社，2009：481.

② ［美］DAVID R.SHAFFER, KATHERINE KIPPP.发展心理学［M］.邹泓，等译 .8 版 . 北京：中国轻工业出版社，2009：466.

男孩的期望和要求是果断、独立、支配、勇敢、富于竞争性和挑战性，且往往采取较为严格的教育方式。在幼儿园里，男孩的活动多定向于物，好奇、好动、活动量大、精力旺盛，这类外向、多动的活动本身就容易带来与同伴的冲突、矛盾，影响自身体验和同伴接纳。同时，男孩的顽皮、淘气容易受到老师较为严厉的限制与约束，更加深了男孩的消极体验，影响其归属感水平。再次，性别差异受到幼儿自身性别认同的影响。几乎所有的社会文化都期待男性和女性有不同的行为方式，也赋予男性和女性不同的性别角色。为了回应这些不同的期待，幼儿必须知道自己是男孩或是女孩，并将这一信息整合到自我概念中。在生活中，父母和教师往往对男孩和女孩采取不同的教育方式，这可能在无形中加大了不同性别幼儿在情感、能力、自我知觉等方面的差异，增加了性别差异。

在遗传与环境的交互作用下，幼儿逐渐学会与自己性别相符合的行为方式，并以此要求自己。女孩在群体中的表现更易获得他人的接纳、认同，同时也使女孩获得更多的积极体验，因而在归属感总体及各维度上均表现为女孩的水平显著高于男孩。本研究结果与 Eric M.（2003）、Wentzel K.R.（1997）、Finn（1997）、Anderman（1999）、Newman（2007）、徐坤英（2008）、郭光胜（2009）、江丽丽（2009）等人的研究结果一致。包克冰等 (2006) 的研究结果与此相反，最主要的原因可能与我们特有的文化有关，对于我们的青少年男女，从小就较少关注学习以外的目标，在学校中男女生一般都具有同等的竞争意识，比如当班干部、评三好学生等。因此，对学校的情感不会有太明显的差异。研究对象不同，结论也不尽相同，其共同之处在于归属感的性别差异与文化和教育的影响密切相关。

2. 各年龄幼儿归属感发展存在性别差异，均为女孩高于男孩

3 岁幼儿归属感发展的性别差异显著，在归属感总体和各维度上均存在显著差异，均为女孩高于男孩。4 岁幼儿归属感发展存在性别差异，体现在总体和投入维度，表现为女孩高于男孩；依恋和认同维度不存在差异，女孩略高于男孩。5 岁幼儿归属感的发展存在性别差异，表现在归属感总体水平和投入、依恋两个维度上，均为女孩高于男孩；认同维度不存在差异，女孩略高于男孩。

（三）幼儿归属感发展年龄与性别的交互作用

本研究发现，幼儿归属感在总的发展水平和三个维度的发展上不存在年龄和性别的交互作用，但是在幼儿归属感总的发展上，年龄和性别的主效应达

到极显著的水平。这提示幼儿归属感在不断的发展变化过程中，年龄和性别相互交织，对归属感的发展产生影响。

另外，可能由于幼儿发展还不够成熟，因而年龄和性别对归属感的交互作用尚不太明显。具体而言，在幼儿发展中，性别性往往出现在 5—7 岁；而真正成为一种稳定的人格特征，需要到小学和中学阶段。因此可以推测，幼儿归属感发展过程中，家长和老师即使在教育中表现出性别化的差异和不同的性别期望，但由于幼儿心理发展尚不成熟，还不能从年龄和性别的角度将成人对他们的期望进行不同的分化和内化。

（四）幼儿归属感发展总的特点

1. 幼儿归属感发展的整体性

由图 3-1 可见，幼儿归属感投入维度的发展与归属感总体发展的趋势大体一致，3—5 岁呈上升趋势；认同维度与依恋维度的发展趋势大体一致，发展曲线呈倒 U 形。上述发展特点反映出幼儿归属感整体和各维度发展的相互影响、相互依存，揭示了幼儿归属感发展的整体性。

2. 幼儿归属感发展的高速性

由表 3-2 的方差分析可见，幼儿归属感发展存在极显著的年龄差异；*LSD* 多重比较结果发现（表 3-3），三个年龄组幼儿归属感的总体发展水平存在极显著的年龄差异。上述结果反映出 3—5 岁幼儿归属感在迅速发展，揭示了幼儿归属感发展的高速性。

3. 幼儿归属感发展的不均衡性

幼儿归属感发展的不均衡性表现在不同维度、不同年龄和不同性别发展的不均衡性上。

第一，不同维度的发展具有不均衡性。由图 3-1 可见，幼儿归属感各维度的发展是不均衡的。这种不均衡体现在各维度的发展水平、发展趋势和发展速度上。具体而言，从发展水平上看，依恋的发展水平较高，投入和认同的水平较低；从发展趋势上看，投入维度的发展随年龄增长而直线发展，依恋和认同则呈倒 U 形；从发展速度上看，投入维度的发展速度较快，而依恋和认同的发展速度较平缓。

第二，不同年龄的发展具有不均衡性。由图 3-1 可以看出，幼儿归属感总体和各维度在不同年龄的发展上表现出不均衡性。从整体上看，幼儿归属感在 3 岁至 4 岁阶段发展平缓，4 岁至 5 岁阶段发展迅速，这提示 4 岁是幼儿归属感发展的关键时期。从各维度的发展上看，依恋和认同在 3—4 岁发展水平略有所下降，4岁至5岁发展呈上升趋势。

第三，不同性别的发展具有不均衡性。男孩和女孩的归属感发展水平的不均衡性主要体现在发展水平上，具体表现为女孩的发展水平在三个年龄段均高于男孩（图3-4）。在幼儿归属感三个维度的发展趋势和发展速度上，男孩和女孩基本保持一致（图3-2、图3-3、图3-4）。

4.幼儿归属感发展的依赖性

从前文对幼儿归属感年龄特点和性别特点的讨论可见，幼儿归属感的发展在很大程度上与家长和教师的期望、教育有关。"从抽象的意义上看，'纯粹'的成熟可以被理解为完全由于不受环境影响的内在力量所导致的人的发展；但从实际意义上看，不可能完全消除环境的影响。从胚胎产生的瞬间直到死亡，每个人都显然经历了连续不断的环境变化，这些环境与人的内在发展因素相互作用，进而形成一个人的可观察到的成长。"[①] 这表明，一个人由不成熟到成熟的生长过程，不是一个人的内在机体自然发育的过程，而是一个人的内在因素与外部环境相互作用的过程。"儿童来到世界，像一粒具足一切的种子。这粒种子是自然进化的杰作。尽管他具足一切，如果没有成人的教育，他便不能成长。"[②] 可见，儿童的成长需要外界的帮助，依赖外部社会系统的支持，幼儿归属感的获得和发展也具有很强的依赖性。幼儿需要首先感受到成人的关心、爱护，才能够发展对成人的依恋和信任，进而发展对他人和集体的关心、热爱；有赖于成人精心创设的安全而温暖的环境，幼儿才能积极活动、大胆表现。并且，幼儿对事物的最初看法和感受受父母和他人（如老师）的影响非常大，如果成人用积极的态度看待身处的群体，为自己是其中的一员感到满意，幼儿就会形成同样的态度并由此产生对幼儿园、对家庭乃至对社会的归属感。因此，幼儿归属感的发展具有依赖性。

四、结论

结论1：幼儿归属感发展存在年龄差异，归属感的发展水平随着年龄增长而提高，4岁是归属感发展的关键年龄。

结论2：幼儿归属感发展存在性别差异，女孩的归属感发展水平在总体和各维度上均高于男孩。

---

① 简明国际教育百科全书·人的发展 [M].北京：教育科学出版社，1989：36.
② 刘晓东.儿童教育新论 [M].南京：江苏教育出版社，1999：前言.

结论3：幼儿归属感的发展具有整体性、高速性、不均衡性和依赖性的特点。

五、本章小结

本章在幼儿归属感结构研究的基础上，以自编"幼儿归属感发展教师评定量表"为工具，通过量化研究对幼儿归属感的发展特点进行了较为深入的探索，主要得到以下结论。

结论1：幼儿归属感发展存在年龄差异，归属感的发展水平随着年龄增长而提高，4岁是归属感发展的关键年龄。

结论2：幼儿归属感发展存在性别差异，女孩的归属感发展水平在总体和各维度上均高于男孩。

结论3：幼儿归属感的发展具有整体性、高速性、不均衡性和依赖性的特点。

根据以上结论，促进幼儿归属感的发展需要注意以下三点。

（1）促进幼儿归属感的发展要抓住4岁这一关键年龄。

（2）促进幼儿归属感的发展要尊重幼儿的性别差异，对发展水平稍弱的男孩给予更多关注。

（3）依恋发展水平最高，是幼儿归属感三维度发展的基础和动机，要重视以依恋的发展提升归属感的整体发展水平，促进投入这一核心要素的发展，带动水平较低的认同维度的发展。

第四章 幼儿归属感发展影响因素的研究

　　幼儿归属感发展特点的研究表明，幼儿归属感的发展存在差异，这种差异受多方面因素的影响。系统探讨幼儿归属感发展的影响因素对于促进幼儿归属感的发展具有积极意义。

　　已有研究从个体因素、家庭因素、学校因素三个方面对大学生、中学生、小学生学校归属感的影响因素进行了讨论，但关于幼儿归属感影响因素的探讨还比较少见。本研究通过对幼儿园教师、幼儿家长和幼儿的半结构式访谈，探索幼儿归属感的影响因素，为促进幼儿归属感的发展提供依据。

一、研究设计

（一）研究目的

　　通过对幼儿园教师、幼儿家长、幼儿的访谈，了解幼儿归属感的影响因素，为促进幼儿归属感的发展奠定基础。

（二）研究方法

　　"'访谈'是一种研究性交谈，是研究者通过口头谈话的方式从被研究者那里收集（或者说'建构'）第一手资料的一种研究方法。"① 本研究主要采用访谈法，包括对幼儿教师、幼儿家长和幼儿的访谈。

　　本研究前期的调查以及对幼儿教师和家长的访谈，都是基于成人的视角。成人视角的研究从一个侧面反映幼儿归属感的特点，其不足之处在于话语体系主要由作为成人的研究者建构，成人是合法性知识的建构者和拥有者，来自儿童的声音缺少合法性地位；作为生活和活动的主体，儿童的声音、感受、意见和观点没有被赋予应有的价值认可和表达空间。基于儿童视角的研究力图突破

---

① 陈向明.质的研究方法与社会科学研究 [M].北京：教育科学出版社，2012：165.

成人视角研究所遵从的实证主义范式，在诠释现象学的研究范式下，彰显儿童的生活体验和意义感受。"现象学教育学"的开创者之一马克斯·范梅南倡导把儿童的生活世界和体验作为探寻的起点和基础，关照儿童的精神世界，关注儿童敏感、脆弱、独特的心灵感受。儿童的生活和感受，是儿童认识和理解世界的出发点，也是儿童视角的土壤。基于这一视角的幼儿归属感研究，以儿童经验为基础，对儿童的生活和感受进行细致考察。

基于儿童视角的研究还有更深层的内在本体价值，即研究从最本质处体现"以儿童为本"的教育理念。在教育实践中，"以儿童为本"的教育理念常被理解为"为了儿童的教育"，这一理解往往导致在"为儿童好"的借口下以成人的视角规划儿童生活。真正"以儿童为本"的教育理念应该是"基于儿童的教育"，即基于儿童的视角来设计教育活动，充分考虑儿童的想法、感受和认知特点开展教育活动。这也充分体现了1989年联合国大会《儿童权利公约》的基本理念——"缔约国应确保有主见和有能力的儿童有权对影响到其本人的一切事项自由发表自己的意见，对儿童的意见应按照其年龄和成熟程度给予适当的看待"（公约第12条）。儿童视角的研究倾听儿童的声音，为儿童的表达提供合法的、价值认可的话语空间。事实上，只要给予机会，并帮助儿童获得参与的能力，儿童就能发出自己强有力的声音。这种声音不仅改变着他们自己，也将改变世界。基于儿童视角的幼儿归属感特点研究从教育研究层面体现这一理念，把儿童视为主体，在研究中引导他们和研究者一起去发现、反思、表达他们在幼儿园里的归属体验。

因此，本研究以"我的幼儿园"为题开展绘画活动，以幼儿作品为辅对幼儿进行半结构式访谈，从幼儿角度理解他们在幼儿园的经历和想法，探索幼儿归属感的影响因素。

选择以自由绘画为辅对幼儿进行半结构式访谈具有重要的现实原因。幼儿思维能力和语言发展水平有限，若采用一般性研究访谈，他们可能无法运用贴切和系统的口头语言表达自己的想法或感受。同时，成人和幼儿之间不平等的权利结构在无形中给幼儿在访谈中的自由表达带来心理压力，成人的形象、眼神、用词等可能会给儿童带来一定的压迫感，进而影响幼儿的反应。借助绘画作品在一定程度上可以为幼儿的表达提供更为适合、更为顺畅的渠道。因此，本部分采用个别的半结构式访谈，在幼儿完成自由绘画后，根据绘画作品和半结构式访谈提纲对幼儿进行个别访谈，以了解幼儿在幼儿园的感受和体验，进而了解幼儿归属感的影响因素。

本研究选择中班和大班两个年龄段的幼儿作为访谈对象，原因在于：第一，幼儿在幼儿园里生活了1～2年，少数幼儿生活了3年，对幼儿园有更多的体验和感受，经验相对丰富。第二，由于本研究中采用绘画法和访谈法，中班、大班幼儿具备一定的语言和绘画表达能力，一定程度上能够表达自己的感受和想法。

访谈将转录的文本导入 QSR Nvivo10（简称 N10）质性分析软件，根据逐渐抽象的程度对文本进行三个层次的编码，获取幼儿归属感的影响因素。

（三）研究程序

1. 对幼儿园教师和幼儿家长的访谈

对幼儿园教师和幼儿家长的访谈分为三个阶段：第一阶段为访谈前准备阶段，该阶段的核心工作为设计访谈问题、选取访谈样本；第二阶段为开展访谈阶段；第三阶段为访谈后阶段，该阶段的主要任务是分析访谈资料、得出结论。访谈对象的情况见表 4-1 和表 4-2。

表4-1　被访幼儿家长情况表

编　号	性　别	与幼儿关系	幼儿年龄	学　历	职　业
P1	男	父　子	4 岁	本　科	工程技术员
P2	男	父　女	5 岁	研究生	医　生
P3	女	母　子	4 岁	本　科	办公室文员
P4	女	母　女	5 岁	本　科	教　师
P5	女	母　女	3 岁	专　科	私企员工

表4-2　被访幼儿园教师情况表

编　号	教龄（年）	学　历	职　位
T1	25	专　科	副园长
T2	14	本　科	副园长
T3	15	本　科	教　师
T4	14	本　科	教　师
T5	9	本　科	教　师
T6	8	本　科	教　师
T7	6	本　科	教　师

2. 对幼儿的访谈

本研究根据访谈提纲先在其他幼儿园进行预试，修改、完善后正式实施，访谈地点选在该班卧室，因为：（1）卧室方便幼儿进出；（2）卧室相对安静，较少受外界干扰；（3）卧室为幼儿熟悉且环境温暖舒适，可减少幼儿的紧张感、排斥感。根据研究的条件和需要，本研究在 Y 市某幼儿园随机挑选了一个中班和一个大班展开活动。具体研究过程如下。

第一，进入现场。选择好班级之后，分别与老师协商，得到老师的积极配合。研究者以"老师"的身份进入现场，向幼儿介绍自己，表达很想了解他们的幼儿园是什么样子，请小朋友画一画自己的幼儿园，画完后交给研究者，再和研究者聊聊天，介绍一下自己的画和幼儿园。

第二，开展绘画活动。为避免幼儿间的模仿，老师尽量把平时容易模仿和相互干扰的幼儿分开就座；充分利用本班的桌椅资源，把桌椅拉开一定距离。幼儿在绘画过程中若询问是否可以画什么、是否可以用这个颜色等问题，则鼓励幼儿一切由他们做主，想怎么画就怎么画。在整个绘画过程中，成人不进行绘画指导，由幼儿独自完成。绘画过程持续 15 ～ 25 分钟，先完成先上交。

第三，访谈。从收集到的绘画作品中随机抽取作品，找到作品主人进行个别访谈。访谈期间，一般情况下卧室只有研究者与幼儿。在正式进入主题前通过随机闲聊拉近与幼儿的距离，消除其不自在感。例如，研究者先说自己喜欢的事物，然后询问幼儿喜欢的事物；接着研究者赞赏幼儿的绘画作品，请求幼儿为研究者介绍和讲解，这一过程即访谈过程。访谈以访谈提纲为本，根据幼儿特点适当调整内容。

第四，结束访谈。再次赞美幼儿作品，表达感谢之情，赠送一个小贴画。根据幼儿情况，访谈时间为 5 ～ 10 分钟。

访谈对象的情况见表 4–3。

表4-3 被访幼儿情况表 　　　　　　　（单位：人）

项　　目	男	女	合　　计
中　班	10	6	16
大　班	7	10	17
合　计	17	16	33

在自由绘画辅助访谈中要特别注意：（1）不同人对于同一幅画有不同的理解和解释，研究者注重听幼儿"说画"，引发其谈论自己的绘画，避免误读幼儿绘画。（2）关注绘画所传达的信息而不从艺术性上进行评价。（3）面对幼儿的言语时，不拘泥于言语本身的意思，着重探寻幼儿的生活体验和感受。

3. 对幼儿绘画作品的分析

对幼儿绘画的研究一直是美学和心理学的重要内容。美学界对幼儿绘画的评判更多在于主题的表达和绘画技法，关注的是作品本身。心理学界的研究则把绘画作为智力测试或作为沟通、研究儿童情绪状态、智力发展的手段，关注点在儿童。本研究不以绘画技法的高低作为评判儿童绘画的标准，不以成人的眼光评价儿童画得像不像、美不美，也不对儿童的绘画表现及其心理发展状况进行专门讨论。本研究根据幼儿绘画反映的人、事、物，反思幼儿在幼儿园的体验；需要的时候，也对色彩、构图进行一定分析，以了解幼儿对幼儿园的归属体验。在选择作品进行分析的时候，本研究尊重幼儿的差异性和多样性，认为幼儿普遍关心的内容固然重要，但并非个别幼儿体验没有意义。因此，遵照典型抽样的原则，对最具典型意义而非最具代表性的作品进行分析。在这一思路的指导下，本研究也不对幼儿作品中出现的事物进行分类统计，而采取较为模糊的说法，如"很多""个别"，以彰显对每个孩子的体验和意见的尊重。

二、幼儿归属感发展影响因素的编码结果

（一）编码结果的统计

本研究对幼儿家长的 5 个文本、幼儿园教师的 7 个文本、幼儿的 33 个文本进行自由编码，获得 324 个自由节点，14 个树状节点，在此基础上进行核心编码，对所有已编码的概念类属进行系统分析和归纳概括，得出 5 个核心节点。核心节点及其数量、树状节点及其数量见表 4-4，各核心节点占总自由节点数的百分比如图 4-1 所示。

表4-4 树状核心编码结果

核心节点（总数/个）	占自由节点数的百分比（%）	树状节点（自由节点数/个）
教师（140）	43	关爱（59），教育方式（57），性格（19），归属感（5）
幼儿园教育活动（69）	21	游戏活动（43），学习活动（26）

续　表

核心节点（总数 / 个）	占自由节点数的百分比(％)	树状节点（自由节点数 / 个）
家长（54）	17	教育方式（32），责任意识（22）
同伴（49）	15	同伴交往（49）
幼儿（12）	4	认知（7），性格（5）

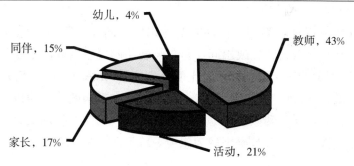

图 4-1　各核心节点占总自由节点数的比例饼状图

（二）对编码结果的质询

本研究进一步对幼儿、幼儿教师、幼儿家长的编码结果进行质询，考察三者编码结果、核心节点编码排列顺序及与总编码之间的一致性，了解三者在幼儿归属感影响因素上的异同。表 4-5 是对幼儿、幼儿园教师、幼儿家长进行条件编码的结果，图 4-2 是三者的矩阵编码结果。

表4-5　对幼儿、教师、家长进行条件编码的结果

核心编码	自由编码数 / 个（占各自总编码数的百分比）		
	幼　儿	教　师	家　长
教　师	18（22.5%）	76（49.0%）	46（51.7%）
幼儿园教育活动	33（41.2%）	19（12.3%）	17（19.1%）
家　长	7（8.8%）	38（24.5%）	9（10.1%）
同　伴	22（27.5%）	15（9.7%）	12（13.5%）
幼　儿	0（0%）	7（4.5%）	5（5.6%）
合　计	80（100%）	155（100%）	89（100%）

从表 4-5 条件编码的结果来看，幼儿、幼儿园教师、幼儿家长对幼儿归属感影响因素的观点既有一致性又存在区别。三者观点的共同性主要体现在两个方面：第一，教师和幼儿园教育活动两个因素所占比例，幼儿和教师编码合计超过 60%，家长编码合计超过 70%，提示这两个因素是幼儿归属感发展的重要影响因素；第二，幼儿个体因素在教师和家长的编码中均排在最末，反映出家长和教师均较为忽视幼儿的主体性。

关于幼儿归属感的影响因素，幼儿、幼儿园教师、幼儿家长的观点也存在差异，主要体现在：第一，在幼儿的编码中，同伴因素所占比例为 27.5%，仅次于幼儿园教育活动，反映出同伴是影响幼儿归属感发展的重要因素，而在教师和家长的编码中，同伴因素的比例分别为 9.7% 和 13.5%，反映出同伴在二者心中的重要性远低于幼儿；第二，家长因素在教师的编码中以 24.5% 仅次于教师因素，而在幼儿和家长的编码中，则均位列第四，提示家长因素受到教师的关注和重视，而家长自身则较为忽视。

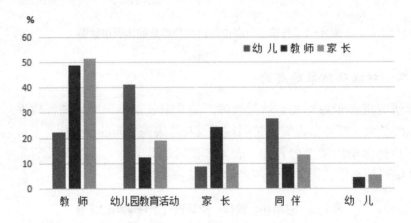

图 4-2　幼儿、幼儿园教师、幼儿家长对幼儿归属感影响因素的矩阵编码结果柱状图

（以自由编码节点所占百分比计算）

从图 4-2 可以很直观地看到幼儿、幼儿园教师、幼儿家长观点的差异。在幼儿的编码中，幼儿园教育活动是最重要影响因素，远高于教师和家长的编码，进一步分析，实则反映了游戏活动对幼儿归属感的影响（见表 4-4）；此外，同伴的编码比例也远远高于教师和家长。教师编码和家长编码的一致性体现为对教师因素的重视，差异性体现在对家长因素的关注上。在幼儿园教师的编码中，家长因素所占比重仅次于教师，是影响幼儿归属感发展的重要因素；而在家长编码中，家长因素所占比重仅高于幼儿个体因素，这在一定程度上反

映出家长对自身作用的忽视。

三、幼儿归属感发展影响因素的分析与讨论

（一）教师

杜姣（2012）、徐坤英（2008）的研究均表明，教师言行直接影响中学生的学校生活，进而影响学校归属感。作为幼儿的重要他人，教师在幼儿归属感的获得和发展中起重要作用。首先，作为专业工作者，教师遵循教育规律，按照特定目标与计划有步骤、有秩序开展教育活动，对幼儿的影响具有目的性、计划性和系统性。其次，作为幼儿的重要他人，教师是幼儿模仿、认同的对象，教师的指导与要求能够促使幼儿观念和行为的形成与改变。再次，幼儿每天在园时间 8 小时左右，教师的影响渗透于一日生活各个环节，对幼儿归属感的获得与发展也产生潜移默化的影响。

本研究的调查也发现，教师是影响幼儿归属感的重要因素。例如，在幼儿喜欢幼儿园的原因中，有孩子明确说因为"我喜欢××老师！""××老师好漂亮！是第一漂亮的人！""上幼儿园可以得到贴花（来自老师）""最主要是老师，要喜欢上一个老师、接受一个老师，实际上他对幼儿园就适应了"。幼儿绘画作品中多次出现了老师，画里的老师在"和我们一起做游戏""老师给我们上课"。在幼儿喜欢幼儿园的原因中，有孩子明确说因为"我喜欢××老师！""我的老师好漂亮！是第一漂亮的人！""上幼儿园可以得到贴花（来自老师）"。这些均反映出教师对幼儿归属感的影响，进一步追问和分析，教师对幼儿归属感的影响主要体现在以下四个方面。

1. 教师对幼儿的关爱

家长和老师都认为老师的爱对于幼儿归属感的获得和发展至关重要。例如，有老师谈道，要让孩子有归属感，"首先重要的方面就是老师，第一方面是老师给孩子的关爱，包括动作、语言等各方面的"。（T4，0620）[1]

家长也谈道，要使幼儿有归属感，"首先是老师要爱孩子呀！孩子其实很聪明的，他知道哪个老师喜欢他，哪个老师不喜欢他。我女儿很喜欢他们班的××老师，××老师早上带班的那天，经常催着早点去幼儿园。还会跟我们说，'××老师喜欢我，我也喜欢她，所以我要早点去和她问好'"。（P5，0924）

---

[1] T：访谈教师代码；0620：访谈编码，下同.

在本质上，教师对幼儿的爱应体现为对幼儿生命的尊重、理解，将幼儿视为具有主观精神和独立人格的主体。尊重意味着看到对方的独特个性并关注对方按照自身的本性成长和表现。"我希望被爱的人以他自己的方式和为了自己去成长、去表现，而不是服务于我的目的。"① 教师基于尊重的关爱对幼儿归属感的影响机制表现为：一方面，教师的关爱能够唤起幼儿的积极情感，促进依恋的发展并增强幼儿对教师和幼儿园的认同；另一方面，教师的关爱使幼儿获得安全和舒适的体验，敢于在集体中表现自己，进而提升自信心、自尊心及活动投入水平。

然而，调查发现，老师和家长对关爱的理解还处于动作、语言、情绪较为粗浅的层面。例如：

"就像丽莲·凯兹说的那样'我喜欢这里，我感觉老师喜欢我'，让孩子感受到这里的老师喜欢我。"（T1，0620）"我觉得从小班开始，就要对幼儿拥抱、微笑，让他们从拥抱中得到归属感。"（T5，0926）

上述访谈一方面反映出老师们已经认识关爱对幼儿归属感的影响，同时也反映出老师对关爱还缺乏深层次的理解。家长访谈中也有类似情况，他们往往认为，对幼儿生活的照料、情绪的抚慰、知识的传授即是爱。实际上，真正关心、爱护幼儿的老师，会尊重孩子的需要、兴趣、细心观察、仔细倾听，采取适当的方法、创设适宜的生活和学习环境。而在老师爱的感召下，幼儿会产生愉快的情感体验，孩子会因为"××老师喜欢我，我也喜欢她，所以我要早点去和她问好"获得心理上的愉悦、满足感，并以相应的积极行为相回应。在这种积极状态下，幼儿在交往、活动、学习等方面的积极性都大为提高，将有助于归属感的发展。当遭遇老师的冷漠和厌弃时，幼儿则会情绪紧张，产生孤独感、遗弃感、自卑感，归属感无从谈起。

2. 教师的教育方式

家长在访谈中提到教师的教育方式，不同的教育方式会对幼儿归属感产生不同的影响。

"妈妈，我现在最喜欢的就是李老师，因为我的汤洒了，李老师会说'没关系'，要是××老师和××老师的话，就会说，'你怎么又洒了'？所以我就不喜欢。"（P4，0924）

在上例访谈中，当孩子犯了同样的"错误"时，老师们有不同的反应。透过家长模仿孩子轻描淡写的"没关系"和"你怎么又洒了？"能够看到两种教

---

① ［美］弗洛姆. 爱的艺术［M］. 赵正国，译. 北京：国际文化出版公司，2006：34.

育方式完全不同的老师：一种是宽容，一种是严厉。而孩子也以最简单的"最喜欢"和"不喜欢"表达了他们对此的态度，两种方式对幼儿归属感的影响不言而喻。

调查发现，家长比较肯定老师以表扬和奖励为主的教育方式。例如，有家长谈道：

"表现好的话老师会有奖励的，孩子都喜欢。比如刚上幼儿园那会，孩子要是表现得好，下午吃完饭的时候老师就会奖励一颗糖，有时候是一张小贴画，或者小红花之类的，孩子就会很高兴地跟我们讲：'今天老师奖励我了！'孩子心里特别高兴，慢慢就愿意去幼儿园了，有时候不让他去他还不高兴呢！"（P5，0924）

以表扬、奖励为主的教育方式让幼儿获得成功的体验、感受到被老师关注和喜爱，从而对幼儿归属感产生积极影响。然而，传统幼儿园教育实践倾向于将幼儿视作知识的"容器"，思维的"白板"，强调孩子要"听老师的话"，按照老师的要求行动。这样的孩子才是"好孩子"，这样的孩子才能够得到老师的表扬和奖励。在这样的儿童观和评价观下，为了当"好孩子"，为了获得奖励或避免批评、惩罚，孩子学会的是揣测老师的喜好，说老师喜欢的话，做老师喜欢的事。不可否认，成人的评价标准具有一定的社会价值，体现了社会对幼儿的期望。但是，当幼儿习惯性地按成人的标准塑造自己，其自主性、独立性、多样性便湮没于标准之中。另一个同样令人担忧的问题是，当幼儿的努力和行为仅是为了获得老师的奖励和喜爱，幼儿的成长便已完全被外在动机控制。而外在动机不见得能够持久，若外力失去，例如，老师不再采用奖励的方式，又或者由于老师个人偏见不喜欢孩子，孩子该何去何从？"当儿童学习不是因为学习本身的乐趣，而是为了考试、升学、竞争、奖惩等而学习时，不仅无益于能力发展，也不利于品德进步，更不利于儿童积极健康地生活与成长心态的养成。"[①] 失去内在推动力的成长，不具有可持续性。因此，教师在使用以表扬和奖励为主的教育方式时也应当谨慎，不以个人好恶为标准，实事求是地表扬、奖励幼儿的努力、爱心等。

在教师的教育方式方面，还有家长提道："孩子刚上幼儿园，有抵触，表现为调皮、打架，三个老师都看不住他，一个星期把小朋友都打遍了。此时老师就说'不行了，一个星期就把小朋友都打遍了'，这样可不行，给你调一个班或转学吧。……老师就找不到方法了，一味地责怪孩子和家长。没办法，后

---

① 刘铁芳.守望教育 [M].上海：华东师范大学出版社，2004：6.

来换到××幼儿园，去了我们就跟老师说，孩子攻击性比较强。老师说：'没事，孩子都这样，我们有办法，你们放心！'……为什么在新幼儿园孩子打人、咬人的情况会减少？最后我们发现，实际上和老师的教学水平有很大关系。有的老师水平非常有限，扮演保姆角色，只看孩子。有专业素养的老师就不一样。把双方家长和幼儿找去沟通，相互理解。老师跟我们说：'你们不要过多地责怪孩子，讲他也不一定能都理解，有个适应的过程，不要急。'一般不会当着孩子的面来讲，只是家长和老师讲。告诉孩子咬了会痛，父母也会伤心。你被别人咬了，你会痛，你的父母也会伤心。……在老师的诱导下，特别是在平时，老师会更多地关注他，出现行为后老师会很理性地跟孩子讲，也很及时地跟我们家长讲孩子在幼儿园一天的表现。刚入园，家长和老师的沟通、交流很重要。每天接孩子的时候老师都会与家长沟通。"（P1，0706）

P1的这一段谈话描述了孩子所经历的两所幼儿园，用P1的话说，"有专业素养的老师就不一样"。从家长的描述可以看出，A园的教育水平的确较弱，当孩子抵触时，除了"看"住孩子，别无他法，最后甚至提出给孩子"调一个班"，这实际上是一种不负责任的表现。访谈中曾经追问B园老师到底采用了什么教育方式，让孩子很快就减少并改变了打人的行为，愿意上幼儿园。遗憾的是，家长也不甚清楚，只能够提供"反正孩子就是喜欢去幼儿园了"。但是，从老师那句"没事，孩子都这样，我们有办法，你们放心！"可以看出老师对自身教育能力的自信，而从孩子较快转变行为和态度、愿意去幼儿园可以推测，老师的这种自信是基于对幼儿的了解、理解。

3. 教师的人格特征

调查发现，家长比较看重教师的人格特征，将其视为幼儿归属感的重要影响因素，认为性格温和的老师更有助于幼儿归属感的获得。

"那个老师性格很温和，对孩子们也好，对孩子特别有耐心，会让孩子很好地玩，不束缚孩子，不像别的老师'都坐好了，不许动'。老师很烦躁的话，孩子也很烦躁。那个老师永远不会那样。那么多孩子，她永远不会那样。所有的孩子都说'我喜欢××老师'。"（P4，0924）

"A老师带孩子们等车的时候，会让孩子们在门口玩，下雨的时候，会让孩子们到门卫室里等。B老师就会让孩子们站成一排，不许动，下雨的时候，当然是小雨，仍然会让孩子们在雨里等。孩子回来会说'下雨B老师都让我们在外面站着等。'所以孩子喜欢A老师而不喜欢B老师。"（P2，1008）

以上访谈资料显示，性格温和、善于控制自己的情绪、理解孩子的老师表现出更多的亲和力，有助于幼儿归属感的获得。

陈帼眉、姜勇认为，作为专业的幼儿教育工作者，幼儿园教师需要具备专业人格特征。幼儿教师的专业人格特征是指适合这一职业的个性特征，它将有助于幼儿教育教学活动的开展。他们认为幼儿园老师的专业人格特征包括激励性人格、爱心与同理心、情绪稳定等。人格特征对幼儿归属感的影响主要表现在下几点以。

第一，以激励性人格感染幼儿。教师的激励性人格能够唤起幼儿的积极体验和投入活动的兴趣，进而促进归属感的发展。以热情这一激励性人格为例，具有这一人格特征的教师往往对幼儿以及教育教学活动充满热情，积极投入到活动的设计和组织中，这将深深地感染幼儿，使幼儿喜欢老师和幼儿园，愿意参加幼儿园的各项活动，归属感自然而然获得发展。

第二，以爱心与同理心支持幼儿。教师的爱心和同理心能够在情感上给予幼儿支持，使幼儿获得安全感，进而大胆表现、积极参与活动。在爱心上，教师必须保持无偏见、无歧视原则。教师还应当经常换位观察和思考，设身处地想幼儿之所想，感幼儿之所感，拥有与孩子的同理心。例如，访谈中 P2 所提到的 A 老师，"等车的时候，会让孩子们在门口玩，下雨的时候，会让孩子们到门卫室里等"，就是能够想幼儿所想，感幼儿所感，因而受到幼儿的喜欢，这对幼儿归属感会产生积极影响。

第三，保持情绪稳定，理性对待幼儿。情绪稳定的人格特点有益于教师理性处理问题，进而帮助幼儿维持积极、稳定的情绪状态。幼儿的社会性发展水平不高、知识经验缺乏、自我控制力低、情绪易冲动，因此可能会表现出一些在成人看来无理和冲动的行为。在面对幼儿这些看似无理或冲动的行为时，教师要保持稳定的情绪，克制自己，沉着应对，以理性的教育方式解决问题。如果"老师很烦躁的话，孩子也很烦躁"，带给孩子消极的情绪体验，这将不利于幼儿归属感的发展。

访谈中，家长们谈道：

"C 老师脾气很好，对孩子们说话总是轻言细语的。那个 D 老师呢，有时候我们去得早，就看见 D 老师在那坐着，"我看看你们谁动了，动了就不能做游戏了！"孩子们就坐在那，一动不动。所以你现在问孩子喜不喜欢 D 老师，孩子不说喜欢，也不说不喜欢，都不吭声。"（P1，0706）

"孩子会说'哎呀，我不喜欢 ×× 老师'，这是因为那个老师好凶。"（P3，1013）

可见，幼儿园实践中既有具备专业人格特征的老师，如上述访谈案例中 C 老师，也有人格特征有待进一步完善的老师，如 D 老师。而孩子们对不同性格特征老师的喜爱不同，这将在一定程度上影响其归属感。因此，幼儿园教师需要有意识地完善自身的人格。

4. 教师的归属感

在幼儿归属感的影响因素上，老师还谈到了自身的归属感，认为教师自身的归属感是影响幼儿归属感的重要因素。

"学校要给老师建立归属感老师才能去给孩子建立归属感。"（T4，0620）

"老师的归属感是来自学校的，然后学生的归属感就是来自老师的。"（T3，0620）

弗洛姆说："我们现在假定人就是人，而人对世界的关系是一种人的关系，那么你就只能用爱来交换爱，只能用信任来交换信任，等等。如果你想得到艺术的享受那你就必须是一个有艺术修养的人。如果你想感化别人，那你就必须是一个实际上能鼓舞和推动别人前进的人。"[①] 如果想要培育幼儿归属感，那教师就必须是一个拥有归属感的人。

教师归属感对幼儿归属感的影响表现在：拥有归属感的教师，情绪愉悦，对幼儿园和幼儿拥有美好情感，精神饱满地投入幼儿园的各项活动中，为促进幼儿园和幼儿的发展发挥自己的聪明才智。这样的老师将会对幼儿归属感的发展产生积极影响。而处于压抑地位、缺少归属感的教师如何促进幼儿的归属感？他们很可能对自己的管理对象采取支配、约束、督查的管理模式，而难以真正尊重幼儿人格与发展需求，真正与幼儿平等对话，这无疑会对幼儿归属感产生消极影响。

而从当前的现实来看，尽管幼儿园管理具有一定的民主特征，但从根本上讲仍属理性的科层化管理，追求效率、强调服从、注重统一。园领导与教师间表现出较强的支配—服从色彩。为应付名目众多的检查、考核，教师往往按章办事，每天"执行命令＋完成任务"或"按章执行＋应付检查"，对幼儿采取"统一化管理、一致性要求"。在这种状况下，教师的主体性被抑制，很难产生归属感，而这在很大程度上会对幼儿的归属感产生消极影响。

（二）幼儿园教育活动

朱家雄教授认为，"幼儿园教育活动指的是幼儿园教育中各种类型的、具有教育价值的活动，不论是有目的、有计划的活动，还是无计划却有教育意义

---

① ［美］弗洛姆 . 爱的艺术 [M]. 赵正国，译 . 北京：国际文化出版公司，2006：31.

的活动"[①]。他还认为，游戏和教学这两类活动分别强调了顺应儿童发展和将儿童发展纳入合乎社会要求的轨道两个侧面。本研究对幼儿、家长、教师的访谈显示，游戏活动和教学活动都是幼儿归属感的重要影响因素。

1. 游戏活动

当问及"喜欢幼儿园的什么"和"为什么喜欢幼儿园"时，大部分幼儿毫不犹豫地回答："好玩"。例如："可以玩游戏""幼儿园里有很多好玩的""幼儿园里可以去那里（该幼儿园体验馆）玩"；幼儿园可以"玩游戏""搭那种很大、很长的积木""玩玩具""推车车""体验馆""滑滑梯""跟小朋友玩游戏""看动画片""拍球"。幼儿绘画作品中对此也有明显反映。

图 4-3 是老师和小朋友一起在操场上踩高跷的场景；图 4-4 是小朋友们在操场上比赛跑步的情形。访谈和绘画作品中均反映出幼儿的"玩"大致指向三种情况：一是玩玩具；二是玩区角；三是小朋友间的打闹嬉戏，可归纳为游戏活动，是幼儿归属感的重要影响因素之一。

图 4-3　踩高跷　　　　　　图 4-4　跑步比赛

与幼儿回答较为一致的是，当问及"什么因素影响幼儿归属感"，家长大多数也毫不犹豫地回答"好玩"，例如：

"因为幼儿园里好玩啊！他很喜欢幼儿园的区角活动，那里有厨师帽、盘子等，每周都很期待，会念叨'星期五我就可以去那个区角玩了'。就算那天不舒服，也会要求去上幼儿园。回来以后还会跟我们讲和谁谁谁一起玩了，玩得很开心。"（P4，0924）

"他觉得幼儿园里好玩。……可以滑滑梯、有区角活动、还可以和小朋友玩。"（P5，0924）

仔细分析可以发现，实际上家长在访谈中的"好玩"所指向的也是游戏活动。

---

① 朱家雄. 幼儿园课程 [M]. 上海：华东师范大学出版社，2012：44.

　　作为幼儿的主导活动，游戏受到众多心理学派的关注。新精神分析主义认为，游戏实现着自我协调和调整生物性因素和社会性因素的作用。认知发展学派主张，游戏是联结与平衡主观个体与客观环境相互作用及关系的途径。而传统游戏论以及以弗洛伊德为代表的传统精神分析学派将游戏的发生视为人格中"本我"的"唯乐原则"的活动体现。伯莱因等人的内驱力理论则把游戏视为维持机体最佳觉醒水平的途径。"儿童在游戏中成长。他们学习如何使用肌肉；他们发展视觉与运动协调的能力；他们还发展控制自己身体的意识。儿童在游戏中学习，他们发现世界是什么样的，他们自己又是怎样的。他们习得新的技能，了解运用这些技能的恰当场合。他们'尝试'生活的各个不同方面。儿童在游戏中成熟。他们在游戏中重现现实生活，借以对付各种复杂、矛盾的感情。"① 福禄培尔说："一个游戏着的儿童，一个沉醉于游戏的儿童不就是这一时期儿童生活最美好的表现吗？"他认为儿童时期的"游戏并非是无关紧要的小事，它有高度的严肃性和深刻意义"，"是整个未来生活的胚芽，因为整个人的最纯洁的素质和最内在的思想就是在游戏中得到发展和表现的"。② 游戏伴随幼儿的成长而自在地发生、发展，成为幼儿活动不可分割的一部分。游戏赋予幼儿完整而和谐的童年生活，隐含着人类原发性的生命动力，也是归属感的重要影响因素。

　　"皮亚杰曾言，任何形式的心理活动最初总是在游戏中进行。……游戏构成了学前儿童心理发展的适宜生态，儿童在游戏中生活、学习与成长，游戏构成了学前儿童的主导活动和主要的文化生活方式。"③ "儿童在游戏中成长。他们学习如何使用肌肉；他们发展视觉与运动协调的能力；他们还发展控制自己身体的意识。儿童在游戏中学习，他们发现世界是什么样的，他们自己又是怎样的。他们习得新的技能，了解运用这些技能的恰当场合。他们'尝试'生活的各个不同方面。儿童在游戏中成熟。他们在游戏中重现现实生活，借以对付各种复杂、矛盾的感情。"④ 游戏伴随幼儿的成长而自在地发生、发展，成为幼儿活动不可分割的一部分。游戏对幼儿归属感的影响主要体现为以下几点。

---

① ［美］黛安・E.帕普利，等.儿童世界（上册）[M].华东师范大学外国教育研究所《儿童世界》翻译组，译.北京：人民教育出版社，1981：425，转引自钱雨.儿童文化研究[D].上海：华东师范大学，2008：133.

② ［德］福禄培尔.人的教育[M].孙祖复，译.北京：人民教育出版社，2001：39.

③ 王振宇.学前儿童发展心理学[M].北京：人民教育出版社，2005：325.

④ ［美］黛安・E.帕普利等.儿童世界（上册）[M].华东师范大学外国教育研究所《儿童世界》翻译组译.北京：人民教育出版社，1981：425，转引自钱雨.儿童文化研究[D].华东师范大学博士学位论文，2008(5)：133.

首先，游戏由内源性动机激发，这种动机最直接的表现即幼儿对游戏的兴趣中心指向，这种兴趣使幼儿从游戏中获得愉快的情绪体验，这一愉快的情绪体验将影响幼儿对幼儿园的积极情感，增进幼儿归属感。

其次，游戏中个体在自发的动机驱使下，为获得快乐而重复愉快的身体动作，这一特征有助于促进幼儿大小肌肉动作的协调发展，促进整个身体状态的调节与控制，提高活动能力。活动能力的提高将增强幼儿的自信心，提高幼儿参与幼儿园活动的积极性，而这是幼儿归属感的重要维度。

再次，游戏有助于幼儿掌握社会交往的技能和策略，理解并遵守规则；通过游戏，儿童逐渐学会与他人合作，学会关心他人，认识并认同成人的社会角色，这一方面将有助于提升幼儿被群体的接纳度，另一方面也将增强幼儿对他人和幼儿园的认同，促进归属感的发展。

2. 教学活动

除了"好玩"，幼儿对"喜欢幼儿园的什么"和"为什么喜欢幼儿园"这两个问题的回答还包括：幼儿园里可以"画画""做手工""看书""学本领"。这类活动用幼儿的话来表达，是"学本领"，往往通过教师的传授、儿童的学习实现，属于幼儿园教育活动中的教学活动。

图 4-5 描绘了"老师在给我们上课"的情景，反映出上课、学习在幼儿心中的重要地位。画中主体部分的左右及上方如同四翼的是区角。作品只是简单勾画了教室的轮廓，单一的色彩似乎让人感到无趣。进一步的谈话发现，小作者很喜欢班里的区角活动，尤其是建构区的活动，爱问老师"什么时候可以玩区角"，但是由于场地较窄，也为避免收拾，老师较少对孩子开放。可能正是由于幼儿的愿望没有得到实现，作品中夸大了区角的面积。谈话中小作者更多讲述的是活动区给自己带来的快乐，以及难以实现自己的愿望的无助与期待。这个孩子似乎有"两个我"：一个是渴望学本领，但是很无趣，这是老师的观念的复制；另一个是对区角活动的期待，对区角的夸大也许不仅仅是空间表达，更暗含着对于无法参加的无助。

图 4-5 老师在给我们上课

幼儿在绘画中的上课情形在一定程度上反映了学习活动中的影响。而对幼儿的访谈则出现了指向成长的表达和指向实用主义的表达。

指向成长的表达，如"幼儿园里可以学习""上幼儿园会让我变聪明""上幼儿园会变成懂礼貌的孩子，早上要问好，不要说脏话"。

指向实用主义的表达，如"上幼儿园可以学很多东西，老待在家里，就知道玩，就学不到知识，以后就挣不到钱了""我们要上幼儿园，然后明年我就上小学了，还要一直到上大学，这样就有很多本领了"。

以升学为目标，把学知识、考大学、挣钱作为上幼儿园的主要目的，在今天竞争激烈的社会有其合理性。然而，成人一直对幼儿灌输这种功利的想法，会使孩子永远无法体会上学的根本目的——为了获得幸福和发展。

图4-6的小作者在讲述中说，"这是老师打的100分""这是老师给我打的勾""这是老师奖励我的星星"，非常自豪和开心。图4-7的小作者对作品的解释为："这是老师教我们的长方形、三角形……，我用这些拼成了飞船。"老师的教育满足了孩子成长的需要，将老师教的图形组合成新的图形，显示了一定的创造性，更为重要的是，孩子体会到乐趣和成就感，这是孩子继续发展的最大支持。老师的鼓励、奖励，让幼儿得到成功的体验、感受到被老师关注和喜爱，是影响幼儿归属感的原因之一。

图4-6　我的幼儿园　　　　　　　图4-7　我的幼儿园

不论是"老师给我们上课""老师教育我××"，还是"老师的奖励"，幼儿绘画作品充分反映了作为幼儿成长中重要他人的教师对幼儿的影响。那么，老师的观念、行为对幼儿归属感的影响就至关重要。传统幼儿园教育实践倾向于将儿童视作知识的"容器"、思维的"白板"，强调孩子要"听老师的话"，按照老师的要求行动。这样的孩子才是"好孩子"，这样的孩子才能够得到老师的表扬和奖励。在这样的儿童观和评价观下，为了当"好孩子"，为了获得奖励或避免批评、惩罚，孩子学会的是揣测老师的喜好，说老师喜欢的话，做老师喜欢的事。不可否认，成人的评价标准具有一定的社会价值，体现了社会对幼儿的期望。但是，当幼儿习惯性地按成人的标准塑造自己，其自主性、独立性、多样性便湮没于标准之中。另一个同样令人担忧的问题是，当幼儿的努力仅仅是为了得到老师的奖励，当幼儿的行为仅仅是为了获得老师的喜爱，幼儿的成长便已完全为外在动机控制。而外在动机不见得能够持久，若外力失去，例如，老师不再采用奖励的方式，又或者由于老师的个人偏见不喜欢孩子，孩子该何去何从？"当儿童学习不是因为学习本身有乐趣，而是为了考试、升学、竞争、奖惩等而学习时，不仅无益于能力发展，也不利于品德进步，更不利于儿童积极健康地生活与成长的心态的养成。"[①] 失去内在推动力的成长，不具有可持续性。

教师在被问及"什么因素影响幼儿归属感"这一问题时，提及"活动"较多，例如：

"要让孩子觉得这里的活动很有趣。比如我有时候让他们在操场上自己玩，有时候会安排他们玩积木，有时候也带他们去体验馆。上课的时候也还是很注意选择他们喜欢的内容，这样他们就喜欢幼儿园了，就有归属感了。"（T2，0925）

"不能让孩子闲着，要让他们有事可做，那样就既不会乱，孩子还喜欢。"（T7，0929）

"要安排好活动，尽量丰富一点，如唱歌、画画、讲故事等，都要有。也可以让孩子自己玩。"（T6，0929）

朱家雄教授提出，幼儿园的教学活动有目的、有计划，主要是由教师对幼儿施加教育影响的活动。仔细分析，教师所指的"活动"虽然既包含由其组织的集中教学活动、游戏活动，也包含幼儿的自由游戏与活动，但明显是以教学活动为主。

教学活动具有目的性和计划性，是幼儿归属感的重要影响因素之一，其影响机制表现在：第一，系统的教学活动帮助幼儿获得关于自身、他人、社会等的知识，这不仅促进了幼儿认知发展，更让幼儿体验到成就感、自豪感，这种积极体验将增强幼儿对幼儿园的积极情感和认同，促进幼儿归属感的发展。第二，教学活动有意识帮助幼儿体验与同伴游戏、合作的乐趣，提升活动能力，不仅增进与同伴的感情，也提高幼儿参与活动的热情，从而促进归属感的发展。

---

① 刘铁芳.守望教育[M].上海：华东师范大学出版社，2004：6

教学活动是幼儿归属感获得与发展的重要因素，但调查中家长和教师在谈到教学活动的时候，往往重视两个方面：一是如何把活动安排得紧凑，让孩子们有事可做，不捣乱；二是如何让活动更有意义，让孩子可以从中学到更多的东西。关注教育活动的紧凑性和意义性原本无可厚非，因为幼儿在活动中感知、体验、反思、操作，这是获得归属感的重要途径。作为促进个体发展的活动，教育必然是有目的、有计划、有组织的，在内容和方法的选择上必然需要精心考量，使之成为有意义的活动。然而，游戏活动和教育活动毕竟有着本质区别。当游戏活动完全由老师安排，强调"在玩中学"或"为学习做准备"的时候，教师忽视了幼儿的愉快体验，忽视了幼儿的自尊和自豪，孩子已经难以享受到游戏的乐趣；当学习变成不得不完成的任务时，孩子再不能从中体验到满足和成就感。于是，孩子们说"喜欢家里，在家里想怎么玩就怎么玩"。过于强调学有所成，将目的性强加于孩子，是对儿童当下生命的漠视，对幼儿归属感的获得与发展必然会产生消极影响。

根据朱家雄教授的观点，若是从结构化程度上对幼儿园教育活动做出区分，幼儿园的各种教育活动都可以在"纯游戏"到"纯教学"这一连续体上找到相应位置（如图4-8）。

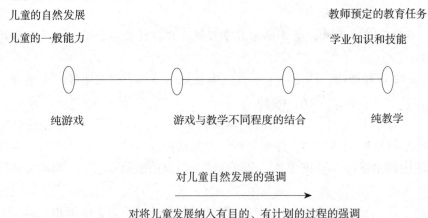

图 4-8 幼儿园教育活动性质向度 [1]

幼儿园的一日教育活动应包括游戏和教学两类活动，幼儿园需要考虑并确定两类教育活动在时间上的比例、在组合上的形式以及二者间的关系，以使教育活动更符合幼儿的需要，促进幼儿归属感的发展。

---

[1] 朱家雄.幼儿园课程[M].上海：华东师范大学出版社，2012：57.

（三）同伴

"儿童生活在两个世界中，一个是包括父母和其他成人的成人世界，另一个是同伴世界。"① 在幼儿园里，幼儿花大量时间与其他儿童一起玩，教师和家长均认为，同伴是影响幼儿归属感的重要因素。

"（孩子）回家经常讲幼儿园里的小朋友，还会选择朋友，如'××像哥哥一样，什么都让着我'。"（P5，0924）

"他会回来讲，今天结识了一个好朋友。不是说小朋友，会加上一个'好'字。有七八个好朋友。会分享，会把自己的好吃的分享给小朋友。"（P1，0706）

"有个小朋友前段时间跟他抢座位，后来老师把他俩调开了，去接他的时候就说'我今天又交了个新朋友'，还指给我看。"（P1，0706）

"放假在家有时候也会说'想去幼儿园和××一起玩'。"（P3，1013）

"孩子感到'这里的小朋友喜欢我''可以交朋友'，归属感就产生了。"（T7，1014）

"好像没过多久就适应了，喜欢和小朋友在幼儿园玩、做游戏。……家里一个小朋友，去幼儿园有很多小朋友，大家可以做游戏、唱歌、玩耍。……新的小朋友哭，回来会跟我们说，谁哭了、谁打架了。"（P4，0924）

唐××的案例：早操结束，需要将做操用的器械（塑料小椅子）搬回教室。孩子个个积极。老师点了几个力气比较大的男孩，唐××也如愿以偿被选上。他开心地去拿了一堆垒起来的椅子，有7把。走了几步发现有点困难。他叫住身边的××，说"帮我拿一点"。××伸手拿了3把。唐××抬头对我说："老师，××是我的好朋友，他会帮我拿的！"××没说话只是笑。（1017观察）

当幼儿提到喜欢幼儿园、在幼儿园感到快乐时，追问："为什么？"大部分幼儿提到同伴。同伴是使幼儿获得愉快体验、对幼儿园产生喜爱之情的重要原因，也是幼儿归属感的又一重要影响因素。

访谈中，幼儿的回答包括：

"幼儿园有很多小朋友，还有我的好朋友×××。"

"幼儿园有我最喜欢的朋友"。

"可以和小朋友一起画画、唱歌"。

"一开始不喜欢，后来我有了好朋友，可以一起玩，就喜欢了"。

在幼儿绘画中，呈现了很多小朋友一起玩耍、学习的场景，如图4-9、图

---

① 俞国良，辛自强. 社会性发展心理学 [M]. 合肥：安徽教育出版社，2004：377.

4-10、图 4-11 所示。

图 4-9　幼儿绘画作品一　　　　　图 4-10　幼儿绘画作品二

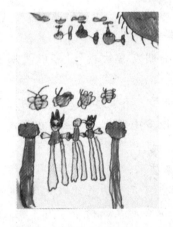

图 4-11　幼儿绘画作品三

　　同伴关系是年龄相同或相近的儿童间的一种共同活动并相互协作的关系，主要指同龄人间或心理发展水平相当的个体间在交往过程中建立和发展起来的一种人际关系。[①] 不同于亲子关系和师幼关系的垂直指导，同伴关系是平等互惠的。因此，同伴关系在儿童生活中，尤其是在儿童个性和社会化发展中具有成人无法取代的作用。同伴还是儿童得到情感支持的重要来源，且具有行为强化、榜样学习和社会比较的作用。发展心理学研究表明，同伴关系有利于儿童社会价值的获得、社会能力的培养以及认知和健康人格的发展，在儿童生活中，尤其是在儿童性格和社会化发展中起着成人无法取代的独特作用。同伴关系是儿童特殊的信息渠道和参照框架，儿童可以从同伴那里得到一些不便或不

---

① 张文新 . 儿童社会性发展 [M]. 北京：北京师范大学出版社，1999.

能从成人那里得到的知识或信息。[①]幼儿的绘画作品充分展示了其和同伴一起活动的快乐，而访谈提示，上幼儿园和喜欢上幼儿园，对部分幼儿而言是出于同伴交往需要。这也反映出家庭在满足幼儿同伴交往需要上的不足。幼儿园是幼儿同龄人集体生活的场所，为幼儿创造了交往的有利条件和环境，体现了幼儿园的社交功能。Newman（2007）的研究也认为同龄群体成员影响归属感。

同伴对幼儿归属感的影响主要体现在：第一，在与同伴游戏中体验到的积极情绪是幼儿归属感发展的基础；第二，同伴游戏中学到的技能增强幼儿的表现愿望和表现能力，促进幼儿归属感投入维度的发展；第三，与同伴建立的同伴关系带给幼儿安全感、愉悦感，促进幼儿对幼儿园的接纳和认同。

以上三点中需要注重良好同伴关系的建立。同伴关系主要指同龄人间或心理发展水平相当的个体间，在交往过程中建立和发展起来的人际关系（张文新，1999），是一种共同活动并相互协作的关系，不同于亲子关系和师幼关系的垂直指导。由于幼儿间在生理和心理方面的一致水平，同伴交往以平等、互惠为主，体现为共同活动和相互协作。因此，儿童在与同伴的交往中，体验到更多的平等和自由，能够大胆表现，自主性和自信心得到发展。

同伴关系为幼儿发展社会能力、获得熟练的社交技巧提供重要背景，是幼儿获得安全感、归属感的重要源泉（俞国良、辛自强，2004），具有行为强化、榜样学习和社会比较的作用。同伴关系有利于儿童社会价值的获得、社会能力的培养以及认知和健康人格的发展，在儿童个性和社会化发展中起着成人无法取代的独特作用。为获得同伴的认可、好评和尊重，幼儿学习遵守团体规则；出现矛盾和分歧时，幼儿学习宽容和妥协，否则同伴关系受到威胁，会给幼儿带来消极的体验。随着交往关系的发展，幼儿逐步学会遵守规则，并可能因为同伴而改变原有的态度和行为。幼儿在交往过程中心理上相互影响，行为上彼此模仿，情感上产生安全感和责任感，经认同与内化促进归属感的发展。

同伴是幼儿归属感的影响因素之一，这与杜好强（2010）等人的研究结果一致。杜好强（2010）的研究认为，人际交往是否顺畅，是否和老师、同学保持和谐关系，会使学生获得不同的心理支持和自尊水平，进而影响对学校的归属感。包克冰等（2006），张新冀（2009），谢玉兰、阳泽（2012）等的研究发现，同伴关系对学校归属感有重要影响。Anderman（2003）、Janine（2003）等的研究提示，同伴之间的相互尊重能够促进幼儿园归属感的形成；同伴关系

---

① 林崇德.发展心理学[M].北京：人民教育出版社，1995.

融洽更利于幼儿融入团体中，能感受到团体间和谐的气氛，有利于幼儿园归属感发展。

（四）家长

作为以血缘关系为纽带的最基本的社会单位，家庭是个体生命降临人世后的第一个生活空间，是个体最早接受教育和影响的"学校"，对个体成长产生深远影响。在提到为什么喜欢幼儿园时，孩子在前面加上了"我妈妈说"：

"我妈妈说，爸爸妈妈要上班，小朋友要上幼儿园。"

"我妈妈说了，上幼儿园会让我变聪明。"

"我妈妈说，幼儿园教我懂礼貌，就是不要打人，不要说脏话。"

上述幼儿语言的共同之处在于"我妈妈说"，反映出家长对幼儿的影响。家长是幼儿的重要他人，幼儿几乎无条件地认同家长的观念，并将其作为自己行动的指南。在幼儿归属感的获得与发展中，家长也是不可忽视的重要因素。他们通过影响幼儿对幼儿园的认识、情感、态度、行为、评价，进而影响幼儿归属感。对家长和教师的访谈发现，家长对幼儿归属感的影响主要体现在家长的家庭教养方式和责任意识两个方面。

1. 家长的家庭教养方式

对父母而言，教养方式是其教养观念、教养实践以及对幼儿情感态度的组合。在影响幼儿归属感发展的有关家庭因素中，父母教养方式一直比较受研究者重视。在调查中，幼儿园教师也认为家长的教养方式是影响幼儿归属感的重要因素。例如，老师说道：

"××应该是没什么归属感的。……他妈妈从来不理孩子，孩子对她有什么请求，她都是大声呵斥，可能这让孩子紧张、有压力，不愿意与人亲近。"（T7，1014）

"家长经常吓孩子：你不听话让老师来收拾你，孩子怎么会觉得老师可爱呢？"（T7，1014）

"我们班的××，爸爸妈妈很忙，说是没时间管，爷爷奶奶带。早上奶奶送，也不管孩子哭，拉着孩子强制送。到班级门口仍然哭，奶奶说：'哭什么？你看小朋友都没哭。老师又不打你，小朋友又不欺负你，你哭什么？'其实反而给了孩子一个暗示：老师有可能打你，小朋友有可能欺负你。所以孩子在幼儿园就一直哭，哪里谈得上归属感！"（T6，0922）

家长在访谈中也提到自身教养实践对幼儿归属感的影响，如"他上幼儿园前，我们就跟他说要表现得好才让他去，表现不好，就让××（孩子的小表姐）去，所以他一直都很盼望去幼儿园，觉得那是一件很好的事。去了幼儿园后，其实老师还是很关心爱护孩子的，所以很快就适应了，很喜欢上幼儿园，生病了都要去"（P2，1008）。家长 P2 的谈话反映出孩子上幼儿园前家长的引导的确能够影响孩子对幼儿园的归属感。然而，"表现得好才让他去，表现不好，就让××（孩子的小表姐）去"这话本身反映的就是家长利用自身的权利对幼儿的威胁。

而当幼儿对老师有不满时，家长的正确引导不仅能帮助孩子认识到自身不足，形成良好行为，还可以帮助幼儿消除对老师的不良情绪，有助于归属感的获得与发展。例如，"他（幼儿）说不喜欢老师，我们会说老师是对你好。比如××老师，他洒了汤之后，××老师不会说'没关系，下次要注意了'之类的话，这样他就会说，我不喜欢××老师。我们会告诉他：'××老师要是不说你，你就长不大，你就下次还会洒。'他就说'嗯'，很快就把不愉快忘掉了"。（P4，0924）。

"通常父母使用的教养和指导孩子的行为方式，他们表现的关爱，他们对孩子行为的期待，他们管教的方法等，都被称为教养方式。"[1] 通常父母的教养方式分为三种类型：权威型、专制型、溺爱型。采取权威型教养方式的父母既尊重幼儿的独立性，又坚持自己的合理要求，能够与孩子平等交换意见。采取权威型教养方式有助于幼儿形成自信、独立、自我控制、自我肯定、喜欢交往等优良品质，这一教养方式下的孩子往往适应良好，表现出较高的自尊、较强的自主性及较好的社会技能，归属感的发展水平也较高。采取专制型教养方式的父母往往期望幼儿完全顺从。父母既不与孩子协商，也不对孩子讲明理由。专制型教养方式易导致幼儿不安全、退缩、压抑、无主动性、不喜与人交往，可能表现出低自尊、较差的自立能力和社会技能。采取溺爱型教养方式的父母往往对孩子很少管教，幼儿可能在缺少父母约束的情况下任意行动。在鲍姆雷德的分析中，在溺爱型教养方式下，孩子对父母有较多的要求和依赖，在幼儿园里可能表现出适应困难，对同伴有攻击性。专制型教养方式和溺爱型教养方式都会对幼儿归属感产生消极影响。

2. 家长的责任意识

在谈到家庭因素时，老师比较强调家长对自身责任的意识。老师认为，促进幼儿归属感的发展需要老师和家长共同完成，但家长将孩子送入幼儿园

---

[1] ［美］特里萨·M.麦克德维特，珍妮·埃利斯·奥姆罗德.儿童发展与教育[M].李琪，闻莉，潘洁译.北京：教育科学出版社，2007：679-680.

后，往往认为教育孩子是老师的职责。对家长的访谈也发现，家长认为促进幼儿归属感的获得与发展，老师应该承担更多的责任。例如：

"对幼儿园的归属感，还是要靠老师多想想办法，老师是专业的嘛。我们当家长的，会尽力配合。"（P1，0706）

也有家长提到家长的影响，如"家长扮演了非常重要的角色，不能够溺爱。独生子女都舍不得，心疼，有时候要狠狠心。送一天、不送一天，对孩子的影响就很大。个别做得很好。隔代教育，那种溺爱的程度很明显。父母可能会做得更好一点。例如，送孩子上幼儿园，孩子哭，爷爷奶奶跟着哭，哭一阵，干脆带回去。孩子就会知道，我哭一哭，就可以不去了。我们就遇到过类似的情况，送完了，就趴在栏杆上看，哭哭就说，反正孩子小，我领回去，不懂事，我让他大一点再去上"。

从家长的谈话中，一方面可以看出家长认为教师是专业人员，因此幼儿归属感的培育中教师理应承担更多责任；另一方面，也传递了家长对自身配合者身份的认同，愿意尽力配合教师的工作。还有部分家长对老师的要求不予理睬、不予配合，例如：

"爸爸妈妈见不着人，跟奶奶交流没有用，请父母有时间来幼儿园聊聊，总是说没有空，请老师多管管！结果我们5个老师（两教一保另加两名实习生）轮流安抚都不管用。"（T6，0922）

"有的父母就很配合，也注意引导，孩子的归属感就较强。有的就不行。比如我们班的×××，我跟他妈妈谈过好几次，请她配合一下，在家多陪陪孩子，一起做我们布置的亲子作业，比如捡树叶，但是根本没有用，她觉得是老师的事，你说我们能有什么办法？"（T7，1014）

虽然以上不配合的家长是少数，但老师们仍然觉得家长和老师的沟通、交流太少，这在一定程度上影响了幼儿获得归属感，如果"他（家长）也对这个班的老师很认同，然后经常对小朋友的一些行为、言语有赞赏和正面的引导，也会加强小朋友对这个班的归属感。"（T4，0620）

老师比较关注的是家长对幼儿园工作的配合，例如，"上幼儿园前给孩子做铺垫，做好动员工作，否则孩子会恐惧，以为父母把孩子丢弃了。……爸爸妈妈很忙，小朋友都必须上幼儿园。刚开始跟着老师走，然后会自己玩玩具。到现在都在哭的孩子，爸爸妈妈很忙，没时间管，爷爷奶奶带。早上奶奶送，强制送，到幼儿园后一直哭。5个老师轮流安抚不管用。家长来接时大声哭。'哭啥哭？你看小朋友都没哭。老师又不打你，小朋友又不欺负你，你哭啥嘛？'冷处理后，家长不满意，告到园长处。中午后孩子情绪开始稳定。放学时常常跟老师说：'××老师，明天上幼儿园我不哭了！'我们总是对他说：'好棒，上幼儿园不哭了老师就更喜欢你了！'跟小朋友玩很开心。第2天早上来仍然哭。老师要求家人送上幼儿园时情绪稳定一些，轻声说'我们上幼儿园'。奶奶总是风风火火，拽着孩子来幼儿园，冬天都是一身汗"。

作为幼儿心中的权威人物，家长对孩子在幼儿园的学习、生活产生重要影响。即使孩子进入了幼儿园，家长在幼儿成长中仍然有不可推卸的责任。同时，幼儿归属感的获得与发展以幼儿的家庭归属感为基础。家庭归属感所形成的对父母的信任、对他人的同情、对活动的兴趣和能力，对幼儿园归属感发展具有重要意义。而幼儿家庭归属感的获得与发展主要依靠家长的努力，就这一侧面而言，家长通过促进幼儿家庭归属感的发展，促进幼儿对幼儿归属感的发展。因此，在促进幼儿归属感的发展中，作为和教师同等重要的影响者，家长需要树立正确的观念，重新定位自己在幼儿归属感培育中的位置。

（五）幼儿个体特点

幼儿自身特点应当是影响幼儿归属感的重要因素之一。但访谈中除个别老师外，很少涉及幼儿自身特点，反映出家长和老师对幼儿主体性的忽视。幼儿个体因素主要表现在认知和个性两方面。

1. 认知特点

访谈中有老师谈到归属感受幼儿认知发展的影响，例如：

"这个（归属感）还是跟他的认知有关系，无论是对国家还是对自己所处的城市强的归属感与自己的认知是相关的。"（T3，0620）

"首先孩子要知道自己是班里的一员，感受到自己有能力并充满自信时，才谈得上归属感。"（T5，0926）。

皮亚杰认为，儿童的认知发展与社会性发展不是相互分离的过程，而是相互依存的。但是，相比较而言，认知发展是一个更为基本的过程。儿童的某些特定社会技能只有在相应的认知功能形成之后才能出现。例如，由于"中心化"的存在，幼儿在自我－他人的认知中，常常只能注意自己的观点，不能理解他人与自己的不同，在自我－他人关系认知过程中表现出"自我中心主义"（俞国良、辛自强，2004）。这在一定程度上将影响幼儿对群体其他成员的关注和对其他成员需要的理解，对幼儿归属感带来消极影响。随着幼儿年龄增长，幼儿获得"去中心化"功能后，逐渐能够克服认知中的"自我中心主义"，达到对他人观点的采择，对幼儿归属感的发展也将产生积极影响。

认知发展可能通过两种机制与归属感的发展相联系。第一，认知发展水

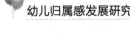

平的提高可以使幼儿从不同角度理解人我关系，获得不同体验，进而影响归属感。例如，观点采择能力的提高，可以使幼儿看到其行为对他人产生的影响，获得不同的情绪体验，进而调整其自身情绪、行为或认知。第二，随着思维能力的提高，幼儿逐渐获得对归属关系的理解，例如，幼儿逐渐认识到自己与班级的关系，明白自己作为班级一员，需要为班级做出贡献。

2.个性特点

幼儿的性格、能力等也会影响幼儿归属感的发展。金庆英（2012）认为，人格是个体在行为上的内部倾向，是个体在适应环境中，在能力、情绪、需要等方面的整合，对学校归属感具有影响作用。学者对大学生、中学生学校归属感的研究可作参考。例如，金庆英（2012）对大学生学校归属感的研究表明，大学生人格中的外向性、开放性、谨慎性和友善性与学校归属感存在显著的正相关关系，而情绪性与学校归属感总分及各维度分之间存在显著的负相关关系。庞海波（2009）的研究表明学校归属感与人格特质呈显著相关，学校归属感与乐群性、情绪稳定性和有恒性呈显著正相关，即归属感强的学生更乐于与人交往、待人热情、情绪稳定，对挫折的耐受能力强。他们对学校会有比较多的安全感、集体感和荣誉感，喜欢并愿意待在学校，对学校产生更强烈的归属感。

对幼儿而言，性格可能通过影响幼儿的主动性进而影响归属感的发展。例如，性格外向的幼儿往往活泼开朗，常主动关心他人，发起与老师和同伴的互动，更有可能受到老师和同伴欢迎，进而表现出更多亲社会行为和关心班级、服务班级的行为，这些都是归属感的表现。而性格内向的孩子主动发起互动的时候相对较少，在活动中可能不占主要地位，缺少积极的体验，这将影响其归属感的发展。

能力则可能通过影响幼儿自尊、自信以及为幼儿提供不同的参与机会，影响幼儿归属感的发展。例如，在挑选幼儿参与活动时，老师往往会考虑幼儿是否能够胜任，通常能力强的幼儿可能拥有更多机会，因而也有更多机会体会成功、自豪。能力弱的孩子参与活动的机会则相对较少，即使有机会，也可能不能够很好地完成，反而带来消极体验。这些一方面会影响孩子的情绪体验，另一方面还会影响其对活动、对班集体的热情，从而影响归属感。此外，儿童的经验、兴趣，都可能对幼儿归属感产生影响。

（六）儿童视角和成人视角的比较

1.活动

活动在这里包含了游戏活动和学习活动，在儿童视角和成人视角中，两者都是幼儿归属感的影响因素。不同之处在于：成人强调教师安排和组织的活动，既包括游戏活动，也包括集中教学活动；而在孩子们眼里闪烁光芒的是"玩"。

"玩"是幼儿与生俱来的天性，也是幼儿权利。之所以用"玩"，是因为孩子所指的往往是自由游戏。虽同为游戏，但它和老师所定义和组织的游戏活动有着本质的区别。孩子爱"玩"，他们眼里的玩是自由自在、随心所欲的，带来无穷的快乐。其实，孩子也喜爱学习活动，这从幼儿的绘画和访谈中都能见到。因为学习能够满足他们内在的发展需要，从中体验到成就感。当然，另一方面也受成人的影响。不论如何，"好玩""可以学本领"都使幼儿园深深地吸引着孩子。可是，当玩完全由老师安排，玩也强调"在玩中学"或"为学习做准备"的时候，孩子已经难以享受到玩耍的乐趣；当学习变成不得不完成的任务时，就不再能从中体验到满足和成就感。于是，孩子们说："喜欢家里，因为家里想怎么玩就怎么玩。"

成人在谈到活动的时候，往往重视两个方面：一是如何把活动安排得紧凑些，让孩子们有事可做，不捣乱；二是如何让活动更有意义，让孩子们可以从中学到更多的东西。关注活动的紧凑性和意义性原本无可厚非，因为幼儿在活动中感知、体验、反思、操作，这是获得归属感的重要途径；另一方面，作为促进个体发展的活动，教育必然是有目的、有组织的，其内容、方法的选择必然需要精心考量，使之成为有意义的活动。但是，过于考虑方便自己，即使初衷是好，也掩藏不了本质上的以教师为中心。而过于强调学有所成，将结果强加于孩子，则漠视了儿童的当下生命，漠视了儿童期的独特价值。

2. 教师

教师是幼儿归属感的影响因素，但在不同视角里对教师的关注点却大相径庭。儿童关注教师的表扬和分数；而成人则重视教师对幼儿的关心、爱护。其中老师表扬和奖励的影响在家长访谈中也有所体现。例如：

"表现得好老师会奖励，有物质的也有口头的，孩子都很喜欢。刚上幼儿园那会儿，表现好的孩子下午吃完饭的时候会被奖励一颗糖，有时候是贴画、小红花之类，孩子都会很高兴地跟我们讲：'今天老师奖励我了！'孩子心里特别高兴，慢慢就愿意去幼儿园了，有时候不让他去幼儿园，他还不高兴！"
（P5，20140924）

人拥有内在的向上发展的积极力量，而幼儿又具有强烈的向师性，因此孩子自然而然看重老师的表扬和奖励，而成人的引导又加强了幼儿对表扬和奖励的重视。在放学的路上，常常听到家长问自家孩子："今天在幼儿园表现得怎么样？老师表扬你了吗？"或者"今天有没有得小红花呀？"家长无时无刻不在向孩子传递着对表扬和奖励的看重，潜移默化地对孩子产生深刻影响。然而，老师的表扬、奖励是影响幼儿归属感的一种外在因素，当幼儿过于在意老师的态度和外在奖励，即使归属感在发展，也是一种外源性发展。相对而言，幼儿内在的成功体验、主体意识、关爱精神才是影响幼儿归属感发展的关键因素。基于此的内源性发展才能彰显幼儿的主体地位，体现其主体性和能动性。

在访谈中，老师和家长一致将老师对儿童的爱视为影响幼儿归属感的重要因素。但是，幼儿对表扬和奖励的重视实质上反映了教师对幼儿爱的错位。家长和教师认为，对幼儿生活的照料、情绪的抚慰、知识的传授即是爱。在本质上，教师对幼儿的爱应体现为对幼儿生命的尊重、理解，将幼儿视为具有主观精神和独立人格的主体。尊重意味着看到对方的独特个性，并关注对方应该按照自身的本性成长和表现。因而，尊重也包含着不能利用对方的意思。"我希望被爱的人以他自己的方式和为了自己去成长、去表现，而不是服务于我的目的。"[1]而老师的爱、老师的表扬或奖励，如果是为了让幼儿按自己的要求做，为的是方便自己，就不能算是真正的爱和尊重。

3. 家长

对教师和家长的调查结果反映出在成人视角里，教师是幼儿归属感培育的主要责任人，家长是配合者。然而，幼儿总爱将幼儿园与家做比较，"幼儿园比我家的玩具多""幼儿园比家里好玩"或者"幼儿园不如家里好玩""幼儿园不像在家里，不可以想做什么就做什么"。在幼儿眼里，幼儿园和家虽是不同的场所，有不同的人和物，但二者有紧密联系。幼儿绘画中也有所体现，如图4-12所示。

图4-12　我的幼儿园

---

[1] ［美］弗洛姆. 爱的艺术 [M]. 赵正国译. 北京：国际文化出版公司，2006：34.

图 4-12 展现了"早上，爸爸送我上幼儿园"的情形。虽然是画"我的幼儿园"，但家长同样出现在画面中，反映出家长、家庭和幼儿园在幼儿心里并非截然分开的几个部分。幼儿还总爱说："我妈妈说的，……"在幼儿眼里，爸爸妈妈的话就是真理。可见，家长是幼儿心中的权威人物，对其幼儿园学习、生活产生重要影响。因此，教师和家长是幼儿归属感发展同等重要的影响者，家长在幼儿归属感的发展中具有与老师同样重要的作用。教师和家长需要重新定位自己在幼儿归属感培育中的位置。

四、本章小结

选择合适的研究视角，对于研究的开展和结果将产生积极影响。本章通过对幼儿、幼儿家长、幼儿园教师的访谈，采取自下而上的方式探索幼儿归属感的影响因素，为促进幼儿归属感的发展提供支持。通过幼儿视角绘画"我的幼儿园"及以此为辅助对幼儿的半结构式访谈，从幼儿角度理解他们在幼儿园的经验和想法，探索幼儿归属感的影响因素，彰显本研究对幼儿的珍视。

研究表明，幼儿、幼儿园教师、幼儿家长对幼儿归属感影响因素的观点在总体一致的基础上又存在差异。就一致性而言，三者均认为幼儿归属感的发展受到教师、幼儿园教育活动、同伴、家长、幼儿个体特点等因素的影响，其中教师和幼儿园教育活动是最为重要的两个因素，而幼儿个体特点则较受家长和教师的忽视。差异性则表现在：第一，儿童关注活动是否好玩，而成人关注活动的紧凑性、意义性；第二，儿童关注教师的表扬和分数，表扬与分数背后隐藏的是幼儿对成人积极认可的渴望，令人遗憾的是，成人漠视幼儿的渴望且滥用自己手中的权利，成人重视教师对幼儿的爱，但遗憾的是爱有错位；第三，在儿童视角里，教师和家长是归属感发展同等重要的影响者，而成人眼里教师是幼儿归属感培育的主要责任人，家长是配合者。从本质上看，两个视角的差异反映了明显的教师中心，这对幼儿归属感的发展带来消极影响。

进一步分析发现，教师对幼儿的关爱、教师的人格特征、教师的教育方式、教师自身的归属感均影响幼儿归属感的发展；幼儿园教育活动则由游戏活动和教学活动构成，二者从不同侧面影响幼儿归属感的发展；家长的教育观念和家庭教育方式影响幼儿归属感的发展；幼儿个体的认知特点和个性特点将影响其归属感的发展。本研究探索幼儿归属感的影响因素采用自下而上的方式，基于对幼儿以及幼儿生活中两个重要他人（教师和家长）的访谈而获得，具有较强的生态效应，能够为促进幼儿归属感的发展提供支持。同时，两种视角为

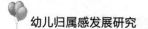
我们提供了关于幼儿归属感的信息，提示我们需要积极开展归属感的教育促进活动；而两种视角的差异更为我们敲响了警钟，教育需要更多从儿童的立场出发，真正做到对儿童生命的关照。

第五章　促进幼儿归属感发展的实践研究

归属感源自幼儿生命，既是幼儿自然生命之所需，也是幼儿精神生命之所求，指向更完满的生命存在，促进归属感的发展是对幼儿当下和未来生命的关照。已有研究对"如何促进"这一问题思考较少，且多停留于经验层面。本研究对幼儿归属感的结构、发展特点、影响因素进行较为系统、深入的探讨。在此基础上，本章在幼儿园真实场域中，与一线教师合作进行幼儿归属感培育实践，为促进幼儿归属感的发展提供借鉴。

一、幼儿归属感培育实践的设计

（一）研究目的

幼儿归属感培育实践立足于幼儿园真实生活情境，根据幼儿在幼儿园里的实际表现，探索可融于我国幼儿园日常教学的幼儿归属感培育方案，并在实践中实施、检验。主要目的包括两个方面：一是促进幼儿归属感的发展，二是为教师的幼儿归属感培育实践提供借鉴。

（二）研究内容

第一，了解当前幼儿归属感培育的状况，发现存在的问题。
第二，探索幼儿归属感培育的方式与途径。
第三，分析幼儿归属感培育的成效与问题。
第四，对幼儿归属感培育进行反思。

（三）研究方法

本章将质性研究与量化研究相结合，以行动研究为主在幼儿园开展归属感的培育实践活动，并对实践活动的效果进行检验。研究还通过随机观察了解教师和幼儿在真实教育情境中的表现，以更好地发现问题和检验行动研究的效果。

（四）研究思路

图 5-1 是行动研究的思路图。从研究思路图可以看出，促进幼儿归属感发展的实践研究分为三个阶段。第一阶段为幼儿归属感实践研究的准备阶段，这一阶段包括组建研究小组、诊断幼儿归属感培养中的现实问题、促进教师对幼儿归属感相关知识的学习、进行幼儿归属感前测、制订活动方案等内容。第二阶段为幼儿归属感培育行动研究。本研究开展了为期 2 个月（8 周）的幼儿归属感的教育促进活动，每周 2 次，共 16 次。每次活动后进行小结，反思讨论。每个单元结束后讨论这一阶段的不足，以及下一阶段要进行的改进。在研究过程中同时进行资料搜集与分析，搜集的数据主要包括录音、课后反思、观察记录、亲子学习单等。第三阶段为干预结束后对幼儿归属感的后测，以及对幼儿归属感培育行动研究的总结、反思。

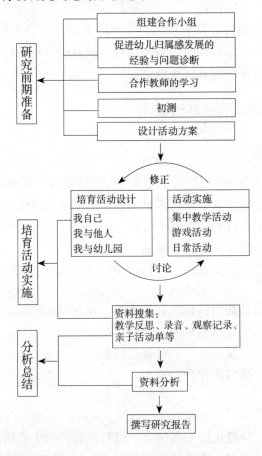

图 5-1　行动研究的思路图

二、幼儿归属感培育实践的准备

幼儿归属感培育实践的前期准备包括组建合作小组；了解幼儿归属感培育的现状与问题；与合作教师组建学习共同体，进行理论学习；使用"幼儿归属感教师评定问卷"对介入组和对照组幼儿进行前测；设计活动方案等。

（一）研究对象与合作对象

第一，研究对象。根据前期幼儿归属感发展特点的研究，4岁为幼儿归属感迅速发展的时期，故本研究选择中班幼儿为对象开展教育实践活动。

第二，研究合作对象。本研究与幼儿园教师合作设计教育方案，由她们对幼儿进行活动方案的实际教学，展开教育探索。根据实际情况，本研究选择在Y市D幼儿园中二班开展教育实践。

选择D幼儿园，是由于研究者与其一直保持良好的合作关系，表达合作意向后得到幼儿园的热情欢迎和大力支持。D幼儿园为公立园，始创于1947年，为市级示范幼儿园，园内环境优美，富于童趣，拥有较完备的教育教学设施，如多功能厅、展示厅、体验馆等。目前在园幼儿600余名，设16个班（大班5个、中班5个、小班6个），在编教职工45人。该园每班均有一间活动室，一间幼儿午睡室。

选择中二班是基于教师的教科研能力和合作意愿。中二班共有幼儿41名，男孩21名、女孩20名。中二班有两位老师：H老师（T5[①]）和G（T6）老师。T5老师教龄9年，毕业于幼儿师范专科学校，后获自考本科文凭，现为中班组年级组长，区青年骨干教师，D幼儿园教学科研课题组核心组员。T5老师长着一张可爱的娃娃脸，活泼开朗，对学前教育事业充满热情，喜爱教育钻研又勤于实践。第一次见面时，她正在隔壁班代班，一路微笑着小跑而来，让人立即感受到她的热情，在交流中发现她对归属感培育有比较好的理解。她非常肯定归属感的价值，表示自己对该研究具有浓厚的兴趣，希望通过这次合作在科研上有所进步。T6老师教龄8年，毕业于幼儿师范专科学校，后获自考本科文凭。T6老师性格文静、温柔，对学前教育事业充满热情，对孩子极有耐心，深受孩子们喜爱。在幼儿归属感培育实践的开展期间，针对孩子的表现、活动中的各种问题，两位老师均及时与研究者进行沟通、交流，保证研究的顺利开展。

---

① 为了研究的便利与保密原则，本研究对研究对象及参与研究人员进行编码，Tn表示幼儿园教师，Cn表示幼儿。

为检验行动研究的效果，本研究选取了同一幼儿园中一班作为对照班。中一班由 T3、T4 老师和 40 名儿童组成，两位老师的教龄分别为 7 年和 9 年，一名为本科毕业，另一名为专科毕业后自考本科，均为学前教育专业。见表5-1，两个班级的儿童在前测中的归属感水平无显著性差异。

表5-1　介入组与对照组归属感前测差异比较

项　目	介入组（$N = 41$）		对照组（$N = 40$）		t
	M	SD	M	SD	
投　入	3.61	0.88	3.57	0.76	0.239
依　恋	3.40	0.93	3.44	0.79	−0.214
认　同	3.37	0.72	3.33	0.80	0.241
总问卷	3.48	0.78	3.47	0.75	0.034

（二）幼儿归属感及其培育的前期调查

前期调查由两个部分组成：一是以经过信效度检验的自编"幼儿归属感教师评定问卷"为工具对幼儿园教师进行问卷调查，了解幼儿归属感的基本情况，调查结果借助社会科学统计软件 SPSS20.0 进行分析；二是通过观察和访谈，了解真实教育情景中教师关于幼儿归属感的观念与行为，为归属感的教育促进提供实际支持。本研究对 D 幼儿园 3 名老师（中二班带班老师 2 名，分管教学的副园长 1 名）进行了深度访谈，另对该幼儿园部分教师进行了随机访谈，具体了解教师对幼儿归属感的内涵与表现的认识，对现有的幼儿园教育是否有利于幼儿归属感发展等问题的看法。同时，本研究跟班进行了为期两周的前期观察。综合观察和访谈结果，本研究发现：

第一，教师对幼儿归属感内涵及表现的认识具有片面性和表面性。根据前期研究，幼儿归属感包括依恋、投入、认同三个维度，涉及幼儿的情绪、行为、认知。然而，关于"归属感是什么"的问题反映出老师们对归属感的认识还较为缺乏，有的老师以询问的口气表示不确定，例如：

"归属感？好像在哪里见过的！是不是《指南》①什么地方有？不过我还真说不上来，是不是安全感？"（T8，0915）

---

① 3—6岁儿童学习与发展指南。

"归属感？是不是社会适应？"（T9，0915）

"是不是马斯洛那个什么层次？"（T10，0915）

有的老师从经验层面对归属感有一定认识，但较为零散、片面，且涉及集体认同、安全感等某一方面，缺乏系统性和全面性，例如：

"幼儿的归属感啊，我觉得是让他有安全感。"（涉及依恋维度，T7，0915）

"就是孩子有集体认同，就是热爱班集体。"（涉及认同维度，T11，0915）

"就是小朋友觉得我们是一个班的，都是班里的一分子。就是相互团结、相互帮助。"（涉及依恋、投入维度，T5，0915）

"知道自己是哪个班的小朋友。"（涉及认同维度，T10，0915）

"喜欢参加集体活动，早上入园不哭闹。"（涉及投入维度、依恋维度，T5，0915）

"比如孩子喜欢幼儿园、爱护幼儿园，对自己的班级尤其热爱。"（涉及依恋维度，T6，0915）

由以上访谈资料可以看出，关于幼儿归属感是什么，老师的认识涉及认知、情感、行为三个维度的内容，反映出教师对此有一定的认识和理解，但调查结果也显示，教师对幼儿归属感的认识基于幼儿在日常生活中的具体表现，具有表面性和经验性。同时，教师往往将安全感、适应性、集体荣誉感等同于归属感，具有片面性。总体而言，教师对幼儿归属感有一定认识，但多属经验层面，比较零散，缺少系统、深入的理解。

第二，幼儿园现有教育涉及归属感培育，但不系统且不受重视。关于幼儿园是否重视归属感培育，老师的分歧较大。有的老师认为幼儿园现有教学没有涉及幼儿归属感，如有老师谈道：

"从来没有听过这个词，不管领导也好，还是我们老师之间也好，都没有说过这个"归属感"，哪里谈得到在教学中去重视哦！"（T7，0915）

"没有注意过这个问题，没有想过。"（T8，0915）

"以往工作中没有特别关注幼儿的归属感，但还是比较关注集体荣誉感，经常教育孩子要有集体荣誉感。"（T11，0915）

而有的老师认为，幼儿园有涉及归属感培育的内容，如：

"虽然没有明说，但现有的教育还是有考虑幼儿归属感的发展。比如，我们很重视让孩子在幼儿园里情绪愉快。"（T12，0915）

"我们比较重视幼儿的归属感，特别是在幼儿刚入园时，非常重视让孩子尽快熟悉老师和小朋友，尽快建立安全感和归属感。对于特别爱哭、特别不适应的孩子，比如××，一开始的时候，我们三个老～～流去陪她、哄她，让她产生安全感。……我们也经常教育孩子要爱集体，如这些花，就是孩子们带来装饰班集体的。"（T6，0915）

"我觉得应该还是很重视。因为我们特别重视让孩子从小班开始就喜欢上幼儿园，高高兴兴地上幼儿园，第一个月的主体基本上都是这个，因为现在都是从尊重孩子出发，如果他有什么爱与被爱的需要，肯定都是重点。只是没有把它以归属感这个词提出来。"（T5，0915）

"比如，我们幼儿园第一个月的主题就是'我是××（幼儿园名字）小主人'，他就是要认识幼儿园的结构、人和自己的班什么样，然后开展一些家园活动，这些应该是教育、活动、环境，它们不是截然分开的，就是相互融合的。"（T3，0915）

之所以老师对幼儿园是否重视归属感培育存在较大分歧，原因在于"幼儿园是否重视归属感教育"这一问题与教师对幼儿归属感的理解密切相关。如前文所述，有的老师将积极情绪视为归属感，与积极情绪培育有关的活动即被视为归属感培育活动；而有的幼儿园没有明确提出归属感，老师则认为幼儿园教育活动中没有相关内容。受限于对归属感内涵的认识，老师们将依恋、投入、认同中某一方面的培养等同于归属感培育。

第三，幼儿归属感培育以教师为中心。幼儿归属感反映幼儿对所在幼儿园和所在班级的认同、喜爱、依恋以及对活动的投入等，与幼儿的感受、体验、存在感、主体性密切相关。然而调查发现，在幼儿归属感的培育中，教师往往较强调自身的主导性与权威性，强调自身的方便，而缺少对幼儿主体性地位与作用发挥的思考，幼儿受限太多，话语权缺失。请看以下案例：

案例一：新学期，根据幼儿园的安排，中二班从二楼搬到了三楼。每天的早操，中二班小朋友都需要从三楼下到一楼操场上。开学第一天，T5老师专门就此对小朋友进行了引导和教育：上下楼梯要一个一个排好队，顺着小脚丫向下走或者向上走，要扶着扶手，千万不能推挤前面的小朋友。今天是开学第2天，下楼梯的时候，走到二楼中间，××走出队伍开始往下冲。受他的影响，有两三个小男孩也从队伍中冲出来。T5老师看见了，几步冲下去，一把抓住往下冲的孩子，将他们拉到楼梯旁站着，训斥完又罚站了几分钟，才让孩子们下去做早操。早操结束后回教室前，T5老师点名警告那几名下楼时往下冲的孩子："你们几个注意点，我盯着你们呢！"孩子推推搡搡往前走，的确没有乱跑。

（0901 观察）

案例二：下午吃过点心，中二班的孩子们明显坐不住了，因为按照惯例，T6老师会带他们去操场玩。教室里像有许多只小鸟，叽叽喳喳说个不停。T6老师的声音响了起来："小朋友，在外面玩的时候，要互相帮助，不要推，不要挤，不要抢。"孩子们还在自顾说话，T6老师提高了嗓门："我喜欢李××，你看他坐得真直！"很多小朋友不自觉地直了直身子。小朋友们安静了，老师接着说："下楼梯的时候，要扶着栏杆慢慢走，不要跑，也不要挤来挤去。"小朋友们的声音又起来了，老师："我还喜欢××，他也坐得直直的，××也不错，老师也喜欢他。"

（0915观察）

案例三：中二班正在开展活动"我的一家"，每个小朋友都带来了自己和家长的照片，很开心地给老师和小朋友们做了展示和介绍。接下来需要把照片贴在墙上指定的地方。"老师，我来！""老师，我贴得最好了！"所有的小朋友都争先恐后、跃跃欲试，想自己把照片贴上去。T5老师看着兴奋着叫嚷的孩子，皱着眉头说了句："好了，照片就由老师帮你们贴上去，现在小朋友们都请回到座位坐好！我看哪个小朋友坐得最好！"孩子们一步三回头地回到自己的座位上。

（0919观察）

在案例一中，规则由教师直接提出，对不遵守规则的幼儿采取了警告、训斥等处理方式。案例一之后的一段时间里，两位老师在做操前总会提醒孩子们，上下楼梯的时候要排好队、慢慢走、不推挤，对于不遵守纪律的幼儿仍然采取批评、罚站、警告等方式。在案例二中，出于对安全的考虑，教师再三强调纪律和规则。在两个案例中，老师都特别强调纪律与规则，这本没有错，问题在于老师将儿童当作灌输的"容器"，采取了简单粗暴的处理方式。"纪律必须通过自由得来。"[①] "我们的目标是主动、有效、有益的纪律，而不是静止、被动、服从的纪律。"[②] 经过一年多的幼儿园生活，中班幼儿已经具有一定的规则意识，教师可通过唤醒幼儿已有经验，或让幼儿体验规则带来的好处，帮助孩子意识到遵守规则的必要性。再进一步引导孩子协商并制订规则，效果往往胜过强制和灌输。并且，在这一过程中幼儿能够充分感受到自己是班级的主人，将有助于归属感的获得和发展。更为重要的是，"儿童自己习惯的纪律，内化在他的性格中，不仅在学校里会遵守，到了社会上仍会保持"[③]，这将使孩

---

① 玛丽亚·蒙台梭利.蒙台梭利早期教育法[M].龙玫译.广州：广东经济出版社，2013：55.

② 玛丽亚·蒙台梭利.蒙台梭利早期教育法[M].龙玫译.广州：广东经济出版社，2013：60.

③ 玛丽亚·蒙台梭利.蒙台梭利早期教育法[M].龙玫译.广州：广东经济出版社，2013：56.

子终身受益。案例中两位老师采用高控制的灌输、管制、惩罚迫使孩子服从，实质上仅仅考虑了自己的方便省事，忽略了幼儿生命的本体地位。这是一种以教师为中心，外在于幼儿生命、漠视幼儿生命存在的"关怀"。

在案例三中，虽然孩子们争先恐后、跃跃欲试，T5 老师也认为："可以让孩子们多动动手，他们就会觉得这是自己的班级。"（T5）但在实际工作中，由于"孩子来贴的话，双面胶有多少撕多少，一点不剩，照片估计也会撕坏好几张。反正最后弄得教室一团糟，还贴得乱七八糟"（T6），因此还是自己来贴照片。"我们也知道让孩子来做，让孩子参与到活动中并肯定他们对培养归属感有好处，可是一旦真让他们做，你就会发现跟想的不一样，乱成一团了。搞了半天，结果还不好看。一般来说，到最后都得返工，还浪费了材料，所以说真的，不如我们自己来做。"（T5）实际上老师是为了自己方便，剥夺了孩子的机会，同样是以教师为中心。

此外，忽视幼儿主体性的问题在活动设计时也存在。"我们有园本课程，就按幼儿园的课程来，每个月做什么都安排好了。"（T6）虽然园本课程是根据幼儿园实际情况而定，但每个班的孩子各有特点，不同时段孩子的兴趣和需要也各不相同。这种随意从园本课程里挑选活动的做法，忽视幼儿的具体情况，完全是以教师为中心。因此园本课程既要考虑班级适宜性与情境适宜性问题，更要思考课程实施中预设与生成的问题。

（三）合作教师的理论知识学习

针对调查和观察中发现的问题，在开展幼儿归属感培育活动之前，研究者与合作教师组成共同体进行理论知识的学习。通过学习与讨论，对关键问题达成一致，确保教育活动的开展效果。这一阶段的学习方式主要包括自主学习、合作学习、讨论、小型讲座等，澄清幼儿归属感的内涵、价值、中班幼儿班级归属感的主要表现、幼儿归属感培育的基本理念等问题。经过理论知识学习，研究者与合作教师达成了如下共识。

第一，归属感是个体认同所在的群体，感觉自己被群体认可和接纳而产生的隶属于群体、与其休戚相关的感觉。这种感觉包含对成员身份的认定，带有个体感情色彩，并付诸行动，包括投入、依恋、认同三个维度。归属感既是幼儿的本能需要，又是精神需要，对幼儿当前及将来的健康成长都具有重要意义。

第二，中班是归属感迅速发展的时期，也是促进幼儿归属感发展的关键时期，促进中班幼儿归属感的发展需要尊重其发展特点。

中班幼儿归属感的特点是，首先，依恋维度的发展水平最高。这一时期幼儿对老师的依恋表现为寻求老师的注意与赞许，例如，老师提问的时候，不管会不会，都把小手举得高高的，喜欢老师的表扬和肯定。对同伴的依恋体现在游戏和学习中的共享玩具、合作分享，同伴关系虽不太稳固，但已形成友谊等情感。其次，投入维度发展水平居中，但在小班基础上有了较大发展，表现为愿意与同伴交往、愿意参加各项活动，交往能力和活动能力还有所欠缺。最后，认同维度发展水平较低，较小班稍有下降，表现为幼儿知道自己是班级的一员，但在关心班集体、爱护集体荣誉、愿意为集体做事方面有待提高。

从幼儿归属感三个维度的发展来看，依恋维度的发展虽较小班时期有所下降，但仍然是三个维度中发展水平最高的。因此，中班幼儿归属感的培育要重视以依恋的发展带动认同和投入维度的发展。

中班幼儿归属感的发展存在性别差异，在总体发展和投入维度的发展上差异显著，均为男孩的发展水平低于女孩。促进幼儿归属感的发展，一方面要尊重这一差异，另一方面要采取适当的方法，通过帮助男孩掌握适宜的交往方式、给予男孩更多机会等，促进男孩归属感的发展。

第三，幼儿归属感的发展既需要教师的帮助、引导，也需要发挥幼儿的主体性。幼儿归属感的发展是一个逐步积累的上升过程。中班幼儿在幼儿园生活已经一年有余，通过和老师、同伴的交流互动，对所属班级已形成一定的认同，积累了一定积极情绪体验和参与活动的经历，已经有了一定发展。如在幼儿园中常常可以看到，中班幼儿遇到困难时，往往会主动寻求教师的帮助。就归属感的发展而言，这反映了幼儿对老师的依恋和信任，是归属感的表现之一。但是，从幼儿成长的可持续性出发，总是寻求老师的帮助，会造成孩子对老师的依赖过度，这不利于其问题解决能力以及独立性等的发展。因而，在日常教育教学中，教师要利用幼儿对自己的信任，寻找契机培养幼儿发挥主观能动性、独立解决问题的能力。

第四，家长是幼儿归属感培育的重要参与者。仅凭教师在幼儿园中培育孩子归属感远远不够，需要延伸到家庭教育中。只有意识到这一点，教师才能够主动及时地与家长交流反馈孩子的变化，调动家长参与的积极性，家园共育形成合力。

（四）幼儿归属感培育活动方案的设计

根据本研究所获得的幼儿归属感三维结构、发展特点以及影响幼儿归属感的因素，结合通过观察和访谈所获得的中二班幼儿归属感发展和培育中的主要问题，本研究与中二班两位教师共同商讨，设计了幼儿归属感培育活动的方案。D幼儿园有全园使用的园本课程，中班上期的园本课程包括"小鬼当家"奇妙的身体"礼仪小天使""拜访大树""最棒的我""甜甜蜜蜜一家人"六个主题活动。本研究尊重幼儿园的课程安排，以园本课程为主，适当补充，形成主题教育活动方案——"最棒的我"。

1.幼儿归属感培育实践的目标

《3—6岁儿童学习与发展指南》明确指出归属感是幼儿社会适应的重要部分，将其作为社会适应子领域的第三个目标，认为喜欢并适应群体生活，初步理解并遵守群体生活的基本行为规范，对所在群体形成初步的归属感是社会适应的基本内涵。基于对《3—6岁儿童学习与发展指南》精神的理解，结合前期研究归属感结构的三因素，本研究将幼儿归属感培育实践的目标初步确定为以下几点。

（1）逐步形成良好的自我概念，愿意在集体中表现自己；愿意为集体服务，积极参加集体活动，活动中有一定的控制力（投入维度）。

（2）能感受到集体生活的温暖，爱同伴，亲近与信赖老师；喜欢自己的幼儿园和班级，情绪较稳定积极，有适度的情绪表达和良好的情绪适应能力（依恋维度）。

（3）知道班里的成员与自己的关系，体会到自己是班级的一员，乐于与他人交往；把幼儿园和班集体的荣誉看成自己荣誉的一部分，为集体的成绩感到高兴，愿意为集体的荣誉而努力（认同维度）。

"最棒的我"主题教育活动详细目标见表5-2。

表5-2 "最棒的我"主题教育活动目标

单元主题	活动名称	活动目标	单元目标
我自己	幸福的生日会	友爱、喜悦	1.形成积极的自我概念，能够在集体中表现自己 2.能体验他人情感，与同伴建立和谐的亲密关系，能够分享他人的开心和不开心 3.能基本保持积极情绪；学习调控自己的情绪
	我的生日标记	成长的自豪	
	时光隧道	自信自豪	
	最棒的我	自信自尊	
	哭哭脸和笑笑脸	情绪控制	
	心情变变变	积极情绪	

单元主题	活动名称	活动目标	单元目标
我与他人	长大的我	合作、创造	1. 积极参与活动，感受同伴间的友情，体验与同伴游戏、合作的乐趣，学习协商解决问题 2. 学习欣赏别人的优点，体验被人夸奖的感受，体会赞美的意义，增进与同伴的感情，增加积极行为 3. 感受老师的关怀，与老师建立亲密关系，表达对老师的爱
	好朋友，行个礼	积极情绪 积极与同伴互动	
	猜猜好朋友	语言表达、积极情绪	
	优点大展台	欣赏他人	
	好朋友火车	积极情绪、同伴乐趣	
	我爱老师	积极进行师幼情感互动	
我与幼儿园	秋天的幼儿园	欣赏、创造 喜欢幼儿园	1. 知道自己是集体的一员，热爱集体成员 2. 了解周围环境中与人关系和谐的事物，乐于与周围人交往，萌发关注环境的美好情感 3. 愿意为集体的荣誉而努力，能够为集体的胜利努力、开心
	让爱传出去	感恩	
	动物幼儿园	积极情绪 热爱集体成员	
	我和好朋友运西瓜	合作、坚持 集体认同	
	我是小司机	合作、坚持 集体认同	

2.幼儿归属感培育实践的内容

幼儿自出生起生活在家庭中，受到父母无微不至的关爱和照顾，感受到家庭成员的认可、支持和接纳。孩子在家庭生活中体验温暖、安全，体会到自己是家庭的一员，产生对家庭的归属感。进入幼儿园后，幼儿和同伴、教师建立起有意义联系，逐渐得到同伴、老师的认可，并与之互相接纳、互相关心、积极互动。在此基础上，幼儿产生对幼儿园，特别是对所在班级的归属感。因此，幼儿归属感的获得与发展具有一定的空间系统结构。这一空间系统以幼儿为中心，向幼儿身边的社会环境和自然环境逐渐辐射。基于此，本研究中幼儿归属感培育实践的主题活动由幼儿自身向外扩展，由"我自己""我与他人""我与幼儿园"三个单元组成（图5-2）。"我自己"指向幼儿的自我意识，让幼儿体验自身的成长和力量，增强幼儿的自信，促进幼儿的自我表现及对活动的参与积极性。"我与老师、小朋友"指向与幼儿接触最多的老师和同伴，帮助幼儿感受老师的关爱和接纳、享受与同伴游戏的快乐，增进与同伴和老师的感情。"我与幼儿园"将范围扩大至整个幼儿园，让幼儿感受更多来自幼儿园的爱，增进积极体验，从而更加热爱幼儿园，愿意为集体而努力。

　　培育实践力求通过让幼儿体验自身力量，感受老师、同伴、幼儿园工作人员的关爱，形成积极体验，增强幼儿对老师、同伴、幼儿的信任和接纳，促使幼儿更为自信、主动地表现自己，在投入各种活动中，最终实现促进幼儿归属感发展的目的。图5-2是"最棒的我"主题活动的内容结构。

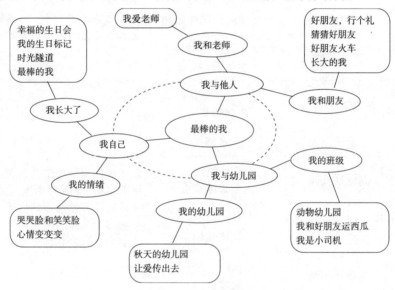

图5-2　"最棒的我"主题教育活动内容结构图

　　3.幼儿归属感培育实践的实施

　　归属感包括个体对群体的认知、态度、感受和行为，强调个体的感知和体验。本研究活动实施中采用刘云艳（2009）幼儿心理素质教育的"体验—感悟"模式，包括感知体验、导之以行、习以成性三个环节（如图5-3）所示。[1]

① 刘云艳.幼儿心理素质教育的理论与实践研究[M].北京：教育科学出版社，2009：34.

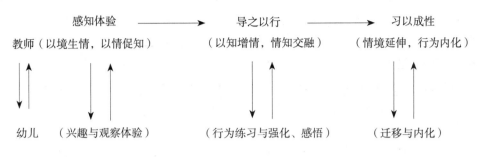

图5-3 "体验—感悟"教学模式

根据幼儿以具体形象思维为主导的特点,实施中应更多注重感知体验环节,从"以情促知"向"以知生情"逐步延伸。同时,由于幼儿归属感的获得是知、情、意、行的统一,活动的开展也并非一定要遵循"以境生情""以情促知""以知增情""行为内化",只要时机合适,任何一个环节均可成为幼儿归属感培育的切入点。

4.幼儿归属感培育实践的评价

幼儿归属感培育实践活动的评价采取两种形式:一是在实践过程中根据活动的开展情况和幼儿的表现随时对活动的内容、实施、效果等进行反思;二是对整个研究进行质性和量化的评估反思。评价从目标的达成、幼儿和老师的发展、变化等方面进行。

三、幼儿归属感培育实践的开展与讨论

(一)第一阶段活动的开展与讨论

1.教学活动构思与设计

本阶段以"我自己"为中心。自我意识是指个体对自己的知觉,表达的是人们关于自己身心特点的主观知识,所回答的是"我是谁"的问题。[1] 对幼儿而言,体验到成长和力量能增强其自信心、自豪感,有助于其积极自我概念的构建。而拥有积极自我概念的幼儿,才能够拥有安全感,有"能力"去关心他人,积极参加集体活动。本单元借助"过生日"的契机,让幼儿分享同伴的幸福,体验成长的自豪,感受父母的爱;通过回顾自己的成长经历,引导幼儿审视自己、认识自己、肯定自己。在本单元活动中,父母、老师积极给予幼儿正面信息和评价,让幼儿体会自己的力量,促进幼儿关心他人、关心集体,愿

---

① 张文新.儿童社会性发展[M].北京:北京师范大学出版社,1999:382.

意为他人、为集体做力所能及的事情。本单元包含"我长大了""我的情绪"两组活动，在环境创设上，配合活动布置了主题情境，有主题情境图、生日树，激发幼儿学习动力。归属感影响因素的研究发现，家长是幼儿归属感的影响因素之一，为此本单元设计了家长共同参与的活动，并设计了家长联系单，让家长参与幼儿的成长和教育，共同反思与成长。

2. 活动实施

培育实践活动于 C1 生日那天展开。那天是 C1 的生日，C1 妈妈是小学语文老师，在聊天中很早就表达了想在孩子生日当天将蛋糕送到幼儿园，让 C1 和小朋友一起分享生日快乐的愿望。本研究设计了"幸福的生日会"，与 C1 妈妈共同组织。由幼儿生日引出关于"长大""自己"等话题，既符合幼儿兴趣，又真实自然。

早上，C1 妈妈送来了大蛋糕，孩子的眼睛全都落在了蛋糕上。老师介绍今天是 C1 小朋友的生日，C1 妈妈专门送来了大蛋糕，和小朋友一起分享 C1 生日的快乐。活动中，C1 妈妈给孩子讲述了 C1 出生及成长的过程。老师引导幼儿回忆爸爸妈妈对自己的照顾，并请幼儿回家后表达对爸爸妈妈的爱和感谢。在随后的送祝福和分蛋糕、吃蛋糕环节，孩子们都异常兴奋。

"我的生日标记"请幼儿设计并制作自己的生日标记卡，粘贴在相应的月份树枝上。最后引导幼儿互相欣赏，体会自豪感。

"时光隧道"请幼儿带来小时候的照片，讲一个自己小时候有趣的故事，说一说现在的自己与小时候有什么不同。配合活动开展，设计了亲子学习单"我的小档案"，请父母记录孩子的回答。"我的小档案"涉及幼儿的生日、家庭主要成员、孩子能够做什么事以及孩子最喜欢的人、最喜欢的东西、不喜欢做什么事、不喜欢什么东西等。

"最棒的我"请幼儿结合课件内容说一说自己的达成情况，发现自己的成长与进步，感受成就感；同时引导幼儿发现自己的不足之处。活动结束后辅以家长联系单，让家长填写孩子在家积极参与的事情。

"哭哭脸和笑笑脸"引导幼儿讨论：喜欢看到小朋友脸上出现什么表情？为什么？和小朋友在一起的时候最好看的表情什么？引导幼儿用笑脸面对朋友，帮助幼儿学习使人情绪愉快的方法；萌发幼儿关心他人、愿为好朋友带来快乐的美好情感。

"心情变变变"通过小兔菲菲的故事，引导幼儿理解每个人都有不开心、难过、生气的时候，引导幼儿分享开心和不开心的事情；并组织幼儿讨论，遇到烦恼的事时，自己会怎么做？怎么让自己变得快乐？

3. 教学反思与修正

这一单元的活动反思与修正主要有以下三点。

第一，在活动设计中重视家长的参与，但在操作中仍然存在忽视家长的情况。家长是幼儿归属感的重要影响因素，家长参与能使活动更具成效。"幸福的生日会"和"时光隧道"两个活动由于家长的参与、协作，取得了比较好的效果。在"幸福的生日会"中，幼儿原本在生活中就对母爱有深切体会，家长的深情讲述唤起了孩子对妈妈的爱；在"时光隧道"活动中，家长主动让孩子带来的小衣服使孩子们更加直观地看到自己的成长，更加深刻地感受到成长的自豪。这使老师和研究者更加体会到家长支持对幼儿发展和教师工作开展的重要意义，更加认识到家长是幼儿归属感培育的重要力量。然而，尽管在理论学习中、在活动设计时都强调家长的作用，但在活动开展中仍然表现出以教师为中心，忽略了对家长主动性的支持，缺少对家长参与积极、正面的反馈。如对"时光隧道"中给孩子准备了小衣服的家长，老师未能及时表达谢意，也未及时将家长行为所带来的积极影响与家长反馈。此外，亲子学习单"我的小档案"请父母记录孩子关于生日、家庭成员、孩子喜欢的东西、长大后的愿望等问题的回答，家长陆续返回。遗憾的是，由于那几天忙于幼儿园其他任务，老师虽在家长返回学习单时与家长进行了简单交流，并且根据幼儿的情况给予了肯定和表扬，但全部回收后未做进一步处理。若将孩子喜欢与不喜欢的事物、长大后的愿望等汇整张贴于教室内，引导幼儿相互交流、分享，更能增加幼儿自尊自豪的存在体验，也能够提高家长的参与热情。类似情形反映出教师虽然在观念上已经认识到家长在幼儿归属感发展中的影响，但在日常实践中，还是容易忽视家长合作伙伴的地位，将家长视为辅助者。在幼儿归属感培育中，家长不仅仅提供材料、参与活动，更为重要的是参与课程的设计、理解活动意图。在活动实施中家长除了表层参与，还需要围绕活动意图以及实施进行持续的观察、评价和引导，也需要与教师一起交流活动实施过程中的教育观念与行为、幼儿心理发展中的特点以及进一步活动（不仅仅是幼儿园）的建议等。

第二，教师开始信任幼儿，放手让幼儿参与。在"我的生日标记"活动中，幼儿制作好自己的生日标记卡后需粘贴在相应的月份树枝上。由于之前在"我的一家"活动中有老师代劳的情况，所以在此次活动前的讨论中，专门就这一问题达成共识，即一定要放手让幼儿自己贴。活动开展时，在贴的过程中幼儿脸上的喜悦、自豪，以及幼儿间的相互帮助，都让老师欣喜和感动。"还真是应该让他们自己动手！""贴得很不错嘛，看样子我们小看他们了！"在活动过后的几天里，幼儿还三三两两来到生日树前，相互介绍自己的生日，看到有掉下来的赶紧拿胶棒粘上。"以前怎么没见他们这样？以前最多捡起来给老师，有的还理都不理。"虽然只是简单地自己动手粘，但对幼儿而言，就是从"老师的"变成了"自己的"，格外关注和爱惜，大大增加了幼儿的主人翁精神，两位老师一致认为以后要多给孩子动手的机会。这样的转变一方面体现出对幼儿的支持和尊重，另一方面也使老师的教育行为与观念逐渐走向一致。

第三，对幼儿自身体验、兴趣的尊重仍有欠缺。"幸福的生日会"活动中有请小朋友们一人一句给××送祝福的环节，但由于幼儿表达能力有限，只能重复前面孩子的话，有的声音太小听不清，再加上幼儿人数众多，又盼着吃蛋糕，致使场面混乱，老师再一次严肃地控制纪律。这个片段一方面反映出老师对幼儿喜悦、热情、分享等的忽视，另一方面也反映出老师习以为常的高控制手段。但是，事后老师说道："习惯成自然了！一看到孩子们开始乱了，心里就急了，教室本来就不大，东西又多，生怕他们出点什么事，一下子就吼起来了，以后真的要注意。"虽然这个片段在一定程度上反映出教师仍然以自我为中心，缺少对幼儿特点、兴趣、需要的关照，但通过谈话可以看出老师对安全问题的重视，这其实也是源于对孩子的关心和爱护。

（二）第二阶段活动的开展与讨论

1. 教学活动设计

本阶段活动以"我与他人"为中心。归属感需要人们保持较为稳定的人际联结，并不断地、积极地与他人互动，且这些互动应当产生亲密而令人愉快的情感体验。幼儿归属感的发展必然涉及与他人的互动以及由此获得的积极体验。本单元活动目的在于帮助幼儿学习，以正确的态度和方式与他人互动、互助，从中体验交往的乐趣，包括"我与好朋友""我与老师"两个部分。"我与好朋友"着重帮助幼儿体会有好朋友的自豪、好朋友间互相帮助的喜悦，产生对好朋友的信任，引导幼儿乐意与人分享、合作。"我与老师"通过游戏、谈话等方式，引导幼儿有困难、不高兴的时候告诉老师，增进对老师的信任和安全感。亲子活动请家长根据老师或班里某幼儿的外貌特征、平时的行为习惯等进行描述，让孩子猜一猜是哪位老师或幼儿，帮助孩子进一步了解班里的老师和同伴。根据前期研究，游戏是幼儿归属感的影响因素之一，前期研究表明，同伴是幼儿归属感发展的影响因素之一，尤其在幼儿视角里，同伴的影响仅次于幼儿园教育活动，位列第二。因此，本单元一方面在表演区投放相应材料，供幼儿开展"今天我是小老师"等游戏；同时设计了"猜猜好朋友"等游戏活动，通过游戏增进同伴间的友情；此外，还增加了邀请大一班的小朋友配合开展的活动，充分发挥同龄同伴和异龄同伴在幼儿归属感发展中的积极作用。

2.活动实施

"长大的我"请一名幼儿平躺，其他幼儿沿身体边缘描绘，把小朋友的身体造型画到图画纸上。由幼儿自由结伴分组（每组5～6人），并协商各自承担的任务。自由选择材料作画并进行装饰，作品完成后，每组推举一名代表介绍自己的作品，并在墙上悬挂展示。活动意在鼓励幼儿运用多种材料大胆创作，以及尝试与同伴进行合作，遇到问题协商解决。

在活动进行中发现幼儿经常因为争抢玩具、图书发生冲突，在游戏中也常常发生矛盾，因此特生成活动"神奇的对不起"。引导幼儿做错了事要勇敢道歉，说"对不起"，并进一步帮助幼儿学习正确处理同伴间的矛盾，学习接纳身边的人。活动以讲故事的方式为幼儿提供生活中的情境，引导幼儿思考"发生什么事情""如果是你，你会有什么感受""这个事情给他人带来哪些不舒服"达到以境生情的目的；再启发孩子思考"咱们可以怎么做"逐步以情促知，进一步导之以行，帮助幼儿学习用正确的方式处理同伴间的矛盾，学习接纳身边的人。故事讲完后出示关于幼儿日常生活中常见矛盾的PPT，请幼儿讨论："如果PPT上的小朋友是我，我会怎样做？"将情景延伸，实现行为内化的目的。

游戏"猜猜好朋友"请幼儿互相交谈，说说自己有没有朋友、有朋友的感觉。幼儿轮流讲述自己好朋友的特征（外表、衣着、性格、平时表现等），让其他小朋友来猜。此活动激发了幼儿与朋友友好相处的情感，体验猜谜的乐趣；发展幼儿的口语表达能力及依据主要特征进行观察和判断的能力；引导幼儿学习用简短句描述人物主要特征并进行判断。同时，让被描述的幼儿体会被当作好朋友描述的自豪、愉悦，增加幼儿间的感情。受时间限制，游戏结束后，还有很多幼儿因为没有讲述自己的好朋友而跃跃欲试。为满足幼儿的讲述需要，作为延伸，教师在餐前、入园、离园等时段，引导幼儿自由结伴进行活动。有时则由教师和幼儿一起玩此游戏，老师说出一名幼儿的特征，请幼儿猜猜是谁。在这一过程中，作为引导者，教师有意识地挑选平时不太被小朋友关注的幼儿，以帮助他们获得积极感，增加自信心、归属感。

在"猜猜好朋友"的基础上，开展"优点大展台"活动，要求幼儿描述同伴的优点，更进一步地让幼儿体验赞美别人和被人赞美的感觉，体会赞美的意义，增进与同伴的感情，促进归属感的发展。由于活动让幼儿将目光放在同伴的优点上，并用语言表达出来，增进了幼儿间的情感。幼儿在与同伴的互动上，在态度、行为、情感上也有明显改变。幼儿懂得欣赏、礼让并且乐于协助同伴，还能在适当的时候伸出援手，表达关怀。

"快乐你我他"请大一班的小朋友配合开展。课前指导大班幼儿排练情景表演"谁对谁不对"，并请每位幼儿自备一包食品。情景表演结束后请幼儿与同伴分享自带的食品。引导幼儿讨论，除了食品、图书还有哪些东西可以和小朋友一起分享（玩具、画书等）。引导幼儿体会自己有了好东西和小朋友一起分享，心里才会感到充实和快乐；心里想着别人才会有很多好朋友。

"好朋友，行个礼"意在激发幼儿与朋友一起伴随音乐做游戏的兴趣，体会与朋友一起做游戏的快乐。音乐循环演奏，结成好朋友的幼儿结伴去找下一名幼儿，游戏结束，看看每队都交到了哪些朋友。一组游戏结束后，请幼儿说说自己的感受，相互交流和朋友一起做游戏的快乐。

3.教学后的反思与修正

本单元"我与小朋友"从"长大的我"开始，由"我自己"自然过渡到"我与小朋友"，让幼儿在团体情境中合作完成人物像，体验与小伙伴和谐相处的快乐，学习朋友之间的相互合作，彼此接纳。通过本单元活动，帮助幼儿学习与同伴相处，以及处理同伴间问题的方法、学习欣赏同伴的优点、接纳同伴的不同特点。由此得到的同伴的肯定和赞美，会让幼儿获得积极情感体验，进而表现出更多的正向互动，而这又将使幼儿获得更多的认同与接纳。本单元活动的反思与修正主要体现在以下几点。

第一，根据老师和幼儿的实际情况对活动内容进行调整。本单元原本设计了两个主题，一是"我与小朋友"，二是"我与老师"。活动开展中，两位老师提出经由设计好的教学活动的确能够影响幼儿对老师的情感，进而增加归属感。但依靠教学活动增进幼儿对教师的情感远远不够，更需要老师在一日生活的方方面面中对幼儿关心、爱护。难能可贵的是，老师还认识到对幼儿的关爱并非仅仅体现在对幼儿生活的照顾、情绪的抚慰、知识技能的传授上，更重要的是尊重幼儿，让幼儿感受到信任与尊重，这样才能慢慢培养幼儿对他人尊重和关爱。两位老师更愿意在一言一行中通过自身对孩子的爱培养幼儿对老师的爱，而非通过教学活动的形式。因此，对教学方案进行了弹性化调整，取消"我与老师"主题，保留"我与小朋友"，并根据幼儿的实际情况，在原有基础上增加了"神奇的对不起"等活动。

第二，"体验—感悟"模式取得较好效果。"体验—感悟"模式符合幼儿特点，对于幼儿归属感有积极的促进作用。以生成活动"神奇的对不起"为例：活动首先通过PPT为幼儿提供生活中的情境，引导幼儿思考"发生什么事情""如果是你，你会有什么感受""这个事情给他人带来哪些不舒服"达到以境生情的目的；再启发孩子思考"咱们可以怎么做"，逐步以情促知；再进一步导之以行，帮助幼儿学习用正确的方式处理同伴间的矛盾，学习接纳身边的人；故事讲完后出示关于幼儿日常生活中常见矛盾的PPT，请幼儿讨论："如果PPT上的小朋友是我，我会怎样做？"将情景延伸，实现行为内化的目的。活动中幼儿有话可说、表现积极，活动后当幼儿再因为玩具、图书发生争抢后，有的孩子会主动说"对不起"，有的孩子在老师的提醒下也能够说"对不起"。

第三，尊重幼儿兴趣，开展延伸活动。由于单元一活动中存在对幼儿主体性尊重不够和忽视儿童兴趣的情况，本单元在设计和实施中注重根据幼儿兴趣开展延伸活动，以彰显对幼儿的尊重。如在"猜猜好朋友"活动中，孩子们很感兴趣，跃跃欲试，但时间有限，很多孩子未能尽兴。根据这一情况，老师们在入园、离园及睡前等时间分组安排"猜猜好朋友"等活动。这样做一方面使孩子的游戏愿望得到满足，使幼儿心情愉悦；另一方面也减少了幼儿在入园、离园、睡前的等待时间，使幼儿有事可做，幼儿间的争执大为减少，友爱增多。根据幼儿兴趣，老师们在"长大的我""优点大展台"活动后，在美工活动区和表演区投入相应材料，满足幼儿继续创作，展示、表现自己的需要。

第四，重视幼儿归属感发展的性别差异，给予男孩更多关注。前期研究发现，4岁幼儿归属感在总的发展水平和投入维度上均存在差异显著，均为男孩的发展水平较女孩低。因此，在"猜猜好朋友"和"优点大展台"活动中，教师除了有意识地挑选平时不太被小朋友关注的幼儿外，也有意识地邀请男孩参与活动，给男孩更多的机会和鼓励。"像我们班，女孩的语言表达能力要好些，所以我也喜欢叫她们来说；男孩也会被邀请，比如××，他们能够说得出来，而有些男孩站起来半天说不出来，小女孩也有，哪有工夫去等他们。现在照你这么说，还是要给男孩和那些说不出来的孩子一些机会，以后这个问题多注意。""昨天让××说了一回，应该说是在我的帮助下说完的，说完了先是舒了一口气，小孩子也舒了一口气！然后很满足、很得意的样子，也还是挺让人感动的。以前的确给他机会太少了。"（1205教学讨论）

第五，重视同伴对幼儿归属感发展的影响。在本单元活动中，除专门设计了促进同伴友谊的游戏活动，"快乐你我他"活动还邀请大一班的小朋友合作开展。活动结束后请幼儿与同伴分享自带的食品。儿童早期的友谊是从幼儿间的一起玩耍、送东西等具体行动，逐渐发展到较为抽象的内在心理关系，如相互间的关心、照顾、情感上的分享等。也就是说，从满足自我需求渐渐发展到顾及双方需求的满足。这一过程很难自然而然地发展，它需要成人的引导。

"快乐你我他"这一活动正是根据孩子的特点，引导孩子通过具体行动建立友谊，获得愉快的体验，这是归属感发展的重要内容之一。

第六，未关注所有幼儿。本单元在尊重幼儿兴趣、需要以及发挥家长和同伴两个影响因素方面做出了努力，活动中最明显的不足在于未关注到所有幼儿。在"优点大展台""好朋友，行个礼"等活动中，老师首先还是挑选班里较出色的孩子，安静的孩子受到忽视，调皮的孩子仍然以批评居多。

（三）第三阶段活动的开展与讨论

1.教学活动构思与设计

本阶段活动以"我与幼儿园"为中心。认识到种群存在形态的人，会把作为个体本性渴望的快乐与幸福推己及人，作为一个种群是个体共同谋求并分享人生的幸福，从而产生更为深刻的体验。本单元将活动范围从班级扩大到整个幼儿园，将对象从人扩大到物，力求实现幼儿从个体的存在感跨越到种群的存在感，从"小我"的存在状态扩充为"大我"的存在状态。本单元活动涉及幼儿园的工作人员，如厨师、医生、保安等，还涉及幼儿园的环境。

2.教学实施

秋天到了，幼儿园的树掉叶子了。早上做操的时候，经常有幼儿蹲在地上玩树叶，本单元从观察"秋天的幼儿园"开始。"秋天的幼儿园"引导幼儿了解周围环境中各种和谐美好的事物，萌发幼儿关注环境的美好情感；培养幼儿的社会交往能力、口语表达能力。活动开展前带领幼儿逛幼儿园，引导他们观察秋天的幼儿园，发现幼儿园的美，一起讨论"秋天的幼儿园与春天、夏天的幼儿园有什么不同""秋天的幼儿园什么地方美""喜欢哪个季节的幼儿园""怎么让幼儿园更美"等问题。（141217教学讨论）

"让爱传出去"活动，幼儿对某一个人表达感谢，并试着清楚讲述想要感谢的事，随后，引导孩子选择自己动手制作小礼物，表达自己的感谢。活动开展中为幼儿提供了自由创作时间，活动过后，在活动区投放了彩纸、彩带、树叶等材料，引导幼儿动手制作卡片等小礼物，以表达谢意。

儿歌"团结友爱亲又亲"让幼儿明白团结友爱的人朋友多，体验朋友多的快乐。让幼儿通过表演游戏、自由表演等方式学习"孤零零"等叠词。

接力游戏"我是小司机"，意在培养幼儿的竞争意识和对集体的认同感。通过游戏，让幼儿获得积极情绪体验，与此同时，逐步了解个人与集体的关系，萌发幼儿爱集体的情感，愿意为集体而努力。

"我们一起运西瓜"目的在于帮助幼儿学习与同伴合作游戏，愿意互相协商并达成一致，体验集体获胜后的喜悦。游戏中将幼儿分成 4 队，两人一组运送西瓜（塑料球）到对面筐里（将"西瓜"放在两人胸前夹住后前进），然后两人跑回队伍最后面，第二组幼儿出发，先将所有球送到对面筐里的队获得胜利。

3. 教学后反思

本单元活动后的反思主要体现为以下三点。

第一，体验是幼儿归属感的获得和发展的基础。本单元将活动范围扩大至整个幼儿园，帮助幼儿在真实情境中体验幼儿园工作人员的辛勤工作，唤起其对整个幼儿园的积极情感，增进其对幼儿园的投入。在"让爱传出去"活动中，幼儿感谢的对象具有较大局限性，大部分幼儿表达了对母亲的感谢，部分幼儿园爷爷奶奶、外公外婆和老师表达感谢。发现这一问题后，老师借助认识秋天的幼儿园这一机会，带领幼儿观察阿姨、厨师、保安等工作人员的辛勤工作，让幼儿感受他们对自己的关爱和照顾。当幼儿有了感受之后，引导其进一步将感激表达、传递出来。于是，幼儿发出了不一样的声音："谢谢厨师阿姨给我们做饭，我做一条项链送给她。""保安叔叔很辛苦，我上幼儿园的时候他们在门口接我，放学的时候，他们也在门口，我要做一张感谢卡送给他。"相信他们对幼儿园的感情也会随着发生变化，这都是幼儿归属感的重要表现。

针对这次活动，两位老师也分别发出感慨。"要是不带着孩子们去厨房看看，不提醒他们上幼儿园的时候观察保安的工作，孩子们也能按要求制作感谢卡，但那纯粹就是完成任务，没有带感情色彩。让他们自己看一看，拎一拎阿姨的水桶，就有切身体验了，再来做感谢卡，就是有情感的东西了。你看他们制作的时候那认真样！所以说还是要让孩子体验啊！"（T6）"看到厨师和保安接受孩子感谢时的感动与腼腆，我也特别感动。不要以为孩子们什么都不懂，他们是能感受到大人的欢喜的，肯定心里也很高兴。我觉得这肯定会拉近孩子和幼儿园的距离，增强他们的归属感的。"（T5）"大班的孩子毕业的时候，老师会带着他们去感恩，不仅感恩我们自己班上的老师，还有厨房的叔叔阿姨、门卫的叔叔阿姨啊，他们都会觉得我们是一个大家庭，现在我们要分开了，我们要道别。他们进入小学以后很希望能够再回来，再回来看看自己之前学习的地方、玩耍的地方，他们认可这个地方了，觉得是他们的另一个家，他们才会有再回来看一看的愿望。"（T6）可见，体验是幼儿归属感的获得和发展的基础。幼儿在亲身体验、感知中生成积极、深刻的情感，归属感逐渐获得并发展。

第二，为幼儿提供难易适度的游戏。本单元根据幼儿的发展特点为幼儿提供难易适度的游戏，重视游戏情境的创设，取得了较好效果。以接力游戏"我是小司机"为例：活动中孩子们雀跃着企盼自己的队友能够快一点跑回来，盼望着自己的队伍能够取得胜利。但幼儿的这种情绪不易持久，如果前面队员完成活动的时间过长，幼儿的注意力就易分散。因此，分组时由平时的 4 组增加为 6 组，每组 5～6 个幼儿，以减少幼儿的等待时间。此外，还要注意游戏难度。游戏设计时曾考虑了跨越、平衡等动作，进一步讨论认为，如果一个活动中同时拥有"小河"、平衡木、拱形门等环节，对中班幼儿而言难度过高，因此采用了逐次设置一项障碍的方案。最后，在游戏中还设计情节和角色，以增强幼儿的兴趣。考虑到幼儿对车辆感兴趣，设计了派"小司机"去北京把幼儿园买的车开回来这一情节，激发了幼儿参与游戏的兴趣。

第三，需加强对幼儿经验和特点的了解。本单元的不足之处主要在于："秋天的幼儿园"开展之前并未引导幼儿观察过春天、夏天的幼儿园，因此幼儿回答不上"秋天的幼儿园跟春天、夏天的幼儿园有什么不同""你喜欢哪个季节的幼儿园"等问题。反映出老师对于幼儿的已有经验和幼儿心理发展特点的把握还有欠缺。

四、幼儿归属感培育实践的评估

在后期评估阶段，本研究运用量化考察与质性分析相结合的方式对幼儿归属感教育促进活动的效果进行检验与分析。

（一）幼儿归属感培育实践成效的量化考察

1.研究结果

（1）对照组前后测的差异比较

表5-3　对照组幼儿归属感前后测差异比较

项　目	对照组前测（$N = 40$）		对照组后测（$N = 40$）		t
	M	SD	M	SD	
投　入	3.57	0.76	3.67	0.64	−0.721
依　恋	3.44	0.79	3.32	0.77	1.069
认　同	3.33	0.80	3.28	0.65	0.324
总问卷	3.47	0.75	3.46	0.59	0.305

在表5-3中，对照组幼儿归属感配对样本 T 检验的统计结果表明，对照组幼儿归属感前后测在归属感三个维度及总成绩上均没有出现显著性差异，幼儿归属感的发展没有出现明显进步。这从一个侧面反映出幼儿归属感并非自发产生，需要幼儿园有目的地活动。

（2）介入组前后测的差异比较

表5-4 介入组归属感前后测差异比较

项　目	介入组前测（ N = 41）		介入组后测（ N = 41）		t
	M	SD	M	SD	
投　入	3.61	0.88	3.77	0.66	−1.206
依　恋	3.40	0.93	3.73	0.63	−2.575*
认　同	3.37	0.72	3.36	0.82	0.052
总问卷	3.48	0.78	3.69	0.65	−1.998

注：*p<0.05

从表5-4的数据可以看出，介入组幼儿在接受一系列的归属感培育活动后，除认同维度外，依恋、投入、总问卷得分上均有明显提高。配对样本 T 检验结果表明，介入组幼儿依恋维度得分在前后测中存在显著差异。这说明介入组幼儿经过幼儿归属感培育后，其归属感水平有了一定的提高。

（3）对照组与介入组后测的差异比较

对两组幼儿的归属感后测结果进行独立样本 T 检验，数据表明介入组幼儿比对照组幼儿在归属感的三个维度和总体发展上都有进步，并在依恋和总体发展上出现显著性差异（表5-5），说明幼儿归属感培育活动对幼儿归属感的发展有积极的促进作用。

表5-5 介入组与对照组归属感后测差异比较

项　目	介入组（ N = 41）		对照组（ N = 40）		t
	M	SD	M	SD	
投　入	3.77	0.66	3.67	0.64	0.783
依　恋	3.73	0.63	3.32	0.77	2.573*

续 表

项 目	介入组（ $N = 41$ ）		对照组（ $N = 40$ ）		t
	M	SD	M	SD	
认 同	3.36	0.82	3.28	0.65	0.518
总问卷	3.69	0.65	3.46	0.59	2.041*

注：*p<0.05

2. 分析与讨论

从总体看，幼儿归属感培育活动对幼儿归属感的发展具有一定促进作用。幼儿在依恋、投入、认同三方面都有提高，依恋和归属感总体水平在培育前后表现出显著差异。

幼儿归属感的前后测对比发现，依恋的提升幅度较大，认同的提升幅度较小。依恋提升幅度较大的原因可能在于培育活动对幼儿的尊重。在培育活动中，对活动内容、开展形式、时间长短等方面都充分考虑了幼儿的特点、兴趣和需要。老师在活动中尽量采取鼓励和肯定的方式，减少对幼儿的批评和限制，使幼儿体验到更多的自信、自尊、自主。同时，老师积极为幼儿创造与同伴游戏、合作的机会，引导幼儿体验与同伴游戏的乐趣。这些使幼儿对自己、对老师、对同伴的积极情绪增加，故而依恋的发展较为明显。在认同方面，原本培育活动的第三单元"我与幼儿园"意在帮助幼儿感受自己是集体中的一员，体会身处其中的快乐，以增强其成员意识，但由于活动开展期间恰逢幼儿园有全园教师参与的大型活动，两位带班老师都需要参加排练和演出，活动开展受限，这在一定程度上影响了幼儿对集体的自豪感。而在日常生活中，幼儿园各班的规则不同，较缺少班级与班级间的交流或竞赛活动，幼儿缺少强烈地感受自己是班级一员、体验班级自豪感的机会，这也使认同发展受到限制。

实践研究的结果提示，从情绪到认知和行为的变化需要一段比较长的时间。介入组幼儿在归属感培育实践后的得分有所提高，但是仅在依恋维度表现出显著差异。应当说，幼儿积极情绪的发展在短期内并不能引发幼儿在投入和认同上的显著变化。因为除了良好的情绪基础，在儿童能够表现出积极行为和认同前，他们必须感知他人和集体的需要，然后正确地解释，再决定以什么方式投入。此外，他们还必须相信自己有足够的能力参与活动。因此，从幼儿情绪体验到内部认知和外部行为的变化都需要足够时间。

从总体上看，量化研究的结果从一个侧面提供了幼儿归属感培育活动的效果，在一定程度上证明了在幼儿园进行归属感培育的可行性与有效性，但样本数量比较少，并且教师在前后两次填写问卷的过程中难以避免出现社会赞许效应，这都将影响量化评估的准确性。为此，本研究对行动研究的结果从质的方面进行了分析。

（二）幼儿归属感培育实践成效的质性分析

为验证和补充量化研究的结果，同时也为更加直观地反映归属感培育活动对幼儿和教师的影响，本研究采取质性方式对幼儿归属感培育实践的成效进行考察。

1. 幼儿的表现

第一，幼儿的自信心增强。"她在看自己的作品时，非常自信和兴奋，一遍遍给我讲述她的作品是什么意思。她好像并不觉得自己哪里画得不好，觉得自己是最棒的。好笑的是，她什么画都能编个理由。"（1202 家长）

"觉得自己长大了，可有本事了，老是抢着帮我们做事，争着收碗、拖地什么的，搞得我们心惊胆战啊！"（1203 家长）

第二，幼儿与同伴的积极互动增多。这主要表现在对同伴的关心、帮助、合作、赞美增多，如以下观察案例：

下午吃点心的时候，吃的是小面包，因为是独立包装，需要孩子自己撕开。××试了几次没有撕开，旁边的××看见了，说："我来帮你。"伸手拿过××的小面包，顺利地撕开，再递回××，说："给你，快吃吧。"（1126 观察）

中午吃饭的时候，小朋友们需要自己端着碗回到座位。××双手捧着碗，小心翼翼地慢慢走，×××已经坐在座位上开吃了，看见这情形，×××放下自己的碗，走到××跟前，"我来帮你端"，接过××的碗，很小心地走到座位边，放下碗。"我很厉害吧？！"××使劲点点头，拉开椅子笑着坐了下来。（1205 观察）

离园前，孩子们在等家长来接。C3 拿了一本书有模有样地翻着，C17 从旁边经过，很好奇地探头去看。C3 很兴奋地指着书对 C17 说："我讲给你听！"C17 很配合地点点头。两个孩子坐到桌边，趴在桌子上合看一本书。（1128 观察）

第三，幼儿对老师的关心增多。

"下午吃的点心是小面包，T 在教室里巡视，看有没有需要帮助的孩子。走到××身边时，她侧过身望着 T，将右手高高举起。T 老师弯下腰问："有需要帮助的吗？"××嘴里含着面包，含糊地说："老师，给你吃！"T老师有点意外，"××，为什么要给我啊"？"要分享！""××，谢谢你，老师不饿，你自己吃，不然一会你会饿的！"××很执着地举着手："老师，你吃吧，你也饿了！"（1208观察）

"带了他们一年多，这是第一次有孩子在吃点心的时候想到我！当时意外得都有点不知所措了！这半个小面包让我觉得做什么都值得！"（1208 T5）

2. 教师的变化

第一，老师"心中有幼儿"了。作为独立的生命个体，幼儿有自己的需要和兴趣，但行动研究之前，活动的选择和实施均由教师决定，在整个过程中教师严重忽略了幼儿的存在。随着活动的开展，幼儿的兴趣、需要、体验、表现成了影响活动内容选择、目标确定、活动开展的关键因素，开始真正"心中有幼儿了"。

"今天我带着孩子们去操场玩的时候，孩子们把木头块拼成独木桥，都从桥上过，××却一个人在一边玩，我问她为什么，说是害怕。如果是以前，我肯定会说：'不怕，老师相信你是勇敢的孩子！'可是今天我忍住了。因为我觉得不能强迫她去做害怕的事情，而且我要是说我相信她是个勇敢的孩子，是不是给孩子压力了呢？所以后来我和她一起搭了座更矮更宽的'桥'，牵着她走，她很开心。我心里也觉得很兴奋，很有成就感，我想我这应该才是'心中有幼儿'吧！"（T6，1212）

正如老师所言，经过一段时间的努力，老师们的确有了变化。除了活动设计中考虑幼儿的兴趣、特点，在一日活动中，老师们开始想孩子所想，体察幼儿的感受和体验，真正做到"心中有幼儿"。

第二，老师放手让幼儿去"做"，例如：

"以前经常说要让孩子们参与，但事实上都是我们在做。一方面是为了省事，一方面是低估了孩子们的能力。上次粘照片之后，发现孩子们其实还是很能干的，没我们想得那么糟糕。以前桌子上洒了水，孩子们就开始喊老师，然后都是我们去拿毛巾擦。现在好了，这些都让孩子们自己来做。有时候一个孩子洒了水，没等吭声，另一个孩子马上跑去拿毛巾了，好笑得很。虽然也还是要给他们收拾尾巴，省不了事，但看他们那积极样，（老师笑）还是让他们做做吧！"（T5，1114）

案例反映出老师逐渐改变观念与行为脱节的做法，开始放手让幼儿做力所能及的事情，包括规则的制定、日常自我服务、部分环境创设等。老师从活动中看到了幼儿的积极性和主动性以及超出意料的能力，这也增加了老师对幼儿的了解，改变了老师的部分做法。

第三，老师开始经常反思。例如：

T5："我常觉得每次我们喊停，要结束活动的时候，其实往往正是孩子们玩得开心的时候，没有给孩子足够的时间。"（1121 教学讨论）

T6："活动中让孩子们讨论的时间总是很仓促，虽然也让孩子说，但很多时候更像是走过场，没有真正去听孩子的想法。"（1121 教学讨论）

T5："孩子说不说得出和有没有机会说还是不同的。有时候孩子高高举手，但我想的是这孩子说不出，所以就不会请他起来。其实这样是不对的。"（1121 教学讨论）

老师们对幼儿归属感的培育也有了新的思考，例如：

"培养幼儿归属感可以把不同班的孩子放到一起，就像上次请大班的孩子来表演，然后一起分享，效果很好。下次我们和小班一起搞个活动，让孩子们体验一下做哥哥或姐姐的感受，应该对培养责任感有好处！"（T5，1202）

（三）幼儿归属感培育实践的不足与反思

1. 幼儿归属感培育实践活动的不足

量化考察与质性分析表明培育活动对于幼儿归属感有促进作用，回顾整个实践过程，不足之处主要表现在以下几点。

第一，教师对家长缺少反馈，影响家长的参与积极性。单元一中有家长活动，家长也陆续将亲子单返回幼儿园，但老师未开展进一步的延伸活动，未能充分调动家长的积极性、发挥家长的作用。

第二，实践活动后半段的开展不如人意。单元三开展时临近新年，幼儿园有全园幼儿参与的大型活动，孩子们需要参加节目排练，分散了精力，活动的开展受到一定影响。

2. 幼儿归属感培育实践的反思

幼儿归属感培育实践既尊重幼儿归属感的特点，又考虑幼儿生命的完整性，以幼儿实际生活中的愉快事件为起点，从"我自己""我与他人""我与幼儿园"三个方面展开。培育活动于实际生活中帮助幼儿体认自身力量、同伴友爱、集体关怀，以体验联结情感、认知与行为，引导幼儿将感受与体验内化为积极品质、外化为积极行为。实践活动为幼儿归属感培育提供的借鉴主要体现在以下四个方面。

（1）发挥教师在幼儿归属感发展中的主导作用

在幼儿归属感发展的影响因素中，综合幼儿、幼儿家长、幼儿园教师的观点，教师是最重要的影响因素。幼儿归属感培育实践也提示，需积极发挥教师在促进幼儿归属感发展中的主导作用。

一方面，教师的观念将影响其教育行为，进而影响幼儿的情感体验、对活动的投入以及对幼儿园的认同。发挥教师的主导作用，需要帮助教师形成对幼儿及幼儿归属感的正确认识。在第一阶段"我的生日标记"活动中，老师改变"幼儿贴不好""不放心"的观念，改变为孩子"代劳"的方式，让幼儿自己动手粘贴。结果，孩子们积极性大为增强，在粘贴过程中体验到成功的喜悦，在粘贴完成后也体现了更强的主人翁精神。作为幼儿成长中的重要他人，教师一个小小的变化，都将对幼儿归属感的发展产生不可忽视的影响。因此，要通过各种方式帮助教师正确认识幼儿归属感及其发展特点，为教师主导作用的发挥奠定基础。

另一方面，幼儿归属感的发展需要将日常渗透与专门的教育活动相结合，这也体现出教师的主导作用。归属感对于幼儿的健康成长和适应社会具有重要意义。但当前幼儿园的归属感教育只在社会领域或其他方面有零散体现，且只涉及部分内容。从幼儿归属感发展的复杂性和重要性来看，教师有必要开展专门的归属感培育活动，让幼儿认识到自己是班级的一员，形成对班级的认同；感受到集体生活的温暖，产生对班级、老师、同伴的积极情感；并积极参加集体活动，愿意为集体做事，为集体的成功感到高兴。教师要注重将幼儿归属感培育根植于日常生活情境中，引发幼儿真实的情感体验和共鸣，促进归属感的获得与发展。同时，生活世界蕴藏着丰富的价值和意义，教师要善于抓住一日活动各环节中培育归属感的契机。例如，教师可以在幼儿来幼儿园时播放轻声悦耳的音乐，使幼儿一入园就进入舒适、愉快的环境中，激发幼儿愉快情感；进餐时让幼儿负责发放碗筷，以便幼儿体验老师的信任及成就感，增强幼儿的主人翁意识，培养其责任感。又如，老师在午休时对幼儿自己穿脱衣服的鼓励、肯定，这些都能够让幼儿体验存在感，真切感受到被关怀、受关注，从而产生积极的自我体验和情绪体验，形成对老师、同伴、集体的信任，增强其归属感。因此，幼儿归属感的发展需要教师发挥主导作用，既重视专门的培育活动，也重视日常教育活动中的渗透，将两者相互结合。

（2）注重教学活动与游戏活动的结合

幼儿归属感培育实践应充分考虑幼儿的人际关系和生态系统，内容以幼儿为中心层层扩展，从幼儿自我认识、幼儿与他人、幼儿与集体三个方面组织了游戏活动和教学活动，符合幼儿的发展特点，在一定程度上促进了幼儿归属感的发展。培育实践提示，将游戏活动和教学活动相结合，对幼儿归属感发展具有积极的促进作用。

以幼儿归属感培育实践的第二阶段活动为例：第二阶段活动首先通过活动"长大的我"引导幼儿尝试与同伴合作，教给幼儿协商解决问题的方法；接着根据幼儿的实际情况生成活动"神奇的对不起"，帮助幼儿学习用正确的方法处理与同伴间的矛盾，学习接纳他人，培养幼儿与同伴的积极情感。按照朱家雄教授对幼儿园教育活动从结构化程度的划分，上述两个活动在"纯游戏"到"纯教学"的连续体上均偏于教学一端，重视幼儿认知和能力的发展。而此后的"猜猜好朋友""优点大展台"两个活动则更偏游戏一端，并且将时间延展到餐前、入园、离园等，让幼儿在游戏中体验赞美与被赞美的乐趣，增进与同伴的友谊。

教学活动能够较为系统地帮助幼儿认识人我关系，帮助幼儿习得恰当的行为方式，学习解决问题的方法，使幼儿感受到自身的成长，体会成长的自豪感；游戏活动能够让幼儿获得更多积极的情绪体验，将教学活动所得运用于游戏中，并从游戏中获取新的知识和技能，提升参与的主动性。教学活动和游戏活动相辅相成，共同促进幼儿归属感的发展。

（3）通过"体验—感悟"模式促进幼儿归属感发展

本研究采取"体验—感悟"模式实施幼儿归属感培育活动，取得了较好效果，"体验—感悟"式的培育实践揭示了幼儿归属感的发展机制。在"体验—感悟"模式中，感知体验环节重视幼儿以已有经验为基础，帮助幼儿"以境生情"。如在"神奇的对不起"活动中，首先通过 PPT 为幼儿提供了生活中的真实情境，引导幼儿思考"如果是你，你会有什么感受"，唤起幼儿已有经验和感受；再引导幼儿思考"这个事情会给别的小朋友带来哪些不舒服"，达到以境生情的目的；之后启发孩子思考"咱们可以怎么做"，引导幼儿对所获得的感受进行分析、思考、评价，明确自己刚才学到了什么、发现了什么，逐步以情促知；之后，以 PPT 提供与经验相符的新情境，引导幼儿投入新的经验情境中，帮助幼儿在新情境中行动、应用、验证所掌握经验的正确性和合理性，并将验证后的经验转换为自己所有，成为下一个学习过程的逻辑起点。习以成性环节强调"知"与"行"的统一，将"以知增情、情知交融"环节中形成的行为图式或认知经验融于新的现实情境中，将活动中的情感体验和经历迁移并延伸到新的情境中，引发幼儿内心丰富的情感体验，最终内化为具有成长价值的心理品质。

幼儿归属感在"体验—感悟"中获得与发展，这一过程提示了归属感获得的两种机制：一方面，从个体机制看，幼儿归属感的获得是基于体验的持续过程，包括具体体验、反思观察、抽象概括和行动应用四个阶段；另一方面，从社会导向机制看，归属感的发展取决于心智与情境的循环互动，在个体与外界的相互作用和交织状态中获得。幼儿归属感获得的个体导向机制包括行动应用，而社会导向机制则强调"用中学"，促进幼儿归属感的获得与发展，需要遵循这两个方面的发展机制。

（4）重视幼儿园与家庭的教育融合

在幼儿归属感的获得与发展中，家长与教师是两个重要的影响因素，家庭和幼儿园是两个最重要的微观层。根据人类发展生态学，不同微观层之间的正式与非正式交流对个体发展都有重要作用。就归属感的获得与发展而言，家长是不可忽视的影响因素，家长的参与能够促进幼儿对幼儿园的积极情感和对活动的投入，家庭与幼儿园之间融合有利于促进幼儿归属感的获得与发展。教师在幼儿入园前可以将活动室、休息室的环境布置进行调整，使其更符合幼儿家庭中的布置。例如，区角里摆上小沙发等家中常见物品；休息室的窗帘可以有意识地选择色彩温暖的卡通图案。通过小细节，让幼儿产生类似于家的亲切感、熟悉感、安全感。此外，教师还可以邀请幼儿和家长一起参与环境布置，如邀请幼儿和家长一起做一些简单的手工作品，摆放在班级内；在班级墙面上粘贴幼儿与家长的合照等。通过这类活动，让幼儿感受家的温馨，也在这一过程中培养小主人翁意识，帮助幼儿逐渐在集体中找到归属感。

五、本章小结

通过理论探讨和实证研究探索幼儿归属感的结构，进一步探索幼儿归属感的发展特点和影响因素后，探索可融于我国幼儿园日常教学的幼儿归属感培育方案就显得格外迫切。本研究将培育活动限定于"幼儿园教育"层面，于幼儿园真实场域中，与一线教师合作开展促进幼儿归属感发展的实践活动。

本研究遵循行动研究的基本范式。行动研究的进程和方法虽无严格的程序，但有其必须经历的历程，即发现问题、决定行动策略、付诸行动、反省修正。本研究通过访谈和观察，发现教师对幼儿归属感及其培育有一定认识，但实践中教师本位明显，幼儿往往被忽视。针对上述问题，研究者与合作教师组成共同体进行理论学习，在幼儿归属感的内涵、中班幼儿归属感的发展特点、幼儿归属感的培育既需要成人帮助引导，也需要发挥幼儿主体性等问题上达成共识。

在此基础上，结合前期研究结果，本研究设计了幼儿归属感培育实践的方案，主要内容包括：第一，在培育实践的目标上，基于对《3—6岁儿童学习与发展指南》精神的理解，结合前期研究归属感结构的三因素，从投入、依恋、认同三方面设计幼儿归属感培育实践的目标；第二，在培育实践的内容上，主题活动由幼儿自身向外扩展，由"我自己""我与他人""我与幼儿园"三个单元组成；第三，在培育实践的实施上，采用"体验—感悟"模式突出幼儿的感知体验与行为表现；第四，在培育实践的评价上，本研究在实践过程中和结束后均进行总结与反思，后期评估阶段将量化考察与质性分析相结合对幼儿归属感培育活动的效果进行检验与分析。

实践研究表明，幼儿归属感培育活动对幼儿归属感的发展具有一定促进作用，尤其在依恋维度和归属感总体发展水平上，实践活动前后表现出显著差异。培育实践提示，促进幼儿归属感发展既需要发挥教师在促进幼儿归属感发展中的主导作用，也需要将教学活动与游戏活动相结合，同时重视幼儿园与家庭的融合。

第六章　促进幼儿归属感发展的思考

促进幼儿归属感的发展，是本研究的最终目标，对幼儿归属感结构的探求、发展特点的探索、影响因素的揭示以及培育实践的开展，均指向这一最终目的。如何促进幼儿归属感的获得与发展，目前尚不能得出结论，因为个体在发生变化、情境在发生变化、社会在发生变化。但本研究在前期研究的基础上，对幼儿归属感培育的相关问题进行反省、思索，力求能够为后续研究、为幼儿归属感培育实践提供借鉴。

一、促进幼儿归属感发展的基本理念

（一）幼儿归属感培育的理论基础

1. 人类发展生态学理论

心理学家布朗芬布伦纳对生态环境与人类行为的关系进行了深入研究，提出人类发展生态学理论，认为对个体发展特点的研究要强调发展的情景性，应当在自然环境和具体的社会背景下探讨个体发展问题。他认为个体发展的环境是一个由小到大层层扩散的生态系统，每一个系统都会通过一定的方式影响个体的发展。这些环境以幼儿园、家庭、社区、社会文化以及个体与环境之间、环境与环境之间相互作用、相互联系等形式具体存在于个体发展的生活中，在个体发展的不同时期从不同方面给予不同影响。他从拓扑学的角度将这一生态系统看作层层镶嵌的同心结构，每一层都镶嵌在相邻的层次里，圆心是发展的个体，最里层是包含发展中的个体在内的直接环境。这些结构依次为微观系统、中间系统、外层系统和宏观系统。这四个层次是以对幼儿发展的影响直接程度分界的，从微观系统到宏观系统，对幼儿的影响也从直接到间接。

第一个环境层次是微观系统，是个体活动和交往的直接环境，这一环境在不断变化和发展。对大多数婴儿来说，微观系统仅限于家庭。随着个体的成长，活动范围不断扩展。对幼儿来说，幼儿园成为除家庭以外对其影响最大的微观系统；教师、同伴和家长一样，成为幼儿微观系统的重要成员。布朗芬布伦纳强调，认识幼儿的发展，必须看到所有关系是双向的，即成人影响着幼儿的反应，幼儿也影响着成人的观念和行为。

第二个环境层次是中间系统，包括各微系统之间的联系或相互关系。布朗芬布伦纳认为，如果微系统之间有较强的积极联系，发展可能实现最优化。相反，微系统间的非积极联系会产生消极的后果。

第三个环境层次是外层系统，是指那些幼儿并未直接参与但对他们的发展产生影响的系统，如父母的工作环境就是外层系统影响因素。

第四个环境系统是宏观系统，指存在于以上三个系统中的文化、亚文化和社会环境。宏观系统实际上是一个广阔的意识形态，它规定如何对待幼儿、教给幼儿什么以及幼儿应该努力的目标。在不同文化中这些观念是不同的，但是这些观念存在于微观系统、中间系统和外层系统中，直接或间接地影响幼儿知识经验的获得。

布朗芬布伦纳的模型还包括时间纬度，又称历时系统，把时间作为研究个体成长中心理变化的参照体系，强调将时间和环境相结合来考察幼儿发展的动态过程。

布朗芬布伦纳的观点对本研究的启示在于：第一，幼儿归属感研究不能脱离幼儿所处的生态系统。对于幼儿而言，对其影响最大、最直接的是由家庭和幼儿园构成的微观系统，家长、教师、同伴是其中关键的生态因子，幼儿归属感研究要重视这三个生态因子及其相互关系。第二，幼儿归属感是幼儿、家庭、幼儿园、社会生态系统相互作用的结果，幼儿归属感研究需从动态方面考察其互动情况，注重多元、交互的因果解释。就此而言，人类发展生态学理论的引入，为本研究提供了探索问题、理解问题、分析问题的视角和框架。同时，将归属感置于幼儿发展的生态系统中，还原一个充满生活气息的个体，将使研究更具生态性、情境性。

2. 全视角学习理论

2006年，丹麦学者克努兹·伊列雷斯教授出版《我们如何学习》一书，从更为宽广、更为综合性、更为多样化的视角，对学习提出整体性理解。克努兹教授从广义视角把学习界定为："发生于生命有机体中的所有导向持久性能力改变的过程，此外，这些过程的发生并不是单纯由生理性成熟或衰老机制造成的。"这一广义而开放的界定，其关键之处首先在于学习意味着一种改变，是持久性的改变。同时，这种变化不是由于生命有机体中预先已有潜能的自然成熟，尽管这种成熟可能对于学习发生来说是一种很好的先决条件。按这样的界定，归属感的获得是一种学习。

克努兹学习论的理论框架可用"两个过程""三个维度"来概括。克努兹认为，所有的学习都包含两个过程，且两个过程必须都是活跃的，才能学有所获。过程一是个体与所处环境的互动过程，互动的前提条件在本质上是有历史性与社会性的。过程二是心理的获得过程，这是内部心智获得与处理的过程。获得过程发生的基础是人类历经百万年渐进的生物发展进程。在克努兹看来，对于学习的理解，非常关键的是两个过程及其双向互动都必须被顾及。

图 6-1 是关于学习过程的模型。延伸于个体和环境这两个双箭头之间的竖线表示学习的互动过程。由于"环境"这一外部世界是学习整体所依赖的基础，克努兹将其置于整个模型的底部，而学习个案是特殊"案例"，所以克努兹将其放在顶部。通过这种方式，克努兹同时也建立了两种水平：环境水平和个体水平，它们是学习过程的一部分。

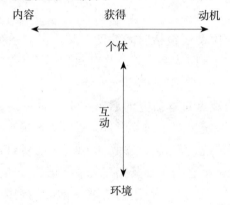

图 6-1 学习的基本过程

如图 6-1 所示，获得过程总是在内容与动机之间产生。由此，克努兹推出了学习的三个维度：内容、动机与互动。内容维度关注知识、理解与技能。通过这一过程，人们寻求意义构建和知识技能的掌握，从而更好地在所处环境中发挥自身能力。动机维度包含动力、情感和意志。通过这一过程，人们寻求维持心智与身体的平衡、发展自己的敏感性。互动维度包含活动、对话和合作。通过这一过程，人们寻求实现自己认为可以接受的人际交往与社会整合，发展自己的社会性。

图 6-2 中的两条双箭头线勾画出了一个三角形的领域，如果对这个三角形略加补充，就出现了三个"角"或"极"，分别表示克努兹所称的学习三维

度——内容、动机和社会维度，前两者是与个体获得过程相关的，后者与个体和环境间的互动过程相关。克努兹学习论的基本论点是，所有学习都包含这三个维度，如果要充分理解和分析某种学习情境，这三个维度必须始终被顾及。这个框架可以用如图6-2所示的学习三角来代表。

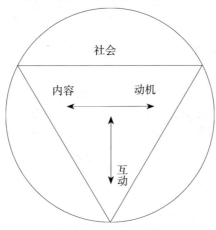

图6-2　学习的三个维度

在图6-2中，一个圆周构架了学习三角，表示学习总是发生在一个外部的社会性情境之中，这个情境在一般情况下，对于学习可能是有决定性意义的。

此外，克努兹将学习类型概括为累积、同化、顺应、变构四种；还从时间视角和空间视角讨论了学习，认为不同生命年龄段的学习和不同学习情境中的学习各具特征。

全视角学习理论对本研究的启示在于：作为一种学习，归属感的获得发生在一个外部的社会情境中，于个体而言应当是一种持久性的改变，这种改变包含两个过程，一是个体与所处环境的互动过程，具历史性与社会性；二是内部心理的获得过程，具生物性，两者缺一不可。因此，探讨幼儿归属感需置身于幼儿生活的真实环境，同时考量幼儿与环境的互动及幼儿归属感的心理特质。而在归属感的教育促进中，则需同时关注内容、动机、互动三个维度。全视角学习理论的引入，改变了以往归属感研究仅限于个体心理特质的视角，将视野拓展到个体生活的环境及个体与环境的互动中，将使研究更具全面性、动态性。

（二）幼儿归属感培育的价值取向

教育价值取向是"在现实的教育实践过程中，教育价值主体基于自身的种种利益、目的和需要，同时也基于对教育这一价值客体的认识，在教育价值主体和教育价值客体之间所具备的若干价值关系中进行选择时所表现出来的意向或倾向性"[①]。幼儿归属感培育的价值取向是基于对幼儿归属感培育的认识，在选择教育内容、实施教育计划时所表现出来的倾向性，是对即将展开的幼儿归属感培育活动的方向性规划。

1.关怀生命：幼儿归属感培育的价值取向

回顾我国学前教育的历史，自 1904 年癸卯学制开启我国制度化学前教育开始，学前教育的价值取向几经转变。癸卯学制虽提出蒙养院与"初等小学之授以学科者迥然有别"，但在教育价值的选择上更多反映统治阶级利益，遵循社会本位的价值取向，并非完全为儿童发展着想。20 世纪二三十年代，由于受到杜威进步主义教育思想的影响，学前教育开始注重儿童身心的健康发展和儿童需要的满足，而受当时国情影响，学前教育也关注社会需求。20 世纪五六十年代，受苏联教育的影响，我国学前教育注重学科知识体系和逻辑结构，将传授系统学科知识、为社会培养"人力"作为首要任务，突出国家、社会的需要。20 世纪 80 年代以后，随着西方教育理论、儿童发展理论的涌入，学前教育确立了以儿童发展为本，同时满足社会需要的价值取向。纵观我国学前教育价值取向的发展，个体取向、社会取向、知识取向三种典型的教育价值取向在不同阶段分别有所体现，其中又以社会取向和知识取向为主，个体取向较受忽视。

然而，不管社会形态如何变化、社会经济如何发展、知识观念如何更新，受教育者的年龄特征、身心特点和发展成长需求，是教育中不随社会形态而改变、最具稳定性的要素，是构建教育价值取向的根源。"事实上，没有儿童个体发展价值的实现，就不可能有学前教育社会价值的实现。因为社会价值也是通过儿童特定的发展表现出来的，但社会价值实现的结果不应是扭曲了儿童的发展，而应与儿童的健康发展相一致……甚至应该以儿童价值为中心，但这并不意味着无视社会价值。事实上，儿童价值的实现，即儿童全面和谐发展本身就是社会价值的重要方面，实现了儿童的发展价值，也就实现了社会的其他价

---

① 杨颖东.失衡与反拨——我国学校教育价值取向的偏差反思和调整 [D].上海：华东师范大学博士，2014：18.

值"①。实现了儿童的发展价值，知识的传承和发展也就得以实现。归根结底，教育是面对生命、为了生命存在的活动。教育至上的功能和至深的本质是为了促进生命的完满、和谐发展，教育的终极目的在于"优化生命存在、提升生命质量"②。因此，在个体、社会、知识三者之中，幼儿归属感培育彰显以幼儿发展为本的理念，将培育活动与幼儿生命活动相结合，以积极关怀、促进幼儿生命发展为价值追求。

幼儿归属感培育以关怀生命为价值取向也是幼儿生命健康成长的要求。人在生物学上的未特定化使人得以面对开放的世界，但也造成人的本能匮乏，使人成为自然界中生下来最脆弱、毫无生存能力的物种。个体生命在两岁之前几乎处于完全无助的状态，3—6岁时活动能力有所增强，但仍不具备生活能力，也不具备诸如避免自然危险等能力，个体生命的成长需要特别的照顾、保护和教育。幼儿对伤害的心理承受能力也较差，需要特别的关怀与呵护。如果从教师和同伴那里、从集体中感知自己受到关注和喜爱、被人认可与鼓励，幼儿会感到安全、获得归属感，这将帮助他们树立起自尊心、自信心，使他更加相信自己也信任他人，努力承担责任，为其和谐发展奠定坚实基础。反之，如果感到不被关注、不被认可，且时刻处于被管制状态，幼儿就会缺乏安全感和归属感，会产生自卑、弱小及无能之感，丧失基本的自尊与自信，并导致消极的自我意向，不仅影响幼儿当下的生命质量，还会影响其将来的生命发展。因此，儿童生命的健康成长需要成人的关怀。正因如此，幼儿归属感培育给予幼儿充分的接纳、保护、照顾，重视对儿童的认可和鼓励，以促进幼儿生命的健康成长。

2. 走向"关怀生命"的幼儿归属感培育

走向"关怀生命"的幼儿归属感培育包含两层含义：一是归属感培育为儿童未来的幸福生活做必要准备，二是儿童获得归属感的过程也是幸福、快乐的。基于此，幼儿归属感培育需要从以下方面着手。

第一，以尊重儿童生命特征为逻辑起点。儿童是具有独特身心发展特点的主体，关怀生命的幼儿归属感培育以尊重儿童生命特征为逻辑起点。儿童具有与成人不同的观察、思维和表达方式；儿童以自己的独特眼睛看世界、理解和思考；儿童总是充满想象和幻想；儿童以游戏为生活的存在方式；儿童是探索者、发现者，时刻寻求意外的发现……儿童与成人不仅有身高、体重的差

---

① 虞永平.学前课程价值论[M].南京：江苏教育出版社，2002:109-116.

② 李家成.关怀生命：当代中国学校教育价值取向探[M].北京：教育科学出版社，2006：5.

别，在身心发展上也有着本质区别。然而，在现实生活中，"那些对未成年人富有'责任心'的'好心的'成人们，将他们认为'有营养的'东西不停地用外压形式灌输给儿童。在这样的高压下，儿童的生活还能悠闲自在、宽裕自如吗？……还有时间进行其内在的生命的丰富发育和茁壮成长吗"①？"我们的教育学经常忘记，儿童学习期间的大半时间首先还是个孩子。教师向儿童头脑里填塞现成说法、结论和论断时，很少甚至不给儿童机会去接近思想源泉和生动语言的源泉，把想象、幻想和创作的翅膀给束缚起来。儿童由一个活泼、积极、好动的人变成一部记忆的机器……儿童只有生活在游戏、童话、音乐、幻想、创作的世界时，他的精神生活才有充分的价值。没有了这些，他就是一朵枯萎的花朵。"②以知识、技能为本的教育规训，将知识获得、智能训练作为教育的根本价值，以成人的良好意愿为幼儿做出结果性的安排，实质上忽略了幼儿生命的本体地位，使孩子成了"一朵枯萎的花朵"。这种教育通常是基于以下前提：获得知识、训练智能是对幼儿"爱"的体现，是幼儿园教育为幼儿服务的主要方式。因此，识字、算术、管制、惩罚成为教育中的常见现象。这是一种外在于生命、漠视生命存在的"关怀"，是不尊重幼儿生命特征的表现，是在"爱"的口号下进行的伤害幼儿生命的教育。幼儿归属感培育尊重儿童的生命特征，关注儿童独特的生命情态。根据儿童学习所具有的直接经验性特点，归属感培育中重视直观性和活动性，使儿童通过感知、操作和体验获得直接经验，体验生命的存在和成长的意义。

第二，培育积极生命品质，促进幼儿健康成长。"积极"一词源于拉丁语 positum，含有"实际的"和"潜在的"意义。积极心理学（positive psychology）关心人的优秀品质和美好心灵，强调不仅要帮助逆境下的人们求得生存和发展，更要帮助正常境况下的人们学会建立高质量的个人生活与社会生活，以使每个人都顺利走向幸福彼岸。积极心理学这种关注正常人心理机能、重视人性中积极方面的积极转向，既体现了对人类命运深切关怀又不失理性严谨，反映出心理学新人文精神的重建，彰显了心理学的人文关怀。

儿童是未成熟的个体，却和成人一样是有着主动性、创造性的人。儿童在与外界环境的相互作用中建构对世界的认识、建构着自己的内心世界，其身上蕴含着巨大潜能，是积极的、向上生长的力量。然而，这种积极力量并非

---

① 刘晓东.儿童文化与儿童教育 [M].北京：教育科学出版社，2006:124.

② [苏]苏霍姆林斯基.把整个心灵献给孩子 [M].唐其慈等译.天津：天津教育出版社，1981:78.

在任何情况下都能自发地表现出来。人心中天生的积极种子能否顺利发芽生长，还依赖于后天的条件。"教育的过程是一个不断生长的过程，在生长的每个阶段，都以增加生长的能力为其目的。"[①] 幼儿期是个体一生的最初阶段，正是"种子"生根、发芽的关键时期。关怀生命的幼儿归属感培育，以促进种子的发芽和生长、促使生命更有意义为使命。归属感培育将着力培养幼儿的积极生命品质，帮助他们从经验中学习，从经验中保持可以用来对付以后情境中的困难的力量。归属感培育力求通过培育或扩大幼儿积极心理品质，使幼儿对外界自然与社会有更积极的开放心态、有更乐意接受多方信息的意愿、有参与活动的热情与勇气，实现促进幼儿健康成长和幸福生活的目的。

第三，关注幼儿当下生命发展，导向美好未来。关怀生命的幼儿归属感培育以连续、发展、过程的眼光看待儿童的生命生长。阿尔弗雷德·怀海德认为，"只要与过程的关系未弄清楚，任何事物最后都未被理解"[②]。学前教育领域也存在未弄清楚过程与结果之间关系而造成的误解和争论。例如，学前教育应满足儿童当下的需要还是为未来的生活做准备；应关注儿童发展的过程还是结果。当下与未来、过程与结果的二元对立不仅给学前教育带来了争论和混乱，也给学前教育实践造成了偏差：为了未来的需要，当下必须学习未来可能有用的经验；为了确保良好的结果，必须"不能输在起跑线上"；为了将来有用，学得越早越好、教得越多越好。这样做的结果往往既未关注到过程也未获得好的结果；可能既毁了儿童的当下，也毁了儿童的将来。

根据怀特海的观点，"过程是我们经验中的一个基本事实。我们处于现在，这个现在是变动不居的。它源于过去，孕育未来，而且正在通向未来。这就是过程。而在宇宙中，过程是一个无可辩驳的事实"[③]。儿童的生长是一个连续的过程，过程中的每一个当下都孕育着未来、通向未来。杜威认为，"把教育看作为将来做预备，错误不再强调为未来的需要做预备，而在把预备将来作为努力的主要动力"[④]。从连续性的观点来看，过去、当下都是未来的准备，但是当下却并非为了未来而存在。一方面，我们不能为了一个不定的、抽象的未来而贬抑现实的、鲜活的当下；另一方面，只要我们全心全意地照顾好儿童当下的生长需要，增强其生长的能力，这就等于照顾了未来。因为"不断地生长

① ［美］约翰·杜威.民主主义与教育［M］.王承绪译.北京：人民教育出版社，2001:63.

② ［美］怀特海.思维方式［M］.刘放桐译.北京：商务印书馆，2004: 42.

③ ［美］怀特海.思维方式［M］.刘放桐译.北京：商务印书馆，2004: 48.

④ ［美］约翰·杜威.民主主义与教育［M］.王承绪译.北京：人民教育出版社，2001:65.

就是生长，不断地发展就是发展"①。我们能把握的是每一个当下，每一个当下构成完整的生长过程。当下昭示着未来，过程蕴含着结果。生命的未来依赖于每一个当下的生长，期待的结果在过程中实现。儿童的生长发展是一个连续的过程，在这个过程中，对于发展的每一个瞬间来说，最好的准备不是前一个瞬间提前完成了下一个瞬间的任务，而是每一个瞬间按照自己的生长需要充分地、完全地、强而有力地发展。基于这样的思量，关怀生命的幼儿归属感培育并不期待固定、封闭的结果和确定无疑的理想未来，而是关注过程、关注当下，通过为儿童提供符合当下生长和生活所需的经验，实现每一个当下充分的、强而有力的发展，以此导向美好的未来。

（三）体验－融合：幼儿归属感培育的指导思想

1. 体验

在《现代汉语辞海》里，体验意为"亲身经历以认识周围的事物"。在中文语境中，体验兼有动词和名词的特性，指人对事物、生活的亲身经历、感受的过程及其结果。英文一般把"体验"译作兼具动、名词特性的"experience"（经验、感受）。

哲学对体验的研究主要立足于认识论角度。在哲学认识论中，体验是与认知（运用逻辑手段和逻辑方法认识世界）相对的认识方式，是"主体通过自身直接的活动认识和把握客体，并把对客体的认识纳入主体的身心之中，通过主体的内心体察而内化为主体体认、把握自身存在和外部世界的一种认识方式。也就是说，在人的体验活动中，主体和客体是融通、统一的，而不是分立的"②。它是主体通过把握自身进而把握外部世界的认识方式。这种认识方式不是简单意义上的认识了解，更注重由内向外的认识和理解。体验主体在感知过程中不只是作为独立于客体而存在的另一物，而是暂把自己变为体验的对象，并从中亲自获取各种有关体验对象的信息。体验主体不仅能以客体的立场和观点思考问题，还能以客体中的一分子的形式而存在、生活。

心理学上的体验常常与情感紧密相连。"体验这种心理活动是由感受、理解、联想、情感、领悟等诸多心理要素构成的。在体验中，主体以自己的全部'自我'去感受、理解事物，因发现事物与自我的关联而生成情感反应，并由此产生丰富的联想和深刻的领悟。因此，从心理学上来讲，体验是在对事物的

---

① ［美］约翰·杜威. 民主主义与教育 [M]. 王承绪译. 北京：人民教育出版社，2001:67.
② 庄穆. 体验的认识功能初探 [J]. 福建学刊，1994(6).

真切感受和深刻理解的基础上对事物产生情感并生成意义的活动。"① 可见，心理学上的体验不仅有因感官的外在感受而引起的情绪、情感体验，而且还包括在外部情境刺激作用下带来的内心世界的活动，即在体验的过程中，不仅输入外在客体信息，而且"激活"内在已有信息，形成活动状态。

教育学中明确提出的体验范畴主要包括：①受心理学情感理论的影响，视体验为情感。如有人认为，体验是一个人对愿望、要求的感受。②借鉴瓦西留克体验心理学的概念，把体验当作一种特殊的活动。③受现代西方人本主义哲学的影响，将体验规定为意义的建构和价值的生成。④从教育活动的综合性出发，认为体验是多方面交织的复杂过程，如有人认为，体验是主体内在的历时性的知、情、意、行的亲历、体认与验证。它是一种活动，更是一个过程，是生理和心理、感性和理性、情感和思想、社会和历史等的复合交织的整体矛盾运动。② ⑤从时空观出发，认为体验是一种图景思维活动。如有人认为体验作为一种图景思维活动，不是以单纯语言文字符号的逻辑转换为主的逻辑思维活动，而是以图景转换为主的图景思维活动。这种思维活动不是知识累加性的，而是在受教育者的大脑中发生着其生活阅历、生活场景和未来希冀蓝图的关系与结构的自组织转换活动。③

综上所述，体验是人在实践中，在身体力行中产生的心理、生理等方面的综合感受。生命是有意义的，这使人的生命有别于动物生命，但意义只存在于个体的亲身体验中，离开了体验便没有意义。教育是个体获得体验的过程，这种获得不是依靠"灌输""训练"得来的，而是个体在亲身经历中体得的。遗憾的是，我们往往有意无意地对幼儿进行着"灌输"和"训练"。作为一种心理状态，归属感的培育绝不像知识的传递，它需要幼儿的切身体验和对意义的理解。归属感培育强调亲历体验和感受，强调让幼儿在体验中主动探索外部世界、认识自我；帮助幼儿联系生命经验，凭借情感、直觉、想象等去直接地感受、体味、领悟，再认识、再反思、再创造生命体验过程。在本研究中，体验更多地表现为方法论意义上的观念或形态，而非具体的教学形式或模式，这是对体验教育的基本判断与定位。

幼儿归属感培育需重视体验具亲历性。体验是伴有情感反应的意义生成活动，对同一事物、同一活动，不同人的体验各不相同。体验具有个体性，以

---

① 陈佑清.体验及其生成 [J].教育研究与实验，2002（2）.

② 李英.我国教育学者对体验问题的研究述评 [J].上海科研，2002（3）.

③ 刘惊铎.体验－道德教育的本体 [J].教育研究，2003（2）.

个体亲历为基础。这种亲历有两种层面，即实践层面和心理层面。实践层面的亲历指个体身体力行、亲自参与。这是个体置身于一定关系世界和生活情境中，对自身及其他存在生存状态和意义的感受、感悟。心理层面的亲历是主体通过观察、感受，结合自身经验，在心理上虚拟的"亲身经历"，进而领悟他人的生活阅历、生存状态及其人生意义，是对他人、他物的移情性理解。幼儿归属感培育既要为幼儿提供真实体验的情境，让幼儿在实践中直接感受，又要引导幼儿进行心理上的虚拟体验，帮助幼儿借助已有经验去感受、理解他人、他物，建构起对事物的独特情感感受、领悟和意义。

此外，"体验是一种可以生发与体验主体独特的'自我'密切相关的独特领悟或意义。也就是说，体验是一种伴有情感反应的意义生成活动，或者说是一种产生意义的情感反应"[1]。情感是体验的核心，主体在积极的体验中逐渐形成对事物的积极态度，全身心投入，在内心与所体验之物融合在一起。幼儿归属感培育以情感为出发点，引导幼儿从已有经验、情感积累和目前感受出发，体味生命的意蕴，进而形成新的、更深刻的情感。幼儿归属感培育的体验是基于生命的体验，以儿童生命特征为基点，以生命的实现与生活的美善为目的。促进生命健康发展的积极价值导向使它有别于一般意义的体验。

2.融合

"融合"在现代汉语词典里意指将两种或多种不同的事物合成一体，也指事物的调和、和洽。相比而言，"结合"意指事物固守原来性质的紧密联系关系，"融合"更指事物之间的互为交融、合为一体的状态。幼儿归属感培育以融合为指导思想，强调各领域内容的整合；融入幼儿一日生活；幼儿园和家庭共同参与，共同承担责任。

首先，幼儿归属感培育在内容上的融合。这一方面指各领域内容的融合，一方面指教育活动形式的相互渗透和整合。不同活动领域间的融合，指突破领域相对划分的界限，实现跨领域的内容整合。在教育活动设计中将不同领域的内容、不同的学习形式与方法加以有机地融合，将其作为一个互相联系而不可分割的完整体系来对待。虽然幼儿园教育活动从不同角度可以进行人为分类，但它在促进幼儿发展的目标上所涉及和涵盖的是幼儿在不同领域、不同层面的整体发展，在《幼儿园工作规程》中早就提出幼儿同教育的任务之一是使"体、智、德、美各方面的教育相互渗透，有机结合"，且提出要"充分发挥各种教育手段的交互作用"等。因而在教育活动的设计和实施中必然要求各

---

① 陈佑清.体验及其生成[J].教育研究与实验，2002（2）.

个领域之间的相互渗透和有机整合。一是教育活动内容的相互渗透和整合：幼儿园教育活动的呈现是以幼儿的生活经验为基础的综合式、主题式活动，它是以幼儿的生活和经验为起点而构建起来的活动，活动的内容涉及科学、艺术、语言、社会、生活等各个方面，将这些不同领域的内容以一定的主题活动的方式加以整合，使其在一个或若干个教育活动中相互渗透、相互补充，它既符合幼儿的年龄特点、认知特点，也有利于幼儿对活动的介入和参与。二是教育活动形式的相互渗透和整合：一方面是指将集体进行的、正式的教育活动形式与个别选择的、非正式的教育活动形式相互渗透和结合；另一方面是指在一个教育活动的设计中将不同的学习形式与方法加以相互地渗透和组合，让幼儿在操作、实验、游戏、体验、表现、创造等不同的学习形式下加深对活动内容的把握，更好地获得活动经验和学习经验。

其次，生活与教育的融合。没有生活的生命是无意义的，这正是人的存在有别于其他存在的地方。[①] 教育作为一种唤醒人的生命意识、启迪人的精神世界、实现人生价值的活动，必然要关注儿童的生活。因此，追求儿童的幸福，还离不开对儿童生活的关注。

《幼儿园教育指导纲要（试行）》提出"各领域的内容要有机联系，相互渗透，注重综合性、趣味性、活动性，寓教育于生活、游戏之中"。因为"生活世界是人类最根本的家园，蕴藏着丰富的价值和意义"。只有"从对产生所有可能形式的人类生活世界的现象的理解出发"，我们才会"理解我们自己，理解我们的存在，理解存在和我们生命的意义"，最重要的是"理解我们对其负有教育责任的人们的生活"。然而，幼儿园教育实践中仍存在无视儿童的现实生活、忽视儿童的生存和发展状态、忽视儿童的生命价值与需要现象存在。幼儿归属感培育关心儿童生活，让儿童在生活中体验、感受、理解，让幼儿在生活中学会交往，学会处理个人与世界、与他人、与自我世界的关系。努力与幼儿生活相一致，密切贴近幼儿生活世界，弘扬儿童生命的价值与意义，还给儿童快乐童年。这是一种促进生命成长的生活方式，而不只是为遥远的未来生活做准备，是对儿童主体地位的认可和对儿童生命的尊重。

学前教育立足于幼儿的现有生活，关注幼儿的现实生活，在教育活动的内容上注重让现有知识与幼儿的生活世界相沟通，与幼儿的经验、需要相联系，而不单是纯粹从知识或学科本身的结构或重点、难点出发。在生活中引导幼儿感受班集体的温馨、老师的关爱、同伴的友情，培养自信，培养幼儿感受

---

① 赵汀阳.论可能生活[M].北京：中国人民大学出版社,2004:143.

爱、表达爱的能力，积累积极经验。为幼儿创设温暖安全的环境。幼儿归属感的获得有赖于良好环境的"浸润"，我们应努力为幼儿创设一个充满美好生活体验的环境，让幼儿在其中快乐地生活和成长。幼儿园可在幼儿来园时播放轻声悦耳的音乐，使幼儿一入园就进入一个舒适、愉快的音乐艺术环境，激发幼儿愉快的情感。

"由于童年期每一阶段的生活对儿童未来的生活都有着重要的意义，所以教师不仅要关注儿童的现实生活，还要关注儿童的可能生活。可能生活是每个人所意味着去实现的生活，而尽可能去实现各种可能生活是幸福生活的一个最基本条件，尽可能去实现各种可能生活就是人的目的论的行动原则，就是目的论意义上的道德原则，这是幸福生活的一个基本条件。"①可能生活不是给定的生活，它需要创造性，如果否认这一点就等于说人只有和动物一样的生存功能。幸福生活只能是一个由人所创造的具有永恒意义的生活。教育最终是要提升儿童的生活能力，促进儿童精神成长的，因此教育作为影响儿童整个人生过程的活动，不应该对儿童的现时生活置若罔闻。而应该给予极大热情的关注，但关注的目的不仅在于满足儿童的现时需要、现时的兴趣，更重要的是通过建构可能生活，促进儿童更好地生存和生活，而不要为了儿童的未来生活而忽略现时生活和可能生活，要注意到儿童是生活中具体的人，是正在成长过程中的人，教育要通过建构可能生活来把儿童的现时生活与未来生活顺利地联结起来，培养儿童的生活能力和生活信念，使儿童逐渐成为独立的、有健全人格的、能面对和处理现实生活中复杂问题的社会主体，从而为儿童一生的幸福发展负责。

生活性特点还体现在幼儿园教育活动的途径与环境、场所方面。幼儿园教育活动的实施是渗透于幼儿一日生活之中的，幼儿园生活的各个环节都是贯彻和实施教育活动的有效途径。在开展教育活动的过程中，用接近幼儿生活、结合生活情境的方式可以使幼儿在回归真实生活的背景中，体验和积累经验，更主动、积极地进行探索和学习；同时，在教育活动场所和环境方面，突破有限的"活动室"空间，走进无限的"大社会"空间，也是生活性特点的充分体现。这种"大社会"空间，既可以是走进大自然的活课堂——树林、草地、山坡、花园等自然科学类的教育活动场所；也可以是进入博物馆、展览会、建筑群、新型社会公共设施等人文德育类的教育活动场所。

生活性是幼儿园课程的基本特点，它意味着要"寓教育于一日生活中"，

---

① 赵汀阳.论可能生活[M].北京：中国人民大学出版社,2004:148-149.

强调教育与生活的联系。它包含两方面的含义，即生活教育化和教育生活化。这二者可以说是一个问题的两个方面，不可截然分开。因为生活中处处可能蕴藏着有价值的教育内容，可以将这些内容组织到课程中来，生成课程，进而帮助儿童使零散的生活经验系统化、整理化。这既可以看作生活教育化，也可以看作教育生活化。课程内容的组织遵循生活性原则意味着课程要对儿童的生活进行研究。首先，要按照儿童生活的自然顺序展开，这就需要对儿童的生活环境和生活变化规律进行分析，以便内容组织更符合儿童的需要。如新学年的开始，小班儿童存在着入园适应问题以及建立心理安全感的问题；而对中大班儿童来说，也有一个恢复常规的问题等，然后才会转入其他内容。其次，对一日生活主要环节的教育功能和可能蕴藏的教育机会进行分析，一方面使其名正言顺地承担起实现课程目标的任务，使其潜在的教育价值得到充分的发挥；另一方面，减少不必要的专门教学活动，为幼儿园课程提供更多的生成和发展的空间。[①]

（四）幼儿归属感培育的基本原则

归属感培育是为促进幼儿归属感获得与发展而有目的有计划展开的活动。为使培育活动有效展开，需要遵循主体性原则、情境性原则、开放性原则、整合性原则。

1. 主体性原则

"主体性是人类的特征，是人类超越其他动物，成为万物之灵并不断活动发展的根本特征与原因。一个人不可能在各方面都获得均衡发展，但是主体性却是人发展的基本要求与内容，是全面发展或身心和谐发展的核心特征。"[②] 教育是主体性生成的实践活动，是个体主体性的存在样态和实践载体。主体性原则强调个体在实践和认识中的地位和作用，幼儿归属感培育的主体性原则强调教师与幼儿在培育活动中的主体意识、地位和作用。

幼儿归属感培育由教师和幼儿共同参与、相互配合而完成，是双主体活动。在二者之中，主体性原则首先强调尊重和发挥幼儿的独立性、自主性。只有当幼儿充分发挥了主体性，积极参与实践、积极获得感情体验时，教育的既定目标才能够得以实现，教育的理想效益和最优化才能够达成。例如，有老师说道，"班里创设了一个活动区之类的，我们基本都是让小朋友先商量讨论，

---

① 冯晓霞. 幼儿园课程 [M]. 北京：北京师范大学, 2001：83.

② 陈帼眉，刘焱. 学前教育新论 [M]. 北京：北京师范大学出版社，1996:76.

有的小朋友他就是不管在什么时候他都在关注。比如说我们正在讨论烧烤架，都是让小朋友讨论烧烤架应该怎么样做。我们就找了一个旧的装玩具的筐，但是中间没有烧烤用的那个铁条，我说这个怎么办呢？我们班有两个小朋友不管休息还是搞什么活动，都会经常想到这个问题，我在的时候还要跟我讨论，'哎我想到了一个办法'，他说，'用双面胶把它粘起来，一条一条的就像了'。我说：'那个太黏了烧烤怎么办呢？'这个问题好像打住了，然后第2天他又围绕这个问题来讲，我就觉得，孩子是很主动的"。又如"我的生日标记"活动中，老师放手让幼儿自己贴生日标记，让幼儿在贴的过程中体验到满足感、成就感，让孩子有机会展现自己的能力，这使得孩子不仅在活动过程中表现出积极、互助，活动过后仍然表现出极大的热情，对生日标记树格外关注和爱惜。可见，幼儿归属感培育需以"幼儿"为中心，尊重幼儿的身心发展特点，放手让幼儿做力所能及的事情，为幼儿提供展示能力的机会，这实际上是对幼儿积极感受与体验的尊重。幼儿归属感培育通过为幼儿创设适宜的环境，引发幼儿积极活动，发挥主动性和积极性。同时，个体之间具有差异性，即使面对同一背景、情境或事物，不同幼儿的感受和体验也不尽相同。主体性原则要求尊重幼儿独特性，鼓励并允许幼儿个性化的体验结果。

幼儿归属感培育还需要尊重和发挥教师的主体作用。例如，在活动设计中给予教师更多的自主权，鼓励老师在幼儿园园本课程的基础上，根据本班幼儿的实际情况开展新的活动。这一方面有助于发挥老师的积极性和主动性；另一方面，是鼓励老师关注幼儿的兴趣和需要，将更有利于幼儿的发展。本研究在促进幼儿归属感发展的实践活动中，单元二原本设计了"我与老师"这一主题，后根据老师的意见取消。为了弥补这一主题取消后的空缺，两位老师积极观察孩子的日常表现，最后生成了"神奇的对不起"和"快乐你我他"等活动，有效减少了幼儿的争执并发挥了异龄同伴的积极作用，取得了较好的效果。因此，促进幼儿归属感的发展，需要激发教师的主体性。

2.情境性原则

情境性原则指幼儿归属感培育中注重情境的教育作用，让幼儿在适宜情境中理解、反馈、反思、调整，促进归属感的获得和发展。根据社会文化活动理论，归属感的获得和发展是一个不断建构和重构的过程。一方面，幼儿接受信息，增强对于情境的理解，建构回应情境的方式；另一方面，不同回应所产生的结果促使幼儿进一步思考，调整对情境的理解和自身反馈方式。这是一个循环上升的过程，充满个体与情境的互动。因此，幼儿归属感培育要利用好幼儿一日生活中的各种情景，如需要，还可模拟、创设虚拟情景。通过真实或虚拟的情境，引导幼儿从不同侧面体验、感受、理解生活，而不同的回应又将促使幼儿进一步思考。在这一过程中，实现幼儿归属感的获得与发展。

情境既可以是发生在一定背景中的真实情境，也可以是模拟的情境。儿童一日生活中，就餐、游戏等情境是幼儿的真实生活，幼儿归属感培育首先需要在这类真实情境中寻找教育契机。在促进幼儿归属感的教育实践中，因为真实情境贴近儿童生活体验，最能调动儿童的感受力和已有经验，更有利于发现问题、解决问题。除了充分利用真实情境，幼儿归属感教育中还可以根据需要，利用文字、图画等形式有意识创设与现实情境类似的模拟情境。在促进幼儿归属感发展的实践活动中，"快乐的生日会"是由教师和家长共同创设了过生日的真实情境；"快乐你我他"邀请大班幼儿创设了幼儿发生争执的模拟情境；"心情变变变"则通过故事创设模拟情境。三种情境均可以帮助幼儿联系已有经验，从中感受、体验、尝试，同样能够丰富幼儿的存在感受，帮助幼儿获得并发展其归属感。

3. 开放性原则

前面的研究发现，幼儿归属感培育一方面要根据教育目标和幼儿特点创设、提供适宜的环境和资源，即对教育活动进行必要的预设；另一方面，要为幼儿偶发的、自然生成的、即时体验的活动留下足够空间。因此，幼儿归属感培育并非预先设置、一成不变的过程，而是开放的活动过程。

幼儿归属感培育的开放性原则主要体现在两方面：一是内容的开放、丰富和多元。在幼儿归属感培育的活动内容方面，需要注意教师预设内容和幼儿需要、兴趣的和谐一致，允许幼儿有自己的要求、主张和选择。在活动内容的把握上注意尺度，给幼儿留有足够空间。例如，在培育实践中根据实际情况生成了"神奇的对不起"和"快乐你我他"等活动；根据孩子们的兴趣将"猜猜好朋友""优点大展台"的活动时间和区域进行延伸。此外，幼儿归属感培育活动还需要注意幼儿生活的纳入，利用儿童的生活世界引导幼儿体验自身的存在，把握生命的意义。二是形式的开放、多向和灵活。在幼儿归属感培育中，活动形式需考虑活动内容、幼儿特点等因素。例如，不同活动类型采用变化、多样的组织形式；允许不同发展水平的幼儿选择不同的活动形式；为幼儿生成的、新的活动内容和探索兴趣，建构多元的支持形式。

4. 整合性原则

幼儿归属感培育不是一个孤立封闭的教育活动，而是一项系统的教育工程。幼儿归属感培育需要整合多种教育力量，实现教育过程中各因素间的协调，如归属感教育内容、环境创设与教具使用；幼儿的身体发展、认知发展与社会性发展；幼儿园与家庭等相互协调，从而能使活动过程成为促进幼儿发展的过程。

坚持整合性原则需要对幼儿归属感培育问题进行综合分析和研究，主要包括三方面内容：第一，幼儿归属感培育主体的协作性。家庭教育和幼儿园教育是影响幼儿归属感获得和发展最为关键的两个子系统，家庭、幼儿园需通力发挥作用，形成教育合力，促进幼儿归属感的获得和发展。第二，幼儿归属感培育内容的整合性。《幼儿园教育指导纲要（试行）》指出，"幼儿园的教育内容是全面的"[①]。从内容上看，幼儿归属感培育要立足幼儿生活和发展的整体性，注重幼儿身心发展的不同方面、不同层次，注重不同领域学习内容之间的彼此联系，实现内容结构的整合和优化。第三，活动形式的整合。活动形式整合一方面指将幼儿园里集体进行的教育活动与个别选择的、生活各环节中的教育活动相互渗透和结合；另一方面指在一个教育活动的设计中，不同学习形式与方法的相互渗透和组合，让幼儿在游戏、操作、体验、实验、表现、创造中加深对活动内容的把握，更好地获得活动经验和学习经验。

二、促进幼儿归属感发展的支持系统

前期研究表明，幼儿归属感的发展受到教师、幼儿园教育活动、同伴、家长、幼儿个体特点等因素的影响。以幼儿为中心，这些影响因此大致可归为两类，一类是幼儿园因素，另一类是家庭因素。如果以人类发展生态学的理论进行解释，这两类因素分别属于微观系统和中间系统。

根据布朗芬布伦纳的人类发展生态学，儿童发展所处的环境是一种有结构的、由多重关系构成的层次系统。各个层次相互影响和作用，形成一个稳定的同心圆式的生态系统结构，以幼儿为核心，由内而外分别是微观系统、中间系统、外层系统和宏观系统。幼儿在由小到大层层扩展的生态系统中发展，随着年龄增长，其生活范围和视野逐渐从家庭、幼儿园走向广阔的社会。在成长过程中，家庭、幼儿园、社区、文化等都通过特定方式潜移默化地影响着幼儿。生态系统中的各个因子在人生发展的不同阶段，发挥着不同的作用。根据人类发展生态学理论，对幼儿影响最大、最直接的是由家庭和幼儿园构成的微观系统，系统中的主要成员——家长、教师、同伴是关键的生态因子；幼儿在微观系统中直接体验不同活动、不同角色及人际关系间的变化。中间系统是微观系统的相互联系，是发展中的个体积极参与的两个或多个直接环境间的相互关系。

---

① 教育部基础教育司.幼儿园教育指导纲要（试行）解读[M].南京：江苏教育出版社,2002:30.

支持系统由若干支持要素以一定连接方式构成，是具有支持功能的有机整体。幼儿归属感的发展是幼儿、家庭、幼儿园、社会等生态系统相互作用的结果，其中最为重要的是家庭和幼儿园两个系统的联系。本研究促进幼儿归属感发展的支持系统主要考虑幼儿直接生活其中，并对幼儿影响最大的微观系统和中间系统，即家庭子系统和幼儿园子系统（图6-3）。幼儿园子系统在促进幼儿归属感发展中发挥中坚作用；家庭子系统发挥奠基作用；而两个子系统及其要素间的互动与协作则形成教育合力，共同促进幼儿归属感的发展。

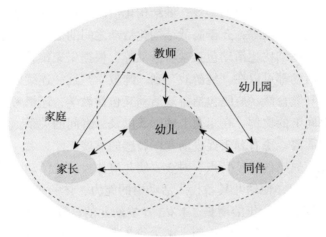

图6-3　促进幼儿归属感发展的支持系统

（一）幼儿园子系统：主导作用

　　幼儿园是对幼儿进行教育的专门机构，幼儿园子系统包括教师和同伴两个要素，幼儿园子系统在促进幼儿归属感发展中发挥主导作用。

　　1. 教师

　　根据前期研究结果，教师和幼儿园教育活动是最为重要的两个因素。在这两个因素中，幼儿园教育活动是由教师设计和组织的。因此，教师是幼儿归属感发展最为重要的支持者。初入幼儿园，教师即通过让幼儿知道自己已经成为班级一员而获得初步的归属感。随后，教师通过开展各种活动、通过自身对幼儿的关爱等，促进幼儿归属感的发展。总体而言，作为最重要的影响因素，教师的支持作用可通过以下途径得以发挥。

　　第一，在游戏活动和教学活动中帮助幼儿获得积极情感体验，培育对幼儿园初步的归属感。关于幼儿归属感影响因素的调查发现，游戏活动和教学活动都深深地吸引着幼儿，是归属感获得与发展的重要因素。在幼儿园教育中，游戏没有社会功利目的，强调过程和表现，是儿童的自主活动。游戏顺应着儿童的自然发展。教学活动有目的、有计划，是由教师施加的活动，承担着文化传递的任务。教学活动强调教师的作用，重视将幼儿发展纳入合乎社会要求的轨道。游戏和教学的本质特征决定了二者是幼儿园中两种不同的活动。但二者又有内在联系，因为其目的都在于达成学前教育目标。

朱家雄教授从结构化程度上对幼儿园教育活动做了区分，无结构活动主要是幼儿自发、自主、自由的游戏；低结构化活动包括活动区活动、方案教学活动、探索性主题活动等；介于高低结构化活动之间的活动包括主题活动、单元教学活动等；高结构化活动包括学科活动等。根据朱家雄教授的观点，幼儿园的各种教育活动都可以在"纯游戏"到"纯教学"这一连续体上找到相应位置。幼儿园一日教育活动应既包括游戏活动又包括教学，谨慎考虑并确定两类教育活动在时间上的比例、在组合上的形式以及二者间的关系，以使教育活动更符合幼儿的需要，更有利于促进幼儿归属感的发展。

根据幼儿归属感的发展特点，对3岁幼儿应加大游戏活动的比例，减轻体力和脑力活动负担，使幼儿具备投入活动中的能力，体验到更多的积极情绪，获得胜任感。随着幼儿年龄增长，4岁、5岁幼儿的认知能力和活动能力逐渐提高，可适当增加教学活动的比例，满足幼儿求知的欲望，帮助幼儿体验成长的喜悦，增强自尊心和自信心，进一步促进归属感的发展。

第二，关爱幼儿，无条件接纳幼儿。在幼儿归属感影响因素的调查中，家长和教师均认为教师的爱是幼儿归属感发展的重要影响因素。首先，教师对幼儿的关爱应发自内心，并通过语言、微笑、轻拍、轻抚等方式表达，或者通过给孩子信任支持的眼神等让孩子真切感受，以增强孩子对教师的喜爱和认同，获得更多的积极体验。其次，教师对幼儿的关爱应一视同仁，无论幼儿智愚、美丑或家庭背景如何，不以"听话""乖"为前提，无条件接纳幼儿的多样性和真实性，兼顾个别儿童与全体儿童的需求及利益。这样，让所有幼儿都感受到教师对自己的喜爱，获得安全感和满足感，从而能够在活动中大胆表现、积极投入，愿意为他人、为集体服务，增强认同感。最后，教师的关爱必须是真诚的、无条件的，不应带有明显的目的性和功利性。

第三，减少规训，处理好自由与限制的关系。我国幼儿园教师常具有较强的控制性，习惯于为幼儿安排一切，如本研究中上下楼梯规则的制定，幼儿必须按老师的要求行事。这造成对幼儿限制过多而缺少让幼儿自主选择的机会。在访谈中，有幼儿做出了类似的表达："在家里可以看电视，可以画画，可以和小猫玩，在幼儿园里不让看动画片，幼儿园里没有小猫。""在幼儿园里吃饭的时候不许说话，看电视的时候也不许说话，要坐好。"幼儿园若仅强调规则要求，且规则由教师制定，则幼儿不但会表现出压抑和拘束感，而且会导致他控的行为，即迫于外界压力情况下表现暂时的服从，而内心强烈反抗，这对归属感的发展具有消极影响。教师要在一定规则要求的基础上，给予儿童自由选择的权利、自主决定的机会，才有助于归属感的发展。若给予幼儿完全的自由，放任不管，幼儿会没有规则，这不仅不利于集体管理，也不利于儿童归属感的发展，因为人毕竟是生活在一个社会群体中，需要调整自己的行为。培育幼儿归属感，一方面在涉及同伴和集体的问题上需要给出一定要求和限制，如活动区的规则、盥洗室等一日生活各环节的要求，以及涉及安全方面，如上下楼梯的要求等。只是要求和规则的提出和制定需尽可能让幼儿参与，以更好体现幼儿的主体性。另一方面，对于不分对错、属于个人喜好且不影响他人的行为，则给予适当的自由。例如，虽然对于吃什么幼儿无法决定，但可以适当满足孩子不喜欢的菜少吃一点；在不影响他人的情况下，允许幼儿轻言细语地谈话。这将有利于培养幼儿对老师、对幼儿园的积极情感，增进归属感。

2.同伴

在幼儿视角里，同伴在归属感发展中是第二重要的影响因素。作为幼儿归属感的生态系统之一，同伴支持作用的发挥可从同龄同伴和异龄同伴两个层面进行考虑。其一，幼儿从主要交往对象，即同龄同伴那里获得反馈、认同、接纳和支持，增加其自我意识，发展归属感；其二，需要重视异龄同伴对归属感的促进作用。"在年龄混合的情况下，与自己年长或年幼者的友谊并不会取代同龄人之间的友谊，反而是以一种有益的方式补充同龄人间的交往。"[1]心理学家 Hartup（1983）也认为，"不同年龄儿童的交往对儿童的社会性和人格发展非常重要。虽然跨年龄交往看起来是一种不对称的关系，年长儿童比年幼儿童有更高的权利和社会地位，但这种不对称性可使儿童获得更多的社会性能力"。不同年龄的幼儿在一起游戏和活动，不仅能够帮助孩子接纳不同个体间的差异，而且为幼儿提供了更多可以选择的榜样，为幼儿主动发展创设了有利条件。混龄活动还为年长儿童提供了一个帮助他人、包容年幼同伴的机会，年长儿童容易受到责任心和优越感的驱使，而表现出在同龄交往中不具备的以及更高水平的自觉性和意志行为。

当前我国幼儿园大多按年龄分班，幼儿大部分时间被限制在活动室里。

---

① 齐客·罗宾.童年友谊 [M].李月琴译.沈阳：辽海出版社，2001：87.

幼儿园里虽然有不同年龄段的幼儿，但不同年龄幼儿间的交往机会比较少，即使是同一年龄的幼儿间交往也较少。"班级"这一概念在幼儿时期就已经比较牢固了，班级限定了幼儿活动和交往的范围。很多幼儿仅认识自己班的同伴，而不认识其他班级、其他年龄段的小朋友。混龄教育为幼儿提供与不同年龄同伴交往的机会，让幼儿从中受益。这在一定程度上可以弥补由于班级教育而带来的交往缺失，是对幼儿园班级教育的有益补充。2001年的《幼儿园教育指导纲要(试行)》中指出，"同伴群体及幼儿园教师集体是幼儿园宝贵的教育资源，应该充分发挥这一资源的作用"。基于这种理念，幼儿园教育组织中，同龄交往和异龄交往应该共生共存，幼儿园的人际资源要进行充分的整合和利用，以扩大幼儿交往范围，进行差异性互补，为幼儿归属感的发展营造良好环境。

（二）家庭子系统：奠基作用

幼儿作为独立的生命个体来到世界，便生活在特定的社会环境之中。虽然生活的宏观环境基本相同，但以家庭为主的微观环境却各不相同。这种差异将在很大程度上导致个体的差异，会使不同个体对相同的环境产生不同的体验、感受和反应，为个体的群体意识、自我意识、活动投入、自我教育奠定基础。在前期幼儿归属感影响因素的研究中，在教师视角里家长是仅次于老师的重要因素。虽然家长视角较为忽视其自身的影响作用，但不可否认，在促进幼儿归属感的发展支持系统中，家庭发挥着重要的奠基作用。

家庭子系统既包括家庭结构、家庭规模、家庭经济、家庭社会地位等客观因素，也包括家庭氛围、家庭教育观念、父母教养方式等心理因素。对于幼儿归属感发展的影响而言，本研究主要关注后者，因为客观因素最终也是通过心理因素实现其影响。在促进幼儿归属感的发展中，家庭子系统发挥奠基作用应当注意以下几点。

1. 采取权威型教养方式，促使安全依恋关系形成

家庭子系统对幼儿归属感的影响体现在父母教养方式上。第三章幼儿归属感的影响因素中已经谈到，权威型的教育方式最有利于幼儿归属感的发展，溺爱型和专制型的教育方式则会带来消极影响。权威型的父母既坚持自己对孩子的权威，又理解、尊重孩子，能够与孩子民主交流。这种教养方式下的幼儿独立性较好，自尊心和自信心较强，对人友好，乐意与人交往，归属感的发展水平较高。前期研究表明，依恋在幼儿归属感的整体发展中具有动力作用。儿童早期与抚育者之间建立起的积极、安全、稳定的依恋关系是儿童体验到的最

初社会关系，这种关系左右着他们对世界和他人的认识和预期，进而影响着他们与教师和同伴所建立的关系。形成安全依恋的孩子会把在家庭中获得的积极体验和习得的有效交往方式带到社会交往中，帮助其与老师和同伴和谐相处，有利于幼儿良好人际关系的建立和归属感的获得。

因此，作为归属感的支持系统，家长需要认识到良好的依恋对幼儿归属感具有奠基作用。在此基础上，重视以权威型教养方式促进儿童安全依恋的建立。在抚养孩子的过程中，父母要敏感而细腻，善于观察和发现幼儿的细微变化，及时满足幼儿的合理需求，对不能满足的要求需说明理由，帮助幼儿及时排解消极情绪，以促进安全依恋的形成。需要注意的是，我国看重儿童的团结顺从和相互依赖，父母期望儿童能与自己保持亲密关系和较少分离，易使儿童对父母的情感和自身的需求相矛盾，形成反抗型依恋。因此，父母在抚育中更应重视儿童的独立性和自主性，鼓励儿童的情感表达和自主探索。

2. 形成正确教育观念，积极促进幼儿归属感发展

在归属感影响因素的研究中发现，家长对自身在幼儿归属感培育中的职责还缺少正确认识，常常认为这是教师的事情，与自己、与家庭教育没有关系。这反映出家长在教育观念上存在误区。家长的教育观念是父母基于对幼儿的了解，以及对幼儿发展的认识而形成的基本育儿观念。家长的教育观念首先影响其教育态度、教育期望和教育方式，进而影响其教育行为，最终对幼儿发展产生长期效应。在归属感问题上，家长教育观念主要包括两个方面：一是要正确认识家庭对幼儿归属感的重要意义；二是明确自身在幼儿归属感发展中的积极作用。

因此，家长要正确认识家庭对幼儿归属感的重要意义，明确自己在促进幼儿归属感发展中的重要作用，有意识地培育幼儿对幼儿园的归属感。作为幼儿归属感发展的支持者，家长不应该总是问"今天在幼儿园乖不乖""今天都学了些什么"，而是要有意识引导孩子对幼儿园产生积极的情绪体验。如问孩子："今天幼儿园里有什么开心的事发生？""你和小朋友玩了什么有趣的游戏？""老师和你说了些什么？""老师给了你什么帮助？"……通过这类问题，唤起幼儿对幼儿园的积极情绪，让幼儿更多地体验到幼儿园生活的乐趣，学会发现幼儿园老师和小朋友对他的"好"，进而更加向往幼儿园的生活。此外，当孩子因故（如生病）不能上幼儿园时，家长可以利用此机会，转达老师和小朋友的关心，让孩子知道老师和同伴对他的关心和想念，这将使孩子体会到集体的温暖，增进其对幼儿园的归属感。

（三）子系统的互动与协作：教育合力

幼儿归属感发展的支持系统由幼儿园子系统和家庭子系统构成，支持系统各要素间以及子系统间的互动与协作，有助于形成教育合力，更有力地促进幼儿归属感的发展。

1.各要素间的互动与协作

如图 6-3 所示，家庭子系统和幼儿园子系统以幼儿为中心共有四个要素，要素与要素间均相互影响。在家庭子系统中，家长正视自己的职责和作用，积极营造和谐温馨的家庭氛围，并采取权威型教养方式促使幼儿形成安全依恋，为幼儿归属感的发展奠定良好基础。拥有良好归属感的幼儿，往往情绪安定、活泼开朗、积极参与活动、乐意与人交往，这些特点又将促进家长积极教养态度和行为的形成。这是一个家长与幼儿相互影响、循环发展的过程。在幼儿园子系统中，教师、幼儿、同伴也存在类似的相互影响、协同发展的过程。

除此以外，两个子系统的要素间也存在互动。例如，家庭系统中的家长不仅与家庭中的幼儿存在双向互动，同时也与幼儿园子系统中的教师和幼儿同伴存在互动。进一步以家长与幼儿同伴为例：家长可在接送幼儿或邀请幼儿同伴到家里做客时，与同伴进行交流互动，这一过程中同伴感受家长的关心、友好、支持，产生积极体验。这种积极体验带来两方面的益处：一是增强同伴的积极体验，促进其归属感的发展；二是增加同伴对幼儿的接纳度，促进幼儿的归属感。另一方面，在与同伴互动中，家长可以感受孩子的天真、热情，产生积极体验，这种积极体验又将潜移默化地影响着幼儿。

可见，子系统内和子系统间的要素间都存在双向互动，这种互动使多方受益，反映出支持系统各要素的共生性。因此，幼儿归属感培育是支持系统各要素在互动基础上所形成的相依相伴、相互影响的生长过程和状态，是一段共同发展的生命历程。

2.家庭子系统和幼儿园子系统的互动与协作

幼儿归属感培育的支持系统由家庭和幼儿园两个子系统构成，加强两个子系统的联系与沟通，形成教育合力，对幼儿归属感的培育具有非常重要的现实意义。但是，目前两个子系统的合作不甚理想。障碍之一在于幼儿园和教师。部分幼儿园担心家长参与会影响幼儿园正常的教学秩序，为幼儿园增添麻烦，而相当一部分教师认为与家长合作是费时、费力且冒险的事情。面对特点各异、要求各异的家长，若要与其建立伙伴关系，教师必须花费大量的时间和精力，稍有不慎，还可能适得其反，这将更大大增加教师的工作量。其次，幼儿家庭境况不同，父母个性各异，交流沟通并不容易，可能增加误会或隔阂。

因此，幼儿园即使提出了家园合作的构想，却也可能停留于形式。家长一旦发现这一情况，即会放弃参与。障碍之二来自家长。不少父母认为，孩子一旦进入幼儿园，教育责任即全在幼儿园。此外，有的家长由于工作繁忙，或受到自身消极的幼儿园生活经历和自身受教育程度较低等原因，对参与幼儿园活动并不积极。

在家庭和幼儿园两个子系统的互动与协作中，双方皆需发挥主体作用。但是，幼儿园是专门的教育机构，拥有众多专职教育人员；同时，其公共性、可重复性的特征使其对社会教育和家庭教育都可起到示范作用。家庭系统虽然在儿童归属感获得与发展中的地位和作用至关重要重要，但家庭教育个别化、不可重复等特征，不同家庭人文环境、家长素质的差异，使其无法在家园合作中起基础平台作用。因此，幼儿园应承担推动两个子系统互动协作的主要职责。幼儿园有责任倡导两个系统的合作，并探索系统间合作的有效方式和途径，鼓励、支持家庭系统参与幼儿园活动。家庭系统应通过多种形式积极参加幼儿园活动，主动与老师交流，及时了解孩子在幼儿园里的表现，反映孩子在家中的情况，努力成为幼儿园、教师和孩子之间的"中间协调人"，使幼儿园和家庭、教师和父母之间形成强大的凝聚力。

三、促进幼儿归属感发展的教育建议

（一）以积极情绪为切入点

研究表明，在幼儿归属感三个维度的发展中，依恋虽随年龄增长呈倒 U 形发展，但在三个年龄段发展水平均最高。这说明依恋在幼儿归属感的发展具有重要价值，促进幼儿归属感的发展需以依恋的发展为切入点。

根据心理学的研究，人对外界环境的认识始于感知，当人认识周围世界的时候便以某种态度对待它们，产生一种特殊的体验，自卑或自信，高兴或不高兴等（黄希庭，2008)，故从心理的发生发展过程来看，认知先于情绪。还有研究表明，认知活动的神经过程受到与情绪反应性相联系的神经过程的干扰或促进。因此，从个体发生的角度来讲，情绪比认知功能更早发挥作用。由于情绪在个体发生中的首位发展以及在自动化行为中的首因效应，个体特有的情绪性将成为情绪—认知交互作用的起点，影响更为高级的思维和意识。

情绪—认知互动关系对于幼儿来说具有特殊意义。年龄较大的学生可能基于对学校的了解而产生对学校的积极情感，实现从认知到情感的跨越。但正如精神分析学派所认为的，情绪是人类本能的内在驱动力，在幼儿心理活动和行为中起着动机作用。对幼儿而言，积极情绪直接指导幼儿行为，对幼儿的认知和行为起唤起和组织作用。幼儿所感受到的快乐、兴趣等积极情绪，扩展幼儿认知地图，增强活动的水平，而认同维度与幼儿思维发展、投入维度与幼儿活动水平密切相关。因此，积极的情绪体验将促进幼儿认同和投入维度的发展。

依恋在生命的早期已经出现。6个月左右，孩子出现对母亲的依恋情感，这对儿童社会化具有重要意义，但这种依恋应随年龄增长而逐渐降低，否则反而影响儿童的社会化。儿童进入幼儿园后，逐渐从对母亲的依恋转为对教师的依恋和对同伴的喜爱。幼儿首先在老师的照顾中感受到老师的关心、爱护，产生对老师的信任和依恋；随后在老师的引导和与同伴的交往中，悦纳同伴、信任同伴。在此基础上，幼儿积极参与活动、乐意与人交往、愿意为班级做事，并逐渐产生班级一员的自豪感。故依恋是投入和认同的基础，它有助于幼儿形成安全感、信任感、接纳感，在此基础上，幼儿产生对幼儿园的认同，愿意积极投入到活动中。依恋是归属感最基本的特征，是认同和投入的基础，幼儿归属感的促进，以积极情绪为切入点是十分必要的。

培养幼儿的积极情绪，除老师及时对孩子的进步、优点进行表扬外，可以通过开展类似"优点大展台"的活动，鼓励幼儿间的相互"赞美"，体验赞美别人和被人赞美的感觉，体会赞美的意义，帮助幼儿保持积极情绪。有条件的幼儿园，还可以为幼儿创设情绪宣泄区，让幼儿可以在那里自由地宣泄情绪。教师根据需要到情绪宣泄区倾听幼儿的倾诉，接受幼儿的负面情绪，理解幼儿的感受，在此基础上帮助幼儿排解负面情绪。

（二）以发展特点为基础

幼儿归属感是随着年龄的增长而逐渐发展的，且具有显著的年龄差异性。调查中发现，部分老师已经认识到不同年龄幼儿归属感在发展上的差异，例如，"儿童可能首先从自己熟悉的事物开始，比如"我的家庭"，他首先认识到是"我的"；自我的一个感受，"我的爸爸我的妈妈"；这个是"我的"，"我在这个家庭里是安全的"；"他们是爱我的"；然后随着年龄的增长，他的视野和他的活动范围变大，慢慢地他会认识甚至接触到更多的人。然后到幼儿园这个小集体，他可能会和班上的老师同学有一些交流，觉得班上的老师和同学不错，成为班级中的一分子。随着年龄的增长和认知不断地增加，可能到大班，他们就知道爱国了，特别是遇到特定的事件的时候……"。因此，幼儿归属感培育活动需顾及归属感的发展特点，循序渐进。人为提高归属感培育目标不仅不利于幼儿归属感的发展，反而可能因为不切实际的要求而给幼儿带来心理压力，损害幼儿的归属感。

根据 3 岁幼儿归属感的发展特点，促进小班幼儿归属感的发展应从培养幼儿对教师的依恋入手。进入幼儿园后，由于教师成为幼儿在园的主要照顾者，幼儿的依恋对象需从家长扩展到教师，才能够帮助幼儿适应幼儿园。为此，教师需以积极的态度，通过细心照料和敏感回应幼儿的需要，为幼儿提供情感支持。与此同时，可通过语言提示强化幼儿对自己群体身份的认知，还可通过丰富的游戏增加幼儿的积极情绪体验，以促进其对幼儿园的认同。

中班幼儿的归属感发展较为迅速，主要体现在投入维度上。投入维度包括幼儿在活动中的自我表现以及为集体服务的情况，反映幼儿的主动性、积极性以及幼儿的自我意识。因此，要为这一年龄段幼儿提供更多操作和表现自己的机会。例如，给予幼儿参与班级环境创设的机会，或放手请幼儿帮助老师做收拾桌椅等力所能及的事情等，一方面能够锻炼幼儿的动手能力，另一方面可激发幼儿的成就感、自豪感，引发幼儿产生积极的自我概念，进一步增加投入的积极性和主动性。

中班幼儿归属感在依恋和认同两维度上的发展水平较小班有所下降，其原因一方面可能与老师的照顾减少而要求增加有关；另一方面，也可能是幼儿间矛盾增多而问题解决能力有限，消极体验增多。因此，发展中班幼儿的归属感应当重视避免幼儿消极情绪的产生，在严格要求的同时，也让幼儿感受到老师的爱。还要注意的是，随着同伴间的交流增加，中班幼儿逐渐发展出对同伴的喜爱之情，依恋对象不再限于教师。为幼儿提供与同伴游戏、合作、分享、交流的机会，教给幼儿的交往态度、交往方法，能够增进相互间的积极情感，有助于依恋和认同的发展。在促进幼儿归属感发展的实践中，通过"神奇的对不起""快乐你我他""猜猜好朋友"等活动，帮助幼儿学习以正确方法处理同伴间的矛盾和激发幼儿与同伴友好相处的情感，较为有效地促进了幼儿归属感的发展。

大班幼儿归属感在三个维度上都有所提升，依恋和投入的发展水平比较高，认同维度的发展水平略低。促进大班幼儿归属感的发展要在幼儿依恋和投入的基础上，以增强幼儿认同为核心目的，全方位地促进幼儿归属感的发展。大班幼儿的主导活动虽然仍是游戏，但为了对小学教育做准备，系统地学习所占比重增大，幼儿渐渐从学习活动中获得成就感、自豪感和胜任感。因此，要为幼儿提供难易适度的学习活动，让幼儿在学习学业成就中增加对幼儿园的认同。此外，大班幼儿活动能力、表现能力大大增强，这一时期为幼儿所提供的自我表现要有一定难度，各种任务和活动要具有一定的挑战性，才能够让幼儿获得更多积极体验，进而发展其对幼儿园的认同。

（三）以情境创设为核心

以"体验-感悟"模式开展的培育实践提示了幼儿归属发展的两种机制，两种机制有一个共同的要素，即情境。幼儿归属感在情境中获得与发展，因此，促进幼儿归属感的发展需要以情境创设为核心。

以情境创设为核心首先要善于利用真实的生活情境。幼儿归属感在幼儿生活中逐渐发生发展，具有生活性和体验性，促进归属感的发展应重视幼儿在情境中的体验过程。在生活情境中的亲身体验和感受，能够帮助幼儿获得最真实的感受，如"把爱传出去"活动，必须先去厨房参观，在真实情境中看到厨师洗菜、做饭，才能体会他们的辛苦和对自己的爱，进而表达感谢。

"生活世界是人类最根本的家园，蕴藏着丰富的价值和意义"[①]，与成人生活相比，幼儿生活没有直接的社会性目的，不受功利性态度的支配；幼儿生活以幼儿固有天性为依据，随着特有的背景自然展开，是具有自然属性的生活。生活为幼儿发展提供了一切媒介，是幼儿生命成长的重要舞台。幼儿的生活过程即生长过程、发展过程，生活中的一切事件，都直接指向生长、发展和成熟本身。正如杜威所言，"生活就是发展：不断发展，不断生长，就是生活"[②]。幼儿的生活是生动活泼的，[③]幼儿在生活中以自己的本性、尺度和机制看待世界、认识世界、体验事物的价值和意义，构建自己与世界、自己与他人、自己与自然界的生活关系和意义关系。幼儿在生活中发掘真、善、美；在生活中形成认知、情感、意志的特征；在生活中激发探究的欲望……归属感必然与幼儿生活有机联系、相互渗透。在家庭和幼儿园的真实生活情境中，幼儿感受到老师的关心爱护、同伴的友好支持，逐渐产生对老师的依恋、对同伴的友情；幼儿意识到自己与他人、与集体的关系，开始学会帮助他人和为集体做事……正是在家庭和幼儿园生活中，幼儿逐渐获得归属感。

以情境创设为核心还要求教师努力创设类似幼儿真实生活的情境。在促进幼儿归属感的发展中，完全利用真实生活是不现实的，在教师利用语言、图片、装饰等材料创设的类似情境，同样能够让幼儿实践和体验。如"快乐的生日会"中，家长、教师、小朋友共同为幼儿庆祝生日，这是幼儿生活的真实情景，孩子们带着已有的过生日经验，一边吃蛋糕，一边送祝福，亲身感受

---

① 衣俊卿.回归生活世界的文化哲学[M].哈尔滨：黑龙江人民出版社，2000：87.

② ［美］约翰·杜威.民主主义与教育[M].王承绪译.北京：人民教育出版社，2001：58.

③ ［德］福禄倍尔.人的教育[M].孙祖复译.北京：人民教育出版社，2006：51.

生日的快乐。同时，C1 妈妈讲述自己与女儿的故事，用语言创设了类似幼儿真实生活的情境。由于幼儿拥有受到妈妈关心照顾的经验，C1 妈妈的讲述将幼儿带回日常生活情境中，引起孩子的共鸣，因而孩子们感叹"妈妈真不容易""我妈妈也爱我"等。家长用语言创设的情境唤起幼儿的已有经验，同样使他们获得真实感受。以此为基础，老师引导幼儿回忆爸爸妈妈对自己的关心爱护，理解父母对自己的爱；之后，老师请幼儿回家后表达对爸爸妈妈的爱和感谢，进一步帮助幼儿学习如何在新的情境中进行表达。这可能成为幼儿新的经验，幼儿将带着它投入新的情境中。因此，要以情境创设为核心，让幼儿的情感、认知、行为共同参与，通过内外交互作用的过程，促进幼儿归属感的发展。

四、本章小结

结合前期研究结果，在幼儿归属感实践研究的基础上，本章对促进幼儿归属感发展的相关问题进行了思索和回应。首先，促进幼儿归属感发展需以关怀生命为价值取向、尊重幼儿体验为基本立场，遵循主体性原则、情境性原则、开放性原则、整合性原则；其次，促进幼儿归属感发展的支持系统包括幼儿园子系统和家庭子系统两个支持系统，由教师、家长、同伴三个要素构成，各要素间、各子系统间是相互影响的共生关系；最后，促进幼儿归属感发展要以积极情绪为切入点，充分考虑幼儿归属感发展的年龄特点并关注幼儿生活情境与体验过程。

结　语

　　归属感源自幼儿生命，既是幼儿自然生命之所需，也是幼儿精神生命之所求，对归属感的追求是幼儿更好、更完满生命存在的证明，越来越多的国家和地区已经在制定学前课程纲要时强调归属感。然而，20世纪中叶以来，由于科技理性和工具理性的笼罩，教育强调"知识""技能"和"本领"。幼儿的个体生命存在受到忽视，归属感在教育中严重缺失。为更好地促进幼儿的生命发展，也为了适应国际幼教领域的发展，本研究以归属感为切入点，以幼儿生活的真实场域为背景，将量的研究与质的研究相结合，遵循发展与教育心理学的基本范式，对幼儿归属感的结构、发展特点、影响因素和教育促进进行较为系统的研究，力求更真实地呈现幼儿生命存在的特点与状况，唤起更多教育工作者对幼儿生命的关注。

　　这是一个既令人期待又富于挑战的选题。之所以令人期待，一方面，是由于归属感对幼儿生命发展具重要意义，而目前相关研究还较为薄弱，这在一定程度上影响了教育实践的开展。自20世纪五六十年代以来，西方学者从心理学角度对归属感的内涵、结构、影响因素、测量等进行了一系列研究，而我国归属感研究始于1983年，2001年起受到学者关注，起步较晚。因此，借鉴西方的研究成果促进我国教育研究和实践的开展，这是令人期待的。另一方面，幼儿归属感研究相对较少，幼儿归属感培育实践不甚成熟，而由于幼儿的年龄特点，幼儿归属感必然具有其他年龄段不同的特殊属性，这使得本研究于研究者而言是一个较大的挑战。在此，对本研究做一番检视。

　　第一，就研究内容而言，本研究包括幼儿归属感的结构、幼儿归属感发展的特点、幼儿归属感发展的影响因素、幼儿归属感发展的教育促进四个内容，分别对应幼儿归属感发展的四个问题：发展什么、有何特点、什么影响发展、怎样发展，为解决这四个问题，本研究从四个方面进行理论与实践的探索。

首先，为解决发展什么的问题，对幼儿归属感结构进行探索。本研究采用理论推导和开放式问卷的方式，对幼儿归属感结构进行质的研究。本研究对熟悉幼儿的教师进行开放式问卷调查，收集有关幼儿归属感的资料，通过对资料进行层层编码，了解中国文化背景下的幼儿归属感的构成。在对所收集的资料进行质的研究的同时，借鉴和吸收国内外已有的幼儿归属感理论，既注重实际调查，又注重理论推导，确立幼儿归属感结构的理论构想，并编制教师评定初始问卷。在此基础上，采用探索性因素分析和验证性因素分析的方法进行交叉证实，对幼儿归属感结构进行实证研究。本研究在对"幼儿归属感教师评定问卷"预测的基础上进行了较大范围的正式施测。经探索性因素分析，确定幼儿归属感的结构；在探索性因素分析的基础上，重新取样进行验证性因素分析，对幼儿归属感的结构进行验证，最终确立幼儿归属感的实证结构。

其次，依据幼儿归属感的结构维度，以自编"幼儿归属感教师评定问卷"为工具，对幼儿归属感发展的年龄差异与性别差异进行量的研究，获得幼儿归属感发展的特点，为幼儿归属感培育实践活动的开展提供依据。

再次，为使研究更具生态性，本研究再次采用自下而上的范式，通过访谈调查获取幼儿归属感发展的影响因素。本研究除了对幼儿园教师、幼儿家长的访谈，还以绘画"我的幼儿园"为辅对幼儿进行半结构式访谈，为幼儿的表达提供了合法的、价值认可的空间，彰显了本研究对幼儿的珍视。

最后，依据幼儿归属感的结构维度、发展特点及影响因素，在幼儿园真实场域与一线教师合作开展促进幼儿归属感发展的实践活动。通过有目的、有计划的活动，不断行动、反思、修正、再行动、再反思……达到促进幼儿归属感发展的目的。

第二，就研究方法而言，本研究重视将质的研究与量的研究相结合，以克服单独使用某一范式所存在的缺陷。单独使用定量研究，往往会出现以数据掩盖问题弊端，使研究陷于琐细，缺乏理性的把握，尤其当把心理活动和过程转换为统计数据时，实际已经失去部分与心理过程相关的资料或信息。单独使用质的研究，则容易使人陷入脱离实际的抽象思考中，缺乏科学的证据。因此，本研究将量的研究与质的研究相结合，以克服两者的不足。

具体而言，在幼儿归属感结构研究中，本研究首先采用质性研究的范式，对幼儿园教师进行开放式问卷，结合文献分析初步建构幼儿归属感的多维结构。从研究方向上看，包括了自上而下（理论推导）和自下而上（开放式问卷）两条路径。之后采用量化研究，通过对调查数据的探索性因素分析和验证性因素分析检验幼儿归属感的结构。结构确定之后，继续以定量研究的范式，自下而上展开幼儿归属感发展特点的研究。而在探索影响幼儿归属感发展的因素时，本研究则以质的研究为主，对幼儿以及幼儿生态系统中两个重要的生态因子——幼儿家长、幼儿教师进行访谈，以弥补量化研究去生态性的不足。

简而言之，本研究初步建构结构时采用质的研究；对幼儿归属感实证结构、发展特点的研究采用量化研究；对幼儿归属感发展影响因素的研究又采用了质性研究，以弥补单独使用某一种的不足。这也是本研究在幼儿园归属感发展研究方法论上所做的努力。

第三，就研究结论而言，本研究主要得到以下结论。

（1）在当代中国文化背景下，幼儿归属感包括投入、依恋、认同三个因素，各组成要素间并未清楚分化，是相互联系、相互影响的整体。

（2）"幼儿归属感教师评定问卷"的编制符合心理测量学的要求，可以作为幼儿教师和研究人员了解幼儿归属感发展水平的工具。

（3）幼儿归属感发展存在性别差异和年龄差异，前者表现为女孩的发展水平在总体和各因子上都略高于男孩；后者表现为幼儿归属感发展水平与年龄呈正相关，在归属感的整体发展和投入、依恋两因子上均存在显著差异。

（4）幼儿归属感受到来自幼儿园、家庭和幼儿自身三个方面的影响。幼儿园方面，教育活动、教师、同伴是三个主要影响因素；家庭方面，家庭教养育方式和家长对自身职责的认识对幼儿归属感产生影响；幼儿自身的认知特点和个性特点也会影响幼儿的归属感。

（5）幼儿归属感培育活动对幼儿归属感的发展具有一定促进作用，依恋和归属感总体水平在培育前后表现出显著差异。实践探索提示，幼儿归属感培育需要发挥教师在幼儿归属感发展中的主导作用；注重教学活动与游戏活动的结合；采用"体验－感悟"教育；重视幼儿园与家庭的融合。

本研究将质的研究和量的研究相结合，对幼儿归属感进行了较为深入、系统的探索，获得了一定的成果，在以下三个方面有所突破：第一，本研究在幼儿归属感结构探索中将质的研究和量的研究相结合，先通过自上而下和自下而上两条路径构建幼儿归属感结构的理论构想，再经因素分析获得幼儿归属感的实证结构，两种范式的结合使研究更具生态性，在一定程度上弥补了该领域研究的不足；第二，本研究编制了符合心理测量学规范的"幼儿归属感教师评定问卷"，初步解决了幼儿归属感测评工具缺乏的问题；第三，本研究在幼儿园真实场域开展教育实践，一定程度上为促进幼儿归属感发展提供了借鉴。然而，由于客观条件及研究者自身能力的局限，尽管研究遵循了较为严格的问卷编制程序，并对问卷的测量特质进行了评估，但"幼儿归属感教师评定问卷"的进一步发展和完善，仍将是一项非常有意义的长期工作。此外，参与行动研究的合作教师和幼儿数量都较少，时间也较为有限，后续研究需增加参与行动研究的教师和幼儿数量，延长行动研究的时间，以提升研究结果的可推广性。

参考文献

（一）著作

[1] ［美]DAVID R.SHAFFER, KATHERINE KIPPP.发展心理学 [M].邹泓，等译 .8 版 .北京：中国轻工业出版社，2009.

[2] ［丹］克努兹·伊列雷斯 .我们如何学习——全视角学习理论 [M].孙玫璐译 .北京：教育科学出版社，2012.

[3] ［德］福禄倍尔 .人的教育 [M].孙祖复译 .北京：人民教育出版社，2006.

[4] ［德］兰德曼 .哲学人类学 [M].阎嘉译 .贵阳：贵州人民出版社，2006.

[5] ［德］雅斯贝尔斯 .什么是教育 [M].邹进译 .北京：三联书店，1994.

[6] ［法］卢梭 .李平沤译 .爱弥尔（上卷）[M].北京：人民教育出版社，2001.

[7] ［美]D.A.库伯 .体验学习——让体验成为学习和发展的源泉[M].王灿明，朱水萍，等译 .上海：华东师范大学出版社，2008.

[8] ［美]阿瑟·S.雷柏 .心理学词典[M].李伯黍，等译 .上海：上海译文出版社.1996.

[9] ［美］埃里希·弗罗姆 .逃避自由 [M].刘林海，译 .北京：国际文化出版公司，2003.

[10] ［美］杜威 .杜威教育论著选 [M].赵祥麟，王承绪编译 .上海：华东师范大学出版社，1981.

[11] ［美］弗洛德·J.福勒 .调查问卷的设计与评估 [M].蒋逸民，等译 .重庆：重庆大学出版社，2013.

[12] ［美］弗洛姆 .爱的艺术 [M].赵正国译 .北京：国际文化出版公司，2006.

[13] ［美］马斯洛 .动机与人格 [M].许金声，等译 .3 版 .北京：中国人民大学出版社，2007.

[14] ［美］特里萨·M.麦克德维特，珍妮·埃利斯·奥姆罗德 .儿童发展与教育 [M].

李琪，闻莉，罗良，等译．北京：教育科学出版社，2007.

[15] ［美］约翰·杜威．民主主义与教育［M］.王承绪译．北京：人民教育出版社，2001.

[16] ［美］詹姆士·H.道尔顿等．社区心理学——联结个体和社区［M］.王广新，等译．2版．北京：中国人民大学出版社，2010.

[17] ［日］大宫勇雄．提高幼儿教育质量［M］.李季湄译．上海：华东师范大学出版社，2010.

[18] ［英］凯西·卡麦兹．建构扎根理论：质性研究实践指南［M］.边国英译．重庆：重庆大学出版社，2011.

[19] Brown J D. 自我［M］.陈浩莺译．北京：人民邮电出版社，2004.

[20] 陈帼眉，姜勇．幼儿教育心理学［M］.北京：北京师范大学出版社，2010.

[21] 陈帼眉，刘焱．学前教育新论［M］.北京：北京师范大学出版社，1996.

[22] 陈向明．质的研究方法与社会科学研究［M］.北京：教育科学出版社，2012.

[23] 崔良文．审美人生论［M］.北京：中国人民大学出版社，2002.

[24] 丁海东．儿童精神——一种人文的表达［M］.北京：教育科学出版社，2009.

[25] 冯建军．生命与教育［M］.北京：教育科学出版社，2005.

[26] 郭玉霞．质性研究资料分析 Nvivo8 活用宝典［M］.台北：高等教育文化事业有限公司，2010.

[27] 侯玉波．社会心理学［M］.北京：北京大学出版社，2005.

[28] 怀特海．思维方式［M］.刘放桐译．北京：商务印书馆，2004.

[29] 简明国际教育百科全书·人的发展［M］.北京：教育科学出版社，1989.

[30] 教育部基础教育司．幼儿园教育指导纲要（试行）解读［M］.南京：江苏教育出版社，2002.

[31] 李季湄，冯晓霞．《3—6岁儿童学习与发展指南》解读［M］.北京：人民教育出版社，2013.

[32] 李家成．关怀生命：当代中国学校教育价值取向探［M］.北京：教育科学出版社，2006.

[33] 李召存．追寻课程政策背后的教育意义［M］.上海：华东师范大学出版社，2012.

[34] 林崇德．发展心理学［M］.北京：人民教育出版社，1995.

[35] 刘铁芳．守望教育［M］.上海：华东师范大学出版社，2004.

[36] 刘晓东．儿童文化与儿童教育 [M].北京：教育科学出版社，2006.

[37] 刘晓东．儿童教育新论 [M].南京：江苏教育出版社，1999.

[38] 刘云艳．幼儿心理素质教育的理论与实践研究 [M].北京：教育科学出版社，2009.

[39] 马克斯·范梅南．教学机智：教育智慧的意蕴 [M].李树英译．北京：教育科学出社，2001.

[40] 玛丽亚·蒙台梭利．蒙台梭利早期教育法 [M].龙玫译．广州：广东经济出版社，2013.

[41] 齐客·罗宾．童年友谊 [M].李月琴译．沈阳：辽海出版社，2001.

[42] 时蓉华．社会心理学词典 [M].成都：四川人民出版社，1988.

[43] 苏霍姆林斯基．把整个心灵献给孩子 [M].唐其慈等译．天津：天津人民出版社，1981.

[44] 屠美如．向瑞吉欧学什么——《儿童的一百种语言》解读 [M].北京：教育科学出版社，2002.

[45] 王振宇．学前儿童发展心理学 [M].北京：人民教育出版社，2005.

[46] 衣俊卿．回归生活世界的文化哲学 [M].哈尔滨：黑龙江人民出版社，2000.

[47] 英国培生教育出版集团．朗文中阶英汉双解词典 [M].北京：外语教学与研究出版社，2004.

[48] 俞国良，辛自强．社会性发展心理学 [M].合肥：安徽教育出版社，2004.

[49] 俞国良．社会心理学 [M].北京：北京师范大学出版社，2007.

[50] 虞永平．学前课程价值论 [M].南京：江苏教育出版社，2002.

[51] 袁振国．教育研究方法 [M].北京：高等教育出版社，2000.

[52] 张春兴．张氏心理学辞典 [M].上海：上海辞书出版社，1992.

[53] 张大均．教育心理学 [M].北京：人民教育出版社，1999.

[54] 中国社会科学院语言研究所词典编辑室．现代汉语词典（汉英双语）[Z].北京：外语教学与研究出版社，2002.

[55] 朱家雄．幼儿园课程 [M].上海：华东师范大学出版社，2012.

（二）学位论文

[1] 安娟．社区归属感与和谐城市社区的构建研究 [D].成都：四川大学，2007.

[2] 陈红．高职院校学生学校归属感、社会支持与主观幸福感的关系研究 [D].重庆：

重庆师范大学，2011.

[3] 陈正.制造业一线员工企业归属感量表编制及其与工作满意度相关研究[D].重庆：西南大学，2012.

[4] 程燕.城郊结合部居民社区归属感和社区参与研究[D].成都：四川大学，2006.

[5] 杜好强.大学生学校归属感及其影响因素研究[D].重庆：西南大学，2010.

[6] 杜渐.北京中医药大学本科生学校归属感与心理健康的相关性研究[D].北京：北京中医药大学，2011.

[7] 杜尚荣.感悟教学研究[D].重庆：西南大学，2013.

[8] 凡璐.小城镇居民社会归属感研究[D].苏州：苏州大学，2013.

[9] 范红伟.高职生人格特质、成人依恋与学校归属感现状及关系研究[D].石家庄：河北师范大学，2009.

[10] 郭光胜.小学生家庭人际关系与学校归属感关系的研究[D].成都：四川师范大学，2009.

[11] 郝佳.大学生学校归属感现状与心理健康水平的相关研究[D].沈阳：辽宁师范大学，2008.

[12] 侯莉敏.儿童生活与儿童教育[D].南京：南京师范大学，2006.

[13] 金庆英.大学生学校归属感的理论与实证研究[D].长春：吉林大学.2012.

[14] 李家成.关怀生命——当代中国学校教育价值的新取向[D].上海：华东师范大学，2002.

[15] 李倩.大学生学校归属感的影响因素分析[D].上海：华东师范大学，2011.

[16] 刘风霄.城市商品房社区居民归属现状的个案研究——以潍坊市Y社区为例[D].杭州：浙江大学，2010.

[17] 刘云艳.幼儿好奇心发展与教育促进研究[D].重庆：西南大学，2004.

[18] 卢玲敏.教师教学行为与务工子弟学校归属感、自我效能感现状及关系的研究[D].石家庄：河北师范大学，2012.

[19] 逯泉呈.高校图书馆勤工助学生的组织归属感研究[D].重庆：西南大学，2012.

[20] 毛齐明.教师有效学习的机制研究[D].上海：华东师范大学，2012.

[21] 苗曼.天性引领教育[D].南京：南京师范大学，2012.

[22] 钱雨.儿童文化研究[D].上海：华东师范大学，2008.

[23] 宋予.提高中职学生班级归属感的对策研究——以大连市经贸学校日语班为例

[D].沈阳：辽宁师范大学，2010.

[24] 王喜海.论回归童年的儿童教育 [D].南京：南京师范大学，2008.

[25] 徐坤英.中学生学校归属感及其与心理健康的关系研究 [D].重庆：西南大学，2008.

[26] 徐芒芒.虚拟品牌社区归属感对消费者品牌忠诚的影响研究 [D].长沙：中南大学，2012.

[27] 闫守轩.论教学中的生命关怀 [D].南京：南京师范大学，2004.

[28] 杨日飞.教育与儿童的自然发展 [D].南京：南京师范大学，2011.

[29] 杨颖东.失衡与反拨——我国学校教育价值取向的偏差反思和调整 [D].上海：华东师范大学，2014.

[30] 张更立.异化与回归——走向"生活批判"的中国儿童教育 [D].南京：南京师范大学，2011.

[31] 张新冀.大学生学校归属感、自我价值感和人际关系现状及其关系研究 [D].石家庄：河北师范大学，2009.

[32] 张旭.城市居民社区认同感和社区满意度对社区归属感的影响研究 [D].银川：宁夏大学，2010.

（三）中文期刊

[1] 包克冰，李卉，等.中学生学校归属感及其与自我概念的关系研究 [J].教育科学研究，2006（1）.

[2] 包克冰，徐琴美.学校归属感与学生发展的探究研究 [J].心理学探新，2006（2）.

[3] 曹光法，姚本先.大学生学校归属感的问卷编制及研究 [C].第十二届全国心理学学术大会论文摘要集，2009.

[4] 陈海玉.浅谈如何提高员工企业归属感 [J].经营管理者，2008 (17).

[5] 陈佑清.体验及其生成 [J].教育研究与实验，2002（2）.

[6] 单菁菁.社区归属感与社区满意度 [J].城市问题，2008(3).

[7] 胡凡刚，李广艳.影响教育虚拟社区归属感形成因素的实证分析 [J].中国电化教育，2011(2).

[8] 江丽丽.初中生班级归属感的调查与思考——以浙江省象山县为例 [J].教育测量与评价（理论版），2009（12）.

[9] 凌文辁，张治灿，方俐洛.影响组织承诺的因素探讨 [J].心理学报，2001 (3).

[10] 刘霁雯.居民社区归属感初探——对常青花园社区居民的调查[J].武汉科技学院学报，2005（4）.

[11] 刘小平，王重鸣，Brigitte Charle-Pauvers.组织承诺影响因素的模拟实验研究[J].中国管理科学，2002(10).

[12] 刘小平.企业员工的组织归属感及形成研究[J].管理现代化，2002（6）.

[13] 孟建伟.教育与生命——关于教育的生命哲学的思考[J].教育研究，2007（9）.

[14] 苗艳梅.城市居民的社区归属感——对武汉市504户居民的调查分析[J].青年研究，2001（1）.

[15] 莫源秋.幼儿的归属需要与心理卫生[J].教育导刊（幼儿教育），2007（2）.

[16] 潘发达，王琴，宋丽丽，丁锦宏，戴家隽.中文版学校归属感量表的信效度检验[J].中国临床心理学杂志，2011(2).

[17] 潘允康，关颖.社区归属感与社区满意度[J].社会学研究，1996（3）.

[18] 庞海波.初中生学校归属感与心理健康的相关研究[J].心理科学，2009（5）.

[19] 丘海雄.社区归属感——香港与广州的个案研究[J].中山大学学报，1989（2）.

[20] 汪雁，风笑天，朱玲怡.三峡外迁移民的社区归属感研究[J].学术季刊，2001（2）.

[21] 王鹏，王秋芳.初中生班级归属感的缺失与培养[J].教学与管理，2012（19）.

[22] 王小英.教育原点的偏离与回归：点化与润泽生命[J].学前教育研究，2008(4）.

[23] 谢玉兰，阳泽.影响中学生学校归属感的因素分析[J].中国教育学刊，2012(11）.

[24] 阳泽.论学校归属感的教育意蕴[J].中国教育学刊，2009（7）.

[25] 杨兵，马文凤，李霞.关注生命：幼儿教育的呼唤[J].教育实践与研究，2009（7/8）.

[26] 杨伟文，刘新.虚拟品牌社群价值对品牌忠诚的影响实证研究[J].系统工程，2010（3）.

[27] 张德强.从归属感看国有企业的人才优势[J].管理科学文摘，2007（6）.

[28] 张筝，黎永泰.影响员工归属感的七大因子[J].企业活力，2007(8).

[29] 周碧薇，杨欣，陈旭.青少年学校归属感问卷编制[J].心理学探新，2011（31）.

[30] 周念丽.帮助幼儿在"第三位教师"的怀抱中获得归属感[J].幼儿教育，2011（12）.

[31] 朱之侃.幼儿园班级管理中幼儿归属感的建立[J].学前教育，2012（10）.

[32] 庄穆.体验的认识功能初探[J].福建学刊，1994（6）.

（四）外文文献

[1] ANDERMAN L H.Academic and social perceptions as predictors of change in middle school students' sense of school belonging[J].Journal of Experimental Education, 2003(72):5-22.

[2] ANDERMAN L H.Classroom goal orientation, school belonging and social goals as predictors of students' positive and negative affect following the transition to middle school[J].Journal of Research and Development in Education, 1999b,32(2).

[3] ANDERMAN E M.School effects on psychological outcomes during adolescence[J].Journal of Educational Psychology, 2002,94(4):795-809.

[4] BATTISTICH V, SOLOMON D, WATSON M, et al. Caring school communities[J]. Educational Psychologist, 1997(32): 137-151.

[5] BATTISTICH V,SOLOMON D,KIM D, et al.Schools as communities, poverty levels of student populations, and students' attitudes,motives and performance:A multilevel analysis[J]. American Educational Research Journal, 1995(32):627-658.

[6] BAUMEISTER R F, LEARY M R . The need to belong: Desire for interpersonal attachments as a fundamental human motivation[J]. Psychological Bulletin,1995(117):497-529.

[7] BERENDS M.Educational stratification and students' social bonding to school[J]. British Journal of Sociology of Education,1995(16):327-351.

[8] BIRCH S H ,LADD G W. Children' s interpersonal behaviors and the teacher-child relationship [J]. Developmental Psychology,1998, 34(5): 934-946.

[9] BLUM R W, LIBBEY H P. School connectedness: Strengthening health and education outcomes for teenagers[J].Special Issue, Journal of School Health,2004,74(7):229-299.

[10] CHAU-KIU CHEUNG.Children' s sense of belonging and parental social capital derived from school[J]. The Journal of Genetic Psychology, 2011, 172(2): 199-208.

[11] CONNELL J P,SPENCER M B,ABER J L. Educational risk and resilience in African-American youth: Context, selfaction, and outcomes in school[J].

Child Development,1994(65):493-506.

[12] ECCLES J S,EARLY D,FRASIER K, et al. The relation of connection, regulation, and support for autonomy to adolescents' functioning[J]. Journal of Adolescent Res, 1997, 12(2):263-286.

[13] FINN J D, VOELKL K E. School characteristics related to student engagement [J].Journal of Negro Education,1993(62):249-268.

[14] FINN J D,ROCK D A.Academic success among students at risk for school failure[J].Journal of Applied Psychology, 1997(82):221-234.

[15] FINN J.Withdrawing from school[J].Review of Educational Research,1989(59):117-142.

[16] FISKE, S T. Social beings: A core motives approach to social psychology. United States of America: Wiley,2004.

[17] FREDERICKS J A, BLUMENFELD P, PARIS A H. School engagement: Potential of the concept, state of the evidence[J].Review of Educational Research,2004, 74(1):59-109.

[18] FREEMAN T M,ANDERMAN L H,JENSEN J M.Sense of belonging in college freshmen at the classroom and campus levels[J].Journal of Experimental Education, 2007(75): 203-220.

[19] GLANVILLE.J L,WILDHAGEN T.The measurement of school engagement: Assessing dimensionality and measurement invariance across race and ethnicity[J]. Educational and Psychological Measurement,2007(67):1019- 1041.

[20] GLANVILLE J L,WILDHAGEN T.The measurement of school engagement: assessing dimensionality and measurement invariance across race and ethnicity[J].Educational and Psychological Measurement, 2007(67):1019-1041.

[21] GLASGOW K L,DORNBUSCH S M,TROYER L.Parenting styles adolescents' attributions , and educational outcomes in nine heterogeneous high schools [J]. Child Development, 1997(68):507-529.

[22] GOODENOW C,GRADY K E.The relationship of school belonging and friends' values to academic motivation among urban adolescent students[J].Journal of Experimental Education,1993(62): 60-71.

[23] GOODENOW C.The psychological sense of school membership among adolescents:Scale development and educational correlates[J]. Psychology in the Schools, 1993,30(1):79-90.

[24] GOODENOW, C. School motivation, engagement, and sense of belonging among urban adolescent student[J]. ERIC Document Reproduction Service,1992,1(1): 349-364.

[25] GREEN G,RHODES J,HIRSCH A H,et al. Supportive adult relationships and the academic engagement of Latin American immigrant youth[J].Journal of School Psychology, 2008(46): 393-412.

[26] HAGBORG W J.An exploration of school membership among middle- and high-school students[J].Journal of Psychoeducational Assessment,1994(12): 312-323.

[27] HAGERTY,B M, WILLIAMS,R A,COYNE,J C et al. Sense of belonging and indicators of social and Psychological functioning[J].Archives of Psychiatric Nursing,1996(5).

[28] HAGERTY,B M,LYNCH-SAUER J.PATUSKY K L,et al.Sense of belonging: A vital mental health concept[J].Archives of Psychiatric Nursing,1992（6）: 172-177.

[29] HAGHORG W J.An investigation of a brief measure of school membership[J]. Adolescence, 1995, 99(130): 461-468.

[30] HIDALGO M,CARMEN,BernardoHernandez.Plaee Attaehment: Conee Ptualand Empirical Questions[J]. Joumalof Environmental Psyehology,2001, (21):273-281.

[31] HURTADO S,CARTER D F.Effects of college transition and perceptions of the campus racial climate on Latino college students' sense of belonging [J]. Sociology of Education, 1997(70):324-345.

[32] HURTADO S.The institutional climate for talented Latino students[J]. Research in Higher Education, 2004,35(1): 21-41.

[33] JANINE, KATHLEEN,M.Students' perspective of their high school experience[J].Adolescence, 38(152): 705-724.

[34] JENKINS P A.School delinquency and the school social bond[J].J Res Crime

Delinquency, 1997, 34(3): 337—367.

[35] JEREMY D.FINN J D,VOELKL K E.School characteristics related to student engagement [J].Journal of Negro Education, 1993(62):249—268.

[36] KAPLAN A,MAEHR M L.Achievement goals and student well—being[J]. Contemporary Educational Psychology, 1999(24): 330—358.

[37] LYNLEY H,ANDERMAN. Academic and Social Perceptions as Predictors of Change in Middle School Students' Sense of School Belonging[J].The Journal of Experimental Education, 2003,72(1):5—22.

[38] MADDOX S J,PRINZ R J. School bonding in children and adolescents: Conceptualization, assessment, and associated variables[J]. Clinical Child and Family Psychology Review, 2003, 6(1):31—49.

[39] MARIEKE MEEUWISSE,SABINE.Learning environment,interaction,sense of belonging and study success in ethnically diverse student groups[J].Res High Education 2010,(1):1—18.

[40] MCGLYNN, ANGELA.Fostering academic success through community in the Classroom; Sense of Belonging Critical to Retention[J].The Hispanic Outlook in Higher Education, 2003: 35.

[41] MCNEAL R B.Parental involvement as social capital: Differential effectiveness on science, achievement, truancy, and dropping out[J].Social Forces,1999(78):117—144.

[42] MCNEELY C A, NONNEMAKER J M, BLUM R W. Promoting school connectedness: Evidence from the national longitudinal study of adolescent health[J]. Journal of School Health, 2002(72):138—160.

[43] MURRAY C,GREENBERG M.Children's relationship with teachers and bonds with school: An investigation of patterns and correlates in middle childhood[J].Journal of School Psychology, 2000(38):423—445.

[44] MURRAY C,GREENBERG M.Relationships with teachers and bonds with school: Social emotional adjustment correlates for children with and without disabilities[J].Psychology in the Schools, 2001(38):25—41.

[45] NEWMAN B M,LOHMA B J.,NEWMAN P R.Peer group membership and a sense of belonging:their relationship to adolescent behavior problems[J].

Adolescence,2007, 42(166):241-263.

[46] NEWMANN F.M,WEHLAGE G. Five standards of authentic instruction[J]. Educational Leadership, 1993,50(7):8-12.

[47] OSTERMAN K F. Students' need for belonging in the school community[J]. Review of Educational Research, 2000(70):323-367.

[48] SYED JAMAL.A Quantitative study on sense of belonging among distance learners in malaysia[C].The 1st International Conference on Virtual Learning.ICVL,2006: 171-178.

[49] TAJFEL H.Cognitive aspects of prejudice[J].Journal of Sociology, 1969,25(4):79-97.

[50] TAJFEL H. Experiments in intergroup discrimination[J].Scientific American, 1970, 223(5): 96-102.

[51] VIENO A,PERKINS D D, SMITH T M,et al. Democratic school climate and sense of community in school:A multilevel analysis[J].American Journal of Community Psychology,2005(36):327-341.

[52] VOELKL K E.Measuring students' identification with school[J].Educational and Psychological Measurement,1996,56(5): 760-770.

[53] VOELKL K. Identification with school[J].American Journal of Education, 1997,105(3): 294-318.

[54] VOELKL K. School warmth, student participation, and achievement[J]. Journal of Experimental Education,1995,63(2):127-138.

[55] WEHLAGE G,RUTTER R,SMITH G,et al.Reducing the risk: Schools as communities of support [M]. Philadelphia: Falmer Press,1990.

[56] WENTZEL K R,CALDWELL K.Friendships, peer acceptance,and group membership: Relations to academic achievement in middle school[J].Child Development,1997(68):1198-1209.

[57] YONEZAWA S, JONES M, JOSELOWSKY F . Youth engagement in high schools: Developing a multidimensional, critical approach to improving engagement for all students[J].Journal of Education Change, 2009(10):191-209.

[58] ZIMMERMAN B J. Self-regulated learning and academic achievement: An overview[J]. Educational Psychologist,1990(21):3-17.